中國學術思想 研究輯刊

三五編
林慶彰 主編

第6冊

秦漢雜家治國思想體系研究
——以《呂氏春秋》《淮南子》為中心

俞林波 著

花木蘭文化事業有限公司

國家圖書館出版品預行編目資料

秦漢雜家治國思想體系研究——以《呂氏春秋》《淮南子》為
中心／俞林波 著 -- 初版 -- 新北市：花木蘭文化事業有限公
司，2022〔民111〕
目 2+196 面；19×26 公分
（中國學術思想研究輯刊 三五編；第6冊）
ISBN 978-986-518-808-5（精裝）
1.CST：呂氏春秋 2.CST：淮南子 3.CST：研究考訂
4.CST：雜家
030.8   110022424

中國學術思想研究輯刊
三五編 第 六 冊   ISBN：978-986-518-808-5

秦漢雜家治國思想體系研究
——以《呂氏春秋》《淮南子》為中心

作　　者　俞林波
主　　編　林慶彰
總 編 輯　杜潔祥
副總編輯　楊嘉樂
編輯主任　許郁翎
編　　輯　張雅淋、潘玟靜、劉子瑄　美術編輯　陳逸婷
出　　版　花木蘭文化事業有限公司
發 行 人　高小娟
聯絡地址　235 新北市中和區中安街七二號十三樓
　　　　　電話：02-2923-1455／傳真：02-2923-1452
網　　址　http://www.huamulan.tw 信箱 service@huamulans.com
印　　刷　普羅文化出版廣告事業
封面設計　劉開工作室
初　　版　2022 年 3 月
定　　價　三五編 23 冊（精裝）新台幣 62,000 元

秦漢雜家治國思想體系研究
——以《呂氏春秋》《淮南子》為中心

俞林波　著

作者簡介

俞林波，男，山東省東明縣人，1982 年 2 月出生，博士，副教授，碩士研究生導師；研究方向為先秦諸子、出土文獻和古典文學。現為濟南大學文學院教學科研人員、濟南大學出土文獻與文學研究中心兼職研究員；先後在《東南大學學報》《中國典籍與文化》《文學遺產》《船山學刊》《文學遺產》《寧夏大學學報》《福州大學學報》《中南民族大學學報》《南昌大學學報》《中國簡帛學刊》《現代出版》《阜陽師範大學學報》等刊物發表論文三十餘篇，獨著出版《元刊呂氏春秋校訂》《〈呂氏春秋〉學術思想體系研究》《秦漢雜家治國思想體系研究——以〈呂氏春秋〉〈淮南子〉為中心》等學術專著 3 部，主持國家社科基金項目 2 項、省部級基金項目 3 項，榮獲市級獎勵 2 項。

提　要

　　秦漢雜家在繼承、吸收先秦諸子學術思想的基礎上融通、創造，形成了自己的治國思想體系。所謂「治國」就是君、臣執行治國方略治理國家的過程。這其中君、臣是統治者，是「治國主體」，而「治國方略」則是由治國主體制定、實施的治理國家的理論、制度、方針、政策。秦漢雜家的治國主體和治國方略有機聯繫的整體則組成秦漢雜家的治國思想體系。「治國主體」「治國方略」緊密聯繫、息息相關，「治國主體」制定、執行「治國方略」，「治國方略」則從制度上限制、監督「治國主體」。「治國主體」「治國方略」是秦漢雜家治國思想體系中最關鍵的兩個點。秦漢雜家通過實行「賢人政治」來保證治國主體由賢能的君、臣組成。秦漢雜家的治國方略「法天地」「審人情」，勾連天、地、人，容納乾坤萬物，是全面、系統、科學的治理方略。秦漢雜家治國思想體系的綱領就是由賢能的「治國主體」執行「法天地」「審人情」的「治國方略」來治理國家。

　　在當前中國社會的轉型期和世界格局的轉變期，秦漢雜家在治國思想融合中所表現出來的開闊視野和平等客觀對待各家學術思想的寬容態度，以及根據其自身對時代主題的把握而建構自己治國思想體系的自覺，可以為我們提供有益的經驗和借鑒，具有重要研究意義。

目次

緒　言

　　「雜家」是先秦學術史上確實存在的一個學派，不是班固對思想駁雜的子書著作的臨時稱呼。「雜家」一詞指稱一個學派，並非首見於《漢書・藝文志》。《史記・韓長孺列傳》曰：「御史大夫韓安國者，梁成安人也，後徙睢陽。嘗受《韓子》、雜家說於鄒田生所。」司馬貞《索隱》曰：「安國學《韓子》及雜家說於驛縣田生之所。」〔註1〕司馬貞的《索隱》用「及」字來連接「《韓子》」和「雜家說」，是認為「《韓子》」和「雜家說」是二個概念。金建德先生《釋韓安國「受〈韓子〉雜家說」》一文經過考證認為：「韓安國是既學習韓非的學說，又學習雜家書中的兵法學說。而後者對他一生所起的作用比較顯著。這樣去瞭解《史記》原文『受《韓子》雜家說』一句的意義，接近於真實了。」〔註2〕此說是比較可信的。司馬遷把「雜家」與韓非並稱，則「雜家」之稱至遲在司馬遷的時候就已經存在了，並非班固對思想駁雜的子書著作的臨時歸類，「雜家」是先秦學術史上獨立存在的一家。孟天運先生《雜家新論》一文從雜家的特徵、雜家學派的形成、雜家的歷史地位三個方面對雜家進行了研究，認為：「實際上，雜家獨成一派，不僅在學術上是成立的，在歷史上也是客觀存在的。它有創始人，有著作，有徒眾，有其發展興衰的過程，在歷史上也有很重要的影響。」〔註3〕

　　潘俊傑的博士學位論文《先秦雜家研究》（張豈之先生指導）將「雜家」作為一個獨立的學派來研究，其「中文摘要」指出：「先秦雜家的學術宗旨是

〔註1〕司馬遷：《史記》，北京：中華書局，1959年，第2857頁。

〔註2〕金建德：《釋韓安國「受〈韓子〉雜家說」》，《齊魯學刊》1984年第6期。

〔註3〕孟天運：《雜家新論》，《哲學研究》2001年第11期。

政治實用主義的『王治』，其理論方法是不主任何一家地兼攝諸子融合百家，其思想體系的構建是以陰陽五行和『天、地、人』一體的思想觀念和思維模式來完成的。」〔註4〕這樣的研究很有意義，有利於我們對先秦「雜家」學派的深入認識和瞭解。劉文典《呂氏春秋集釋序》曰：「夫雜者會也，蓋先以道德為標的，既定綱紀品式，乃博採九流，網羅百氏，納於檢格之中，實能綜合方術之長，以成道術，非徒以鈔內群言為務者也。」〔註5〕可以看出劉文典認為「雜家」可成一家。又呂思勉曰：「雜家則合眾說以為說耳。雖集合眾說，亦可稱為一家者。」〔註6〕

　　據班固《漢書・藝文志》，雜家類著錄孔甲《盤盂》以下二十部著作，流傳至今保存完整的只有《呂氏春秋》《淮南子》二部。二部著作具有緊密的聯繫，徐復觀《兩漢思想史》曰：「不論怎樣，沒有《十二紀・紀首》，便沒有《時則訓》。甚至可以說沒有《呂氏春秋》，便沒有《淮南子》。這決不是偶然的、突出的事情，而是《呂氏春秋》在西漢初期所發生重大影響的結果。」〔註7〕故我們對秦漢雜家治國思想體系的研究主要基於對《呂氏春秋》《淮南子》的考察。由於被歸為「雜家」、又由於其編撰者呂不韋、劉安的個人原因，《呂氏春秋》《淮南子》在古代和現代都未受到應有的重視，直到當代才引起研究者的重視。

　　秦漢雜家具有自己的治國思想體系，《漢書・藝文志》論述雜家曰：「雜家者流，蓋出於議官。兼儒、墨，合名、法，知國體之有此，見王治之無不貫，此其所長也。及蕩者為之，則漫羨而無所歸心。」〔註8〕《隋書・經籍志》論雜家略似，曰：「雜者，兼儒、墨之道，通眾家之意，以見王者之化，無所不冠者也。古者，司史歷記前言往行，禍福存亡之道。然則雜者，蓋出史官之職也。放者為之，不求其本，材少而多學，言非而博，是以雜錯漫羨，而無所指歸。」〔註9〕雜家吸收改造先秦諸子學術思想圍繞探討「治國之體」「王者之治」「王者之化」建構了自己的治國思想體系。

〔註4〕潘俊傑：《先秦雜家研究》，西北大學2005年博士學位論文。

〔註5〕許維遹：《呂氏春秋集釋》，北京：中華書局，2009年，第3頁。

〔註6〕呂思勉：《先秦學術概論》，上海：中國大百科全書出版社，1985年，第158頁。

〔註7〕徐復觀：《兩漢思想史》（第二卷），上海：華東師範大學出版社，2001年，第36頁。

〔註8〕班固：《漢書》，北京：中華書局，1962年，第1742頁。

〔註9〕魏徵：《隋書》，北京：中華書局，1973年，第1010頁。

《呂氏春秋·序意》載：「良人請問《十二紀》。文信侯曰：『嘗得學黃帝之所以誨顓頊矣，爰有大圜在上，大矩在下，汝能法之，為民父母。蓋聞古之清世，是法天地。凡《十二紀》者，所以紀治亂存亡也，所以知壽夭吉凶也。上揆之天，下驗之地，中審之人，若此則是非可不可無所遁矣。』」〔註10〕《序意》是《呂氏春秋》全書的總序，記載的是其主持者呂不韋對全書的概括。〔註11〕呂不韋主持編撰《呂氏春秋》旨在建立一個涵蓋天、地、人的「是非可不可無所遁」的思想體系。這個體系效法天地，「上揆之天，下驗之地，中審之人」，包括國家的治亂存亡，也包括君民的壽夭吉凶，旨在「治道」。《淮南子·要略》曰：「故著書二十篇，則天地之理究矣，人間之事接矣，帝王之道備矣。」〔註12〕《泰族》是《淮南子》最後一篇，似為一書之總結，《淮南子·要略》曰：「《泰族》者，橫八極，致高崇，上明三光，下和水土，經古今之道，治倫理之序，總萬方之指，而歸之一本，以經緯治道，紀綱王事。」〔註13〕足見《淮南子》亦是旨在「治道」。

　　在當前中國社會轉型期，秦漢雜家在治國思想融合中所表現出來的開闊視野和平等客觀對待各家學術思想的寬容態度，以及根據其自身對時代主題的把握而建構自己治國思想體系的自覺，可以為我們提供有益的經驗和借鑒，具有重要研究意義。

　　秦漢雜家融匯、綜合先秦諸子而成，就二者來說，先秦諸子是「源」，秦漢雜家是「流」。總體來看，要研究秦漢雜家的治國思想體系，從秦漢雜家與先秦諸子的源流關係入手依然是一種比較穩妥的途徑。然而，這個由「源」至「流」的過程不是一成不變而是有所變化的，「流」從「源」而來又不完全同於「源」。依「舊」生「新」，是學術發展的規律。

　　秦漢雜家在繼承、吸收先秦諸子學術思想的基礎上融通、創造，形成了自己的治國思想體系。所謂「治國」就是君、臣執行治國方略治理國家的過程。這其中君、臣是統治者，是「治國主體」，而「治國方略」則是由治國主體制定、實施的治理國家的理論、制度、方針、政策。秦漢雜家的治國主體和治國方略有機聯繫的整體則組成秦漢雜家的治國思想體系。「治國主體」「治

〔註10〕陳奇猷：《呂氏春秋新校釋》，上海：上海古籍出版社，2002年，第654頁。

〔註11〕《序意》篇雖有殘缺，但是據今存部分可以瞭解呂不韋主持編撰《呂氏春秋》的大致思路。

〔註12〕劉文典：《淮南鴻烈集解》，北京：中華書局，1989年，第707頁。

〔註13〕劉文典：《淮南鴻烈集解》，北京：中華書局，1989年，第706頁。

國方略」緊密聯繫、息息相關,「治國主體」制定、執行「治國方略」,「治國方略」則從制度上限制、監督「治國主體」。「治國主體」「治國方略」是秦漢雜家治國思想體系中最關鍵的兩個點。秦漢雜家通過實行「賢人政治」來保證治國主體由賢能的君、臣組成。秦漢雜家的治國方略「法天地」「審人情」,勾連天、地、人,容納乾坤萬物,是全面、系統、科學的治國方略。秦漢雜家治國思想體系的綱領就是由賢能的「治國主體」執行「法天地」「審人情」的「治國方略」來治理國家。

第一章　治國主體──賢人政治

　　為政在人，《中庸》載孔子曰：「文、武之政，佈在方策。其人存，則其政舉；其人亡，則其政息。人道敏政，地道敏樹。夫政也者，蒲盧也。故為政在人。」〔註1〕國家由人治理，要治理國家，人很重要，賢人尤其重要。

　　在古代中國，誰來治國？「君」「臣」治國，這是婦孺皆知的事情。在古代中國，「治國主體」指的是「君」「臣」。「民」是被統治階級，不參與治理國家，「治國主體」裏面沒有「民」的位置。此處「君」的範圍是寬泛的，既包括諸侯國的君主、王公，又包括統治諸侯國的天子；同樣的，「臣」既包括君主、王公之臣，又包括天子之臣。

　　物以類聚，人以群分，有什麼樣的「君」就會有什麼樣的「臣」。賢君得賢臣，賢臣輔佐賢君治理國家，國家就繁榮昌盛；昏君得庸臣，庸臣協助昏君治理國家，國家就衰敗滅亡。這是堯、舜、禹和夏、商、周三代告訴呂不韋、劉安等人的歷史經驗。

　　賢君加賢臣無疑是最佳的「治國主體」，然而這樣的「治國主體」在中國歷史上應該說幾乎沒有存在過，因為首先，賢君可遇不可求，少得可憐；其次，一個「君」擁有很多「臣」，很難保證每個「臣」都是賢臣。賢君外加每個「臣」都是賢臣的幾率幾乎為零，賢君能在一個或者幾個關鍵性的位置上擁有賢臣就已經很難得了。這是中國歷史「治世」少而「亂世」多的原因。我們通常所說的賢君加賢臣的模式其實就是指賢君能在一個或者幾個關鍵性的位置上擁有賢臣，諸如《呂氏春秋·當染》所列舉的：舜之於許由、伯陽，禹

〔註1〕朱熹：《四書章句集注》，北京：中華書局，1983年，第28頁。

之於皋陶、伯益，湯之於伊尹、仲虺，武王之於太公望、周公旦，齊桓公之於管仲、鮑叔，晉文公之於咎犯、郄傴，荊莊王之於孫叔敖、沈尹蒸，吳王闔廬之於伍員、文之儀，越王句踐之於范蠡、大夫種〔註2〕。

「治國主體」之中，「君」又是根本，因為「臣」需要「君」來挑選，只有賢君能選得賢臣、用得賢臣、容得賢臣。《淮南子·繆稱訓》曰：「君，根本也；臣，枝葉也。根本不美，枝葉茂者，未之聞也。」〔註3〕又《淮南子·主術訓》曰：「是故人主之一舉也，不可不慎也。所任者得其人，則國家治，上下和，群臣親，百姓附。所任非其人，則國家危，上下乖，群臣怨，百姓亂。故一舉而不當，終身傷。得失之道，權要在主。是故繩正於上，木直於下，非有事焉，所緣以修者然也。故人主誠正，則直士任事，而奸人伏匿矣。人主不正，則邪人得志，忠者隱蔽矣。」〔註4〕君主的選臣之舉，關係著國家的治亂、安危，一舉不當，終身受傷，故曰「得失之道，權要在主」。

古代中國的「盛世」幾乎都是賢君、賢臣在一起努力創造的，而「亂世」的出現也往往是因為缺乏賢君、賢臣造成的，所以，「賢人政治」是渴望勵精圖治的有志之士的理想政治模式。呂不韋、劉安及其身邊的仁人志士就提倡這樣的「賢人政治」。《呂氏春秋·先識》曰：「地從於城，城從於民，民從於賢。故賢主得賢者而民得，民得而城得，城得而地得。」〔註5〕在得賢、得民、得城、得地之中，「得賢」是第一位的。得賢人則國存，失賢人則國亡，《淮南子·泰族訓》曰：「國之所以存者，非以有法也，以有賢人也；其所以亡者，非以無法也，以無賢人也。」〔註6〕只要賢人治國，就可以很輕鬆地得民、得城、得地，即只要實行「賢人政治」，忠誠的百姓、牢固的城池、遼闊的土地就會隨之而來，應有盡有。「賢人政治」要求「君」為賢君、「臣」為賢臣。

呂不韋、劉安都重視賢人，二者都重養門客即是其表現。余英時先生說：「大體言之，自稷下衰微到秦代統一這段期間，國君養賢的風氣已成過去。以秦、趙兩個大國而論，養賢的事業已轉到卿相的手中了。呂不韋和平原君

〔註2〕陳奇猷：《呂氏春秋新校釋》，上海：上海古籍出版社，2002年，第97頁。
〔註3〕劉文典：《淮南鴻烈集解》，北京：中華書局，1989年，第333～334頁。
〔註4〕劉文典：《淮南鴻烈集解》，北京：中華書局，1989年，第286頁。
〔註5〕陳奇猷：《呂氏春秋新校釋》，上海：上海古籍出版社，2002年，第955頁。
〔註6〕劉文典：《淮南鴻烈集解》，北京：中華書局，1989年，第681頁。

皆養士數千，儼然已取齊宣王的地位而代之。」〔註7〕戰國後期，卿相養賢蔚然成風，呂不韋是其中之一，劉安則是後繼者。《史記・呂不韋列傳》：「當是時，魏有信陵君，楚有春申君，趙有平原君，齊有孟嘗君，皆下士喜賓客以相傾。呂不韋以秦之強，羞不如，亦招致士，厚遇之，至食客三千人。是時諸侯多辯士，如荀卿之徒，著書佈天下。呂不韋乃使其客人人著所聞，集論以為八覽、六論、十二紀，二十餘萬言。以為備天地萬物古今之事，號曰《呂氏春秋》。」〔註8〕《漢書・淮南衡山濟北王傳》：「淮南王安為人好書，鼓琴，不喜弋獵狗馬馳騁，亦欲以行陰德拊循百姓，流名譽。招致賓客方術之士數千人，作為《內書》二十一篇，《外書》甚眾，又有《中篇》八卷，言神仙黃白之術，亦二十餘萬言。」〔註9〕「門客」（又稱「食客」「賓客」），是古代的一個特殊群體，是「士」的一種，具有一技之長，是賢能之士。門客以己之長為門主效力，《戰國策・齊策三》記載了孟嘗君與三位門客的對話：「孟嘗君燕坐，謂三先生曰：『願聞先生有以補文之闕者！』一人曰：『訾！天下之主，有侵君者，臣請以臣之血濺其衽。』田瞀曰：『車軼之所能至者，請掩足下之短，誦足下之長，千乘之君，與萬乘之相，其欲有君也，如使而弗及也。』勝瞀曰：『臣願以足下之府庫財務，收天下之士，能為君決疑應卒，若魏文侯之有田子方、段干木也，此臣之所為君取矣。』」〔註10〕三位門客皆願發揮自己的特長「以補文之闕」。呂不韋、劉安在現實之中就重養賢人，故在撰寫治國典籍之時則主張實行「賢人政治」。

　　「賢人政治」是令人嚮往的，然而，求賢又是難的。《淮南子・繆稱訓》曰：「凡人各賢其所說，而說其所快。世莫不舉賢，或以治，或以亂。非自遁，求同乎己者也。己未必得賢，而求與己同者，而欲得賢，亦不幾矣！使堯度舜，則可；使桀度堯，是猶以升量石也。」〔註11〕人各以自己的標準、喜好來判斷賢與不肖，則求賢是難的，這也是每位君主都求賢而治亂不同的重要原因之一。所以說，「賢人政治」所要求的君為賢君、臣為賢臣就需要一套科學的求賢措施，或用制度加以保證，或靠方法給予支持。

〔註7〕余英時：《士與中國文化》，上海：上海人民出版社，2003年，第42頁。

〔註8〕司馬遷：《史記》，北京：中華書局，1959年，第2510頁。

〔註9〕班固：《漢書》，北京：中華書局，1962年，第2145頁。

〔註10〕諸祖耿：《戰國策集注匯考》，南京：鳳凰出版社，2008年，第573頁。

〔註11〕劉文典：《淮南鴻烈集解》，北京：中華書局，1989年，第320～321頁。

第一節　君為賢君

一、自古以來的賢君理想

堯、舜、禹時代被描述為古代的太平盛世，堯、舜、禹是創造太平盛世的天子，堯、舜、禹在古代往往被推崇為理想的賢君。志士仁人也往往希望其君主能學習堯、舜、禹來成為賢君。《論語・泰伯》：「子曰：『大哉堯之為君也！巍巍乎！唯天為大，唯堯則之。蕩蕩乎！民無能名焉。巍巍乎其有成功也！煥乎其有文章！』舜有臣五人而天下治。武王曰：『予有亂臣十人。』孔子曰：『才難，不其然乎？唐、虞之際，於斯為盛。有婦人焉，九人而已。三分天下有其二，以服事殷。周之德，可謂至德也已矣。』子曰：『禹，吾無間然矣。菲飲食，而致孝乎鬼神；惡衣服，而致美乎黻冕；卑宮室，而盡力乎溝洫。禹，吾無間然矣！』」〔註12〕又《論語・顏淵》子夏曰：「舜有天下，選於眾，舉皋陶，不仁者遠矣。湯有天下，選於眾，舉伊尹，不仁者遠矣。」〔註13〕堯、舜、禹、湯是儒家推崇的聖王，是理想的賢君，《論語》記載孔子及其弟子的言論中充滿了對堯、舜、禹、湯的讚美之情。《孟子・離婁上》孟子曰：「規矩，方員之至也。聖人，人倫之至也。欲為君，盡君道；欲為臣，盡臣道，二者皆法堯、舜而已矣。不以舜之所以事堯事君，不敬其君者也；不以堯之所以治民治民，賊其民者也。孔子曰：『道二，仁與不仁而已矣。』暴其民甚，則身弒國亡，不甚，則身危國削，名之曰『幽』、『厲』，雖孝子慈孫，百世不能改也。《詩》云：『殷鑒不遠，在夏后之世。』此之謂也。」〔註14〕孟子同樣將堯、舜作為理想的賢君，認為為君、為臣之道都要效法堯、舜，不像舜那樣事君就是不敬其君，不像堯那樣治民就是賊害其民。《荀子・成相》：「請成相，道聖王，堯、舜尚賢身辭讓。許由、善卷，重義輕利行顯明。堯讓賢，以為民，泛利兼愛德施均。辨治上下，貴賤有等明君臣。堯授能，舜遇時，尚賢推德天下治。雖有賢聖，適不遇世孰知之？堯不德，舜不辭，妻以二女任以事。大人哉舜！南面而立萬物備。舜授禹，以天下，尚得推賢不失序。外不避仇，內不阿親賢者予。禹勞心力，堯有德，干戈不用三苗服。舉舜甽

〔註12〕邢昺：《論語注疏》，《十三經注疏》，北京：中華書局，1980 年，第 2487～2488頁。
〔註13〕邢昺：《論語注疏》，《十三經注疏》，北京：中華書局，1980 年，第 2504 頁。
〔註14〕舊題孫奭：《孟子注疏》，《十三經注疏》，北京：中華書局，1980 年，第 2718頁。

－8－

畝，任之天下身休息。得后稷，五穀殖，夔為樂正鳥獸服；契為司徒，民知孝悌尊有德。禹有功，抑下鴻，辟除民害逐共工。北決九河，通十二渚疏三江。禹傅土，平天下，躬親為民行勞苦。得益、皋陶、橫革、直成為輔。契玄王，生昭明，居於砥石遷於商。十有四世，乃有天乙是成湯。天乙湯，論舉當，身讓卞隨舉牟光。」〔註15〕荀子「道聖王」將堯、舜、禹、湯的品德、功業讚頌了一番。堯、舜、禹、湯有一個共同的優秀品德「尚賢」，他們通過「讓賢」和「舉賢」創造了太平盛世，並成為古代賢君。

《管子·桓公問》：「齊桓公問管子曰：『吾念有而勿失，得而勿忘，為之有道乎？』對曰：『勿創勿作，時至而隨。毋以私好惡害公正，察民所惡，以自為戒。黃帝立明臺之議者，上觀於賢也。堯有衢室之問者，下聽於人也。舜有告善之旌，而主不蔽也。禹立建鼓於朝，而備訊唉。湯有總街之庭，以觀人誹也。武王有靈臺之復，而賢者進。此古聖帝明王所以有而勿失，得而勿忘者也。』」〔註16〕齊桓公問治國為君之道，管子列舉古代聖帝明王黃帝、堯、舜、禹、湯、武王為君之道來回答，希望齊桓公將這些古代賢君作為學習的榜樣。齊桓公經過自己的努力和管子的幫助最終成為大有作為的一代賢君。

《墨子·尚賢上》曰：「古者堯舉舜於服澤之陽，授之政，天下平；禹舉益於陰方之中，授之政，九州成；湯舉伊尹於庖廚之中，授之政，其謀得；文王舉閎夭泰顛於罝罔之中，授之政，西土服。故當是時，雖在於厚祿尊位之臣，莫不敬懼而施，雖在農與工肆之人，莫不競勸而尚意。故士者，所以為輔相承嗣也。故得士則謀不困，體不勞，名立而功成，美章而惡不生，則由得士也。是故子墨子言曰：得意賢士不可不舉，不得意賢士不可不舉，尚欲祖述堯舜禹湯之道，將不可以不尚賢。夫尚賢者，政之本也。」〔註17〕舉賢是賢君的一個重要表現，因為只有賢君能夠舉賢、用賢。堯、舜、禹、湯皆舉用賢人最終創造了太平盛世、建立了不朽功業，墨子指出要祖述堯、舜、禹、湯之道必須尚賢。

秦漢雜家提倡賢君治國，主張君為賢君。《呂氏春秋·自知》曰：「堯有欲諫之鼓，舜有誹謗之木，湯有司過之士，武王有戒慎之鞀，猶恐不能自知，

〔註15〕王先謙：《荀子集解》，北京：中華書局，1988年，第462～464頁。
〔註16〕黎翔鳳：《管子校注》，北京：中華書局，2004年，第1047頁。
〔註17〕孫詒讓：《墨子閒詁》，北京：中華書局，2001年，第47～49頁。

今賢非堯、舜、湯、武也，而有掩蔽之道，奚繇自知哉？」〔註18〕《呂氏春秋》指出堯、舜、湯、武這樣的賢君猶恐不自知，為君者當以堯、舜、湯、武為榜樣，廣開言路，以求自知。又《呂氏春秋·自知》記載「魏文侯燕飲，皆令諸大夫論己。或言君之智也。至於任座，任座曰：『君不肖君也。得中山不以封君之弟，而以封君之子，是以知君之不肖也。』文侯不說，知於顏色。任座趨而出。次及翟黃，翟黃曰：『君賢君也。臣聞其主賢者，其臣之言直。今者任座之言直，是以知君之賢也。』文侯喜曰：『可反歟？』翟黃對曰：『奚為不可？臣聞忠臣畢其忠，而不敢遠其死。座殆尚在於門。』翟黃往視之，任座在於門，以君令召之。任座入，文侯下階而迎之，終座以為上客。文侯微翟黃，則幾失忠臣矣。上順乎主心以顯賢者，其唯翟黃乎？」〔註19〕魏文侯燕飲，任座指斥魏文侯為不肖，文侯不悅，翟黃曰「君賢君也。臣聞其主賢者，其臣之言直。今者任座之言直，是以知君之賢也」，文侯喜，以任座為上客。《呂氏春秋》讚賞這樣的賢君和賢臣。又《呂氏春秋·期賢》曰：「魏文侯過段干木之閭而軾之，其僕曰：『君胡為軾？』曰：『此非段干木之閭歟？段干木蓋賢者也，吾安敢不軾？且吾聞段干木未嘗肯以己易寡人也，吾安敢驕之？段干木光乎德，寡人光乎地；段干木富乎義，寡人富乎財。』」〔註20〕魏文侯禮遇賢士段干木，《呂氏春秋》讚揚魏文侯是能禮士、好禮士的賢君。《呂氏春秋·下賢》曰：「齊桓公見小臣稷，一日三至弗得見。從者曰：『萬乘之主，見布衣之士，一日三至而弗得見，亦可以止矣。』桓公曰：『不然。士驁祿爵者，固輕其主；其主驁霸王者，亦輕其士。縱夫子驁祿爵，吾庸敢驁霸王乎？』遂見之，不可止。世多舉桓公之內行，內行雖不修，霸亦可矣。」〔註21〕齊桓公深知「驁祿爵」之士對成就霸王之業十分重要，所以，雖然「驁祿爵」之士輕視齊桓公，但是齊桓公絕不輕視「驁祿爵」之士，故齊桓公最終成就了不朽的功業。《呂氏春秋》稱讚齊桓公這種「禮士」的舉動。

《淮南子·脩務訓》曰：「嘗試問之矣：『若夫神農、堯、舜、禹、湯，可謂聖人乎？』有論者必不能廢。」〔註22〕神農、堯、舜、禹、湯，五者皆為

〔註18〕陳奇猷：《呂氏春秋新校釋》，上海：上海古籍出版社，2002 年，第 1609～1610 頁。

〔註19〕陳奇猷：《呂氏春秋新校釋》，上海：上海古籍出版社，2002 年，第 1610 頁。

〔註20〕陳奇猷：《呂氏春秋新校釋》，上海：上海古籍出版社，2002 年，第 1457 頁。

〔註21〕陳奇猷：《呂氏春秋新校釋》，上海：上海古籍出版社，2002 年，第 887 頁。

〔註22〕劉文典：《淮南鴻烈集解》，北京：中華書局，1989 年，第 629 頁。

賢聖之人，《淮南子》認為五者被尊為賢君聖人的事實不會被廢除，對五位賢君的崇敬之情不言自明。《淮南子‧主術訓》曰：「堯之有天下也，非貪萬民之富而安人主之位也，以為百姓力征，強凌弱，眾暴寡，於是堯乃身服節儉之行，而明相愛之仁，以和輯之。是故茅茨不翦，采椽不斲，大路不畫，越席不緣，大羹不和，粢食不毇，巡狩行教，勤勞天下，周流五岳。豈其奉養不足樂哉？舉天下而以為社稷，非有利焉。」〔註23〕《淮南子》在此稱讚堯節儉生活，勤勞施政，仁政愛民，利天下而非自利。《主術訓》又曰：「古者天子聽朝，公卿正諫，博士誦詩，瞽箴師誦，庶人傳語，史書其過，宰徹其膳。猶以為未足也，故堯置敢諫之鼓，舜立誹謗之木，湯有司直之人，武王立戒慎之鞀，過若豪氂，而既已備之也。夫聖人之於善也，無小而不舉；其於過也，無微而不改。堯、舜、禹、湯、文、武，皆坦然天下而南面焉。」〔註24〕《淮南子》在此記述了堯、舜、湯、武等賢君聖王廣聽勸諫、防微杜漸的治國措施，稱頌了他們皆能「坦然天下」，大公無私。《淮南子‧齊俗訓》曰：「堯之治天下也，舜為司徒，契為司馬，禹為司空，后稷為大田師，奚仲為工。其導萬民也，水處者漁，山處者木，谷處者牧，陸處者農。地宜其事，事宜其械，械宜其用，用宜其人。澤皋織網，陵阪耕田，得以所有易所無，以所工易所拙，是故離叛者寡，而聽從者眾。」〔註25〕諸如此類記述堯、舜、禹等賢君優秀的治國事蹟的例子可以說是比比皆是。

二、君為賢君的制度保證——禪讓制

　　秦漢雜家推崇堯、舜、禹那樣的賢君，那麼君為賢君如何實現？什麼樣的制度可以保證代代皆為賢君？秦漢雜家提供的方案是禪讓制。

　　秦漢雜家追求「天下為公」。《呂氏春秋‧貴公》曰：「昔先聖王之治天下也，必先公，公則天下平矣。平得於公。嘗試觀於上志，有得天下者眾矣，其得之以公，其失之必以偏。凡主之立也，生於公。故《鴻範》曰：『無偏無黨，王道蕩蕩；無偏無頗，遵王之義；無或作好，遵王之道；無或作惡，遵王之路。』天下非一人之天下也，天下之天下也。陰陽之和，不長一類；甘露時雨，不私一物；萬民之主，不阿一人。」〔註26〕「天下非一人之天下

〔註23〕劉文典：《淮南鴻烈集解》，北京：中華書局，1989年，第290頁。
〔註24〕劉文典：《淮南鴻烈集解》，北京：中華書局，1989年，第310～311頁。
〔註25〕劉文典：《淮南鴻烈集解》，北京：中華書局，1989年，第351頁。
〔註26〕陳奇猷：《呂氏春秋新校釋》，上海：上海古籍出版社，2002年，第45頁。

也，天下之天下也」，這是《呂氏春秋》在二千多年前喊出的響亮口號，表現的是對「天下為公」理想的堅信和追求。徐復觀《兩漢思想史》曰：「《呂氏春秋》在政治問題上的積極主張，除了前面已經提到的『與元同氣』這一類特別觀念外，在政治的基本原則上，是盡量發揮『天下為公』的主張。」〔註27〕此言至確。《淮南子·詮言訓》曰：「處尊位者，以有公道而無私說，故稱尊焉，不稱賢也；有大地者，以有常術而無鈐謀，故稱平焉，不稱智也。」〔註28〕《淮南子·脩務訓》曰：「若夫堯眉八彩，九竅通洞，而公正無私，一言而萬民齊。」〔註29〕《淮南子》在此同樣表現出了對公平、公正、天下為公的推崇和追求。

又《呂氏春秋·恃君》曰：「此四方之無君者也。其民麋鹿禽獸，少者使長，長者畏壯，有力者賢，暴傲者尊，日夜相殘，無時休息，以盡其類。聖人深見此患也，故為天下長慮，莫如置天子也；為一國長慮，莫如置君也。置君非以阿君也，置天子非以阿天子也，置官長非以阿官長也。德衰世亂，然後天子利天下，國君利國，官長利官。」〔註30〕《呂氏春秋》指出「天子」「國君」是聖人分別為了天下、國家的長遠考慮所設置的職位，不是「天子」「國君」一人、一家的私有。這包含了二層深意：一，天子、國君的地位不是「上天」賦予的，不是天命，不是天經地義的必然，而是為了便於治理天下和國家由聖人設置的職位；二，如果在位的天子和國君不能以民為本、不能以天下為公，不便於天下和國家的治理，那麼這樣的天子和國君是不能佔據天子和國君的職位的，是要被替代的。《呂氏春秋·懷寵》曰：「子之在上無道，據傲荒怠，貪戾虐眾，恣睢自用也，闢遠聖製，譽醜先王，排訾舊典，上不順天，下不惠民，征斂無期，求索無厭，罪殺不辜，慶賞不當。若此者，天之所誅也，人之所讎也，不當為君。今兵之來也，將以誅不當為君者也，以除民之讎而順天之道也。」〔註31〕「在上者」如果無道，那麼這樣的「在上者」是「不當為君」的。「義兵」必定要誅伐「不當為君者」，從而改立「當為君者」。《呂氏春秋·恃君》又曰：「自上世以來，天下亡國多矣，而君道不廢者，天

〔註27〕徐復觀：《兩漢思想史》（第二卷），上海：華東師範大學出版社，2001年，第33頁。
〔註28〕劉文典：《淮南鴻烈集解》，北京：中華書局，1989年，第477頁。
〔註29〕劉文典：《淮南鴻烈集解》，北京：中華書局，1989年，第641頁。
〔註30〕陳奇猷：《呂氏春秋新校釋》，上海：上海古籍出版社，2002年，第1331頁。
〔註31〕陳奇猷：《呂氏春秋新校釋》，上海：上海古籍出版社，2002年，第417頁。

下之利也。故廢其非君，而立其行君道者。」〔註32〕「廢其非君，而立其行君道者」，表現的是《呂氏春秋》對「公天下」制度的執著和對「家天下」制度的否定。《淮南子‧脩務訓》曰：「且古之立帝王者，非以奉養其欲也；聖人踐位者，非以逸樂其身也。為天下強掩弱，眾暴寡，詐欺愚，勇侵怯，懷知而不以相教，積財而不以相分，故立天子以齊一之。為一人聰明而不足以遍照海內，故立三公九卿以輔翼之。絕國殊俗，僻遠幽閒之處，不能被德承澤，故立諸侯以教誨之。是以地無不任，時無不應，官無隱事，國無遺利。」〔註33〕《淮南子》也指出為天下立官立長不是為了滿足官長的一己私欲，而是為了解決天下存在的一系列問題。這一觀念是以「天下為公」為指導思想的，即天下立官長是為了天下，為一己、一家而存在的官長必然是不能長久的。

天下為公要求選賢與能，秦漢雜家主張天下為公，所以主張君主實行禪讓制。《呂氏春秋‧去私》曰：「堯有子十人，不與其子而授舜；舜有子九人，不與其子而授禹；至公也。」〔註34〕徐復觀《兩漢思想史》曰：「呂氏的門客，把儒、墨、道三家所蘊含的天下為公的思想，作了強烈的表現。把夏禹以來，傳子的傳統，也敢於加以推翻。」〔註35〕

《淮南子‧繆稱訓》曰：「舜、禹不再受命，堯、舜傳大焉，先形乎小也。刑于寡妻，至于兄弟，禪於家國，而天下從風。」〔註36〕又曰：「堯王天下而憂不解，授舜而憂釋。憂而守之，而樂與賢終，不私其利矣。」〔註37〕《淮南子‧泰族訓》曰：「堯治天下，政教平，德潤洽。在位七十載，乃求所屬天下之統，令四嶽揚側陋。四嶽舉舜而薦之堯。堯乃妻以二女，以觀其內；任以百官，以觀其外；既入大麓，烈風雷雨而不迷，乃屬以九子，贈以昭華之玉，而傳天下焉。以為雖有法度，而朱弗能統也。」〔註38〕堯不把帝位傳其子而禪讓給舜，舜也不把帝位傳其子而禪讓給禹，堯、舜傳位的原則是傳「賢」不傳「私」。《呂氏春秋》《淮南子》對堯、舜這種禪讓君位的做法是大為讚賞的，

〔註32〕陳奇猷：《呂氏春秋新校釋》，上海：上海古籍出版社，2002年，第1330頁。

〔註33〕劉文典：《淮南鴻烈集解》，北京：中華書局，1989年，第633頁。

〔註34〕陳奇猷：《呂氏春秋新校釋》，上海：上海古籍出版社，2002年，第56頁。

〔註35〕徐復觀：《兩漢思想史》（第二卷），上海：華東師範大學出版社，2001年，第34頁。

〔註36〕劉文典：《淮南鴻烈集解》，北京：中華書局，1989年，第331頁。

〔註37〕劉文典：《淮南鴻烈集解》，北京：中華書局，1989年，第334頁。

〔註38〕劉文典：《淮南鴻烈集解》，北京：中華書局，1989年，第672頁。

稱他們是「至公」。《淮南子‧精神訓》曰：「堯不以有天下為貴，故授舜；公子札不以有國為尊，故讓位。」〔註39〕《淮南子‧主術訓》曰：「（堯）年衰志憫，舉天下而傳之舜，猶卻行而脫蹝也。」〔註40〕堯把天下視為天下人的天下，不以有天下為貴，所以堯可以輕易地把帝王之位禪讓給舜。公子札不以有國為尊貴，所以可以禪讓其位。

又《呂氏春秋‧圜道》曰：「堯、舜，賢主也，皆以賢者為後，不肯與其子孫，猶若立官必使之方。今世之人主，皆欲世勿失矣，而與其子孫，立官不能使之方，以私欲亂之也。」〔註41〕《呂氏春秋‧士容》曰：「知人情，不能自遺，以此為君，雖有天下何益？故敗莫大於愚。愚之患，在必自用。自用則戇陋之人從而賀之。有國若此，不若無有。古之與賢，從此生矣。非惡其子孫也，非徼而矜其名也，反其實也。」〔註42〕因為賢君的子孫不一定「賢」，而中國的皇權世襲歷史證明賢君少、庸君多。愚者為君，遠賢人親佞臣，禍國殃民。避免出現愚者為君的情況是「古之與賢」、實行禪讓的原因。然而，「今世之人主」都想自家的天下傳之萬世而把君位傳給自己的子孫後代，無論其子孫是白癡還是傻蛋。禪讓制，是以天下為公，為的是全天下的民眾；世襲制，是以天下為家，為的是君主的一家之私。

三、存在爭議的禪讓制

禪讓制的學派歸屬存在爭議，儒、墨兩家皆主張禪讓。

《禮記‧禮運》載孔子曰：「大道之行也，天下為公，選賢與能，講信修睦，故人不獨親其親，不獨子其子，使老有所終，壯有所用，幼有所長，矜寡孤獨廢疾者，皆有所養。男有分，女有歸。貨惡其棄於地也，不必藏於己。力惡其不出於身也，不必為己。是故謀閉而不興，盜竊亂賊而不作，故外戶而不閉，是謂大同。」〔註43〕天下為公的「大同」世界是孔子理想中的完美社會，也成為後世仁人志士的孜孜追求。「天下為公」「選賢與能」是「大同」社會最基本的特點，也是保證實現「大同」社會最基本的方法和途徑。孔子曰「天下為公，選賢與能」，為了避免出現「非君」的情況、保證君行其道，天

〔註39〕劉文典：《淮南鴻烈集解》，北京：中華書局，1989年，第235頁。
〔註40〕劉文典：《淮南鴻烈集解》，北京：中華書局，1989年，第290頁。
〔註41〕陳奇猷：《呂氏春秋新校釋》，上海：上海古籍出版社，2002年，第175頁。
〔註42〕陳奇猷：《呂氏春秋新校釋》，上海：上海古籍出版社，2002年，第1698頁。
〔註43〕孔穎達：《禮記正義》，《十三經注疏》，北京：中華書局，1980年，第1414頁。

下為公的「大同」社會要求賢者為君，要求君主實行禪讓制。

根據出土文獻郭店楚簡《唐虞之道》的記載〔註44〕，堯、舜時代實行禪讓制〔註45〕。《唐虞之道》曰：「唐虞之道，禪而不傳。堯舜之王，利天下而弗利也。禪而不傳，聖之盛也。利天下而弗利也，仁之至也。故昔賢仁聖者如此。身窮不貪，沒而弗利，窮仁矣。必正其身，然後正世，聖道備矣。故唐虞之〔道，禪〕也。」〔註46〕又曰：「堯舜之行，愛親尊賢。愛親故孝，尊賢故禪。孝之施，愛天下之民。禪之傳，世亡隱德。孝，仁之冕也。禪，義之至也。六帝興於古，皆由此也。愛親忘賢，仁而未義也。尊賢遺親，義而未仁也。古者虞舜篤事瞽盲，乃戴其孝；忠事帝堯，乃戴其臣。愛親尊賢，虞舜其人也。」〔註47〕「唐虞之道」是指什麼？「唐虞之道，禪也」，即禪讓。何謂「禪讓」？《唐虞之道》曰：「禪也者，上德授賢之謂也。上德則天下有君而世明，授賢則民舉效而化乎道。不禪而能化民者，自生民未之有也，如此也。」〔註48〕「禪讓」就是「上德授賢」，即天子之位禪讓給賢能之人。《尚書‧堯典》《尚書‧大禹謨》分別記載了堯禪讓給舜、舜禪讓給禹的事蹟。堯、舜禪讓賢能而不傳位於自己的子孫，所以，堯、舜時代「世明」「民化」。堯、舜時代是後世嚮往的「盛世」，同時，禪讓制也成為後世有志之士的不懈追求。

《孟子‧告子下》孟子曰：「舜發於畎畝之中，傅說舉於版築之間，膠鬲舉於魚鹽之中，管夷吾舉於士，孫叔敖舉於海，百里奚舉於市。故天將降大任於是人也，必先苦其心志，勞其筋骨，餓其體膚，空乏其身，行拂亂其所為。」〔註49〕舜、傅說、膠鬲、管夷吾、孫叔敖、百里奚六人皆是賢能之人，

〔註44〕李學勤、裘錫圭、李伯謙、彭浩、劉祖信等先生一致認為「郭店一號墓約下葬於公元前四世紀末期」，（王博：《美國達慕思大學郭店〈老子〉國際學術討論會紀要》，陳鼓應主編《道家文化研究》第17輯，北京：生活‧讀書‧新知三聯書店，1999年，第2頁。）則《唐虞之道》成書於此前。

〔註45〕顧頡剛先生則認為堯舜禪讓不過是墨家為了宣傳其尚賢主義杜撰的傳說。

〔註46〕李零：《郭店楚簡校讀記》（增訂本），北京：中國人民大學出版社，2007年，第123頁。

〔註47〕李零：《郭店楚簡校讀記》（增訂本），北京：中國人民大學出版社，2007年，第123～124頁。

〔註48〕李零：《郭店楚簡校讀記》（增訂本），北京：中國人民大學出版社，2007年，第125頁。

〔註49〕舊題孫奭：《孟子注疏》，《十三經注疏》，北京：中華書局，1980年，第2762頁。

皆是「天將降大任」之人，然而他們的成功不是依靠高貴的血統和顯赫的地位，而是依靠自身的本領。他們憑仗自己的賢能，從低微的草根階層脫穎而出，尤其是大舜，從平民而成為天子，成為禪讓制的代表人物。

《荀子·成相》曰：「請成相，道聖王，堯、舜尚賢身辭讓。許由、善卷，重義輕利行顯明。堯讓賢，以為民，泛利兼愛德施均。辨治上下，貴賤有等明君臣。堯授能，舜遇時，尚賢推德天下治。雖有賢聖，適不遇世孰知之？堯不德，舜不辭，妻以二女任以事。大人哉舜！南面而立萬物備。舜授禹，以天下，尚得推賢不失序。外不避仇，內不阿親賢者予。禹勞心力，堯有德，干戈不用三苗服。舉舜畎畝，任之天下身休息。」〔註50〕堯、舜尚賢，推舉賢人外不避仇，內不阿親，所以，堯禪讓給舜，舜禪讓給禹。

墨家也主張禪讓〔註51〕，《墨子·尚同上》曰：「是故選天下之賢可者，立以為天子。天子立，以其力為未足，又選擇天下之賢可者，置立之以為三公。天子三公既以立，以天下為博大，遠國異土之民、是非利害之辯，不可一二而明知，故畫分萬國，立諸侯國君。諸侯國君既已立，以其力焉未足，又選擇其國之賢可者，置立之以為正長。正長既已具，天子發政於天下之百姓，言曰：『聞善而不善，皆以告其上。上之所是必皆是之，所非必皆非之。上有過則規諫之，下有善則傍薦之。上同而不下比者，此上之所賞而下之所譽也。意若聞善而不善，不以告其上。上之所是弗能是，上之所非弗能非。上有過弗規諫，下有善弗傍薦。下比不能上同者，此上之所罰而百姓所毀也。』上以此為賞罰，甚明察以審信。是故里長者，里之仁人也。里長發政里之百姓，言曰：『聞善而不善，必以告其鄉長。鄉長之所是必皆是之，鄉長之所非必皆非之。去若不善言，學鄉長之善言；去若不善行，學鄉長之善行。』則鄉何說以亂哉？察鄉之所治者，何也？鄉長唯能壹同鄉之義，是以鄉治也。鄉長者，鄉之仁人也。鄉長發政鄉之百姓，言曰：『聞善而不善者，必以告國君。國君之所是必皆是之。國君之所非必皆非之。去若不善言，學國君之善言；去若不善行，學國君之善行。』則國何說以亂哉？察國之所以治者，何也？國君唯能壹同國之義，是以國治也。國君者，國之仁人也。國君發政國之百姓，言曰：『聞善而不善，必以告天子。天子之所是皆是之，天子之所非皆非之。去

〔註50〕王先謙：《荀子集解》，北京：中華書局，1988年，第462～463頁。
〔註51〕顧頡剛先生認為禪讓是墨家學派的發明，其《禪讓傳說起於墨家考》（《古史辨》第七冊下，上海：上海古籍出版社，1982年。）一文進行了詳細地考論。

若不善言，學天子之善言；去若不善行，學天子之善行。」則天下何說以亂哉？」〔註52〕天下非一人之天下，天下乃天下人之天下，故選天下之賢者立以為天子，又選天下之賢者置立之以為三公，又選其國之賢者置立之以為正長。天子與官長的置立不是因為其身份與地位，而是取決於其是否賢仁。賢仁則為長，里長者，里之仁人也；鄉長者，鄉之仁人也；國君者，國之仁人也。舜是天下之賢人，於是乎，堯禪讓給舜，《墨子·尚賢中》曰：「古者舜耕歷山，陶河瀕，漁雷澤，堯得之服澤之陽，舉以為天子，與接天下之政，治天下之民。」〔註53〕

堯舜之後，禪讓之舉逐漸帶上一種美好演繹的意味。商湯放逐夏桀，被演繹成為禪讓，《逸周書·殷祝解》曰：「湯將放桀於中野。士民聞湯在野，皆委貨，扶老攜幼奔，國中虛。桀請湯曰：『國所以為國者，以有家；家所以為家者，以有人也。今國無家、無人矣，君有人，請致國，居之有也。』湯曰：『否！昔大帝作道，明教士民。今君王滅道殘政，士民惑矣，吾為王明之！』士民復致於桀，曰：『以薄之居，濟民之賤，何必君更？』桀與其屬五百人南徙千里，止於不齊。民往奔湯於中野。桀復請湯，言：『君之有也。』湯曰：『否！我為君王明之。』士民複重請之。桀與其屬五百人徙於魯，魯民復奔湯。桀又曰：『國，君之有也，吾則外人。有言彼以吾道是邪，我將為之。』湯曰：『此君王之士也，君王之民也，委之何？』湯不能止桀。湯曰：『欲從者從君。』桀與其屬五百人去。湯放桀而復薄，三千諸侯大會。湯退，再拜，從諸侯之位。湯曰：『此天子之位，有道者可以處之。天子，非一家之有也，有道者之有也。故天下者，唯有道者理之，唯有道者紀之，唯有道者宜久處之。』湯以此讓。三千諸侯莫敢即位，然後湯即天子之位。與諸侯誓曰：『陰勝陽即謂之變，而天弗施；雌勝雄即謂之亂，而人弗行。故諸侯之治政，在諸侯之大夫治與從。』」〔註54〕夏桀三次讓位給湯，湯三次拒絕，又讓位給夏桀，最終夏桀遷徙遠方，商湯又讓位於三千諸侯，諸侯不敢受，商湯才即位。商湯推翻夏桀的殘暴統治，放逐夏桀，本是充滿血腥的敵對征伐，這裡卻變成了夏桀、商湯之間包含溫情的、友好的禪讓。

〔註52〕孫詒讓：《墨子閒詁》，北京：中華書局，2001年，第75～76頁。

〔註53〕孫詒讓：《墨子閒詁》，北京：中華書局，2001年，第57～58頁。

〔註54〕黃懷信：《逸周書校補注譯》，西安：西北大學出版社，1996年，第412～414頁。

　　堯舜禪讓帝位之後，後世也不乏仿傚「禪讓」之舉〔註55〕，而卻多為虛情假意之鬧劇。《史記・燕召公世家》載燕王噲立，「鹿毛壽謂燕王：『不如以國讓相子之。人之謂堯賢者，以其讓天下於許由，許由不受，有讓天下之名而實不失天下。今王以國讓於子之，子之必不敢受，是王與堯同行也。』燕王因屬國於子之，子之大重。或曰：『禹薦益，已而以啟人為吏。及老，而以啟人為不足任乎天下，傳之於益。已而啟與交黨攻益，奪之。天下謂禹名傳天下於益，已而實令啟自取之。今王言屬國於子之，而吏無非太子人者，是名屬子之而實太子用事也。』王因收印自三百石吏已上而傚之子之。子之南面行王事，而噲老不聽政，顧為臣，國事皆決於子之。三年，國大亂，百姓恫恐。將軍市被與太子平謀，將攻子之。諸將謂齊湣王曰：『因而赴之，破燕必矣。』齊王因令人謂燕太子平曰：『寡人聞太子之義，將廢私而立公，飭君臣之義，明父子之位。寡人之國小，不足以為先後。雖然，則唯太子所以令之。』太子因要黨聚眾，將軍市被圍公宮，攻子之，不克。將軍市被及百姓反攻太子平，將軍市被死，以徇。因構難數月，死者數萬，眾人恫恐，百姓離志。孟軻謂齊王曰：『今伐燕，此文、武之時，不可失也。』王因令章子將五都之兵，以因北地之眾以伐燕。士卒不戰，城門不閉，燕君噲死，齊大勝。燕子之亡二年，而燕人共立太子平，是為燕昭王。」〔註56〕燕王噲的禪讓傚仿了遠古的兩位聖賢：一是堯讓天下於許由，許由不受，堯有讓天下之名而不失坐擁天下之實；一是禹讓天下於益又令啟奪之，禹有讓天下之名而不失坐擁天下之實。燕王噲讓位於子之，只是為了獲得賢名而不想失去天下，並不是真正的禪讓，最終以國家大亂而收場。燕國在此上演了一齣禪讓的鬧劇。

　　《呂氏春秋・不屈》載：「魏惠王謂惠子曰：『上世之有國，必賢者也。今寡人實不若先生，願得傳國。』惠子辭。王又固請曰：『寡人莫有之國於此者也，而傳之賢者，民之貪爭之心止矣。欲先生之以此聽寡人也。』惠子曰：『若王之言，則施不可而聽矣。王固萬乘之主也，以國與人猶尚可。今施，布衣也，可以有萬乘之國而辭之，此其止貪爭之心愈甚也。』惠王謂惠子曰：『古之有國者，必賢者也。』夫受而賢者舜也，是欲惠子之為舜也；夫辭而賢

〔註55〕後代王朝，每有掌權之大臣意欲篡位，為了掩人耳目和佔據道德高地，則逼迫在位之無能君王禪讓王位，這樣的禪讓更加失去了原始的意義。漢獻帝讓位給曹丕，魏元帝讓位給司馬炎，東晉安帝讓位給桓玄，諸如此類「禪讓」在中國古代戰亂時期多有發生。
〔註56〕司馬遷：《史記》，北京：中華書局，1959年，第1555～1557頁。

－18－

者許由也，是惠子欲為許由也；傳而賢者堯也，是惠王欲為堯也。堯、舜、許由之作，非獨傳舜而由辭也，他行稱此。今無其他，而欲為堯、舜、許由，故惠王布冠而拘於鄲，齊威王幾弗受，惠子易衣變冠，乘輿而走，幾不出乎魏境。凡自行不可以幸，為必誠。」〔註57〕魏惠王想要把君王的位子讓給惠施，惠施拒絕了。《呂氏春秋》指出如果惠施接受君位那是惠王想讓惠施有舜之賢名，如果惠施不接受君位那是惠施想有許由之賢名，不管惠施接不接受君位，魏惠王都贏得了像堯禪讓那樣的賢名。《呂氏春秋》指出「堯、舜、許由之作，非獨傳舜而由辭也，他行稱此」，陳奇猷先生解釋說：「此文之意，蓋謂堯、舜、許由之所為，非獨堯能以天下傳人、舜能受堯之天下、許由能辭天下而已，他行亦當能與此所為相稱然後可謂之聖賢也。」〔註58〕魏惠王、惠施不具備與禪讓相稱的「他行」而想要成為堯、舜、許由，《呂氏春秋》批評他們是名不符實、虛情假意。《呂氏春秋》提倡的是名符其實、真心真意的「禪讓」。

甚至秦始皇也虛情假意地宣稱自己要實行「官天下」的「禪賢」。《說苑·至公》曰：「秦始皇帝既吞天下，乃召群臣而議曰：『古者五帝禪賢，三王世繼，孰是？將為之。』博士七十人未對。鮑白令之對曰：『天下官，則禪賢是也；天下家，則世繼是也。故五帝以天下為官，三王以天下為家。』秦始皇帝仰天而歎曰：『吾德出於五帝，吾將官天下，誰可使代我後者？』鮑白令之對曰：『陛下行桀、紂之道，欲為五帝之禪，非陛下所能行也。』秦始皇帝大怒曰：『令之前！若何以言我行桀、紂之道也？趣說之，不解則死。』令之對曰：『臣請說之。陛下築臺干雲，宮殿五里，建千石之鍾，立萬石之虡，婦女連百，倡優累千。興作驪山宮室，至雍相繼不絕。所以自奉者，彌天下，竭民力。偏駁自私，不能以及人。陛下所謂自營僅存之主也。何暇比德五帝，欲官天下哉？』始皇闇然無以應之，面有慚色，久之，曰：『令之之言，乃令眾醜我。』遂罷謀，無禪意也。」〔註59〕秦始皇宣稱自己要學習五帝「官天下」而「禪讓」，鮑白令之當場揭穿了他的虛情假意。

美國學者艾蘭很好地概括了戰國時期這種禪讓詭計，艾蘭說：「唐虞時期，接受王位的統治者常把王位讓給其他人，以緩和有違道德和原本無權接替但

〔註57〕陳奇猷：《呂氏春秋新校釋》，上海：上海古籍出版社，2002 年，第 1205～1206 頁。

〔註58〕《呂氏春秋·不屈》注〔一五〕，陳奇猷《呂氏春秋新校釋》，上海：上海古籍出版社，2002 年，第 1210 頁。

〔註59〕向宗魯：《說苑校證》，北京：中華書局，1987 年，第 347～348 頁。

實際上已接替了王位的不好名聲。以這種方式謝絕王位的禮制作用是明顯的，是戰國時期眾所周知的詭計，即說客勸諫統治者把王位讓給大臣，以博取一種堯禪讓舜的好名聲，他們完全知道大臣會拒絕並因此獲得一種許由的名聲。」〔註60〕

無論禪讓制屬於儒家還是墨家，堯舜禪讓帝位都是令人稱道與嚮往的美好典範。儘管如此，但是儒墨兩家的尚賢主張又是存在區別的。顧頡剛先生說：「不過儒家究竟和墨家不同：墨家講兼愛，儒家則講親親；墨家主張澈底尚賢，儒家還要兼顧貴貴。所以從墨家的平等眼光看來，舉賢最為緊要；從儒家的等差眼光看來，親親貴貴應與尊賢並行。孟子說：『用下敬上，謂之貴貴；用上敬下，謂之尊賢。貴貴尊賢，其義一也』，『親親，仁也』，『國君進賢，如不得已；將使卑踰尊，疏踰戚，可不慎與！』可見儒家總是怕『卑踰尊，疏踰戚』的，所以他們對於『進賢』也只是『如不得已』！」〔註61〕又說：「墨子為了反對運命說，立一個主義叫做『非命』……儒家則說『死生有命，富貴在天』，死生富貴既都付之於不可知的天命，那還有什麼賢可尚，什麼暴可罰呢？這因儒家是維持舊制度的，他們繼承了古代的觀念，以為生為王公大人由於他的命貴，命貴是不能強奪的。我們看孟子說『繼世而有天下，天之所廢必若桀紂者也』，一定要像桀紂一般的作惡才可以剝奪他的貴命，可見一切小惡是被饒恕的。又說『匹夫而有天下者，德必若舜禹而又有天子薦之者』，生來命賤的人必須備有舜禹之德，還要遇著皇帝提拔的好機會，才得改賤為貴，可見既定階級的不易逾越。在這種觀念之下，他們把堯舜禹的禪讓故事說成了千世不可一遇的神話，禪讓說於是在儒家主張有命的學說裏失去了它原有的意義。墨家是主張平等的，他們說『雖在農與工肆之人，有能則尚之』，那便是隨時可以實現的事，禪讓就可定為永久的制度，像現在民主國選舉總統一樣了。儒墨同言禪讓，那知他們意義的不同竟至於此！」〔註62〕儒家提倡中庸，故儒家有太多的不徹底，尚賢即為其中之一。墨家主張兼愛，人人都是一樣，天下為公，其尚賢是徹底的，提倡實行「公天下」的「賢人政治」，天子由賢者作，認為賢能之人成為天子隨時可以發生，禪讓可

〔註60〕〔美〕艾蘭著，孫心菲、周言譯：《世襲與禪讓：古代中國的王朝更替傳說》，北京：北京大學出版社，2002年，第30頁。

〔註61〕顧頡剛：《古史辨》第七冊下，上海：上海古籍出版社，1982年，第72頁。

〔註62〕顧頡剛：《古史辨》第七冊下，上海：上海古籍出版社，1982年，第77～78頁。

定為永久的制度；儒家主張親親，人和人存在差別，雖高喊天下為公，實際是天下為家，其尚賢是不徹底的，真正提倡的是「家天下」的「賢人政治」，天子只是由一家作，大臣才由賢者作，堯舜禹的禪讓故事不過是千年不可一遇的神話。

第二節　臣為賢臣

政在選臣，《史記·孔子世家》載魯哀公問政，孔子答道「政在選臣」[註63]。《孟子·梁惠王下》：「孟子見齊宣王曰：『所謂故國者，非謂有喬木之謂也，有世臣之謂也。王無親臣矣，昔者所進，今日不知其亡也。』」[註64] 足見選臣十分重要。

在保證「治國主體」的「君」為賢君之後，還要保證「治國主體」的「臣」為賢臣。「君」只有一個，大量的治國事務都需要「臣」來承擔。秦漢雜家主張「君無為而臣有為」，在這樣的情況下，「臣」為賢臣就變得尤為重要。

一、儒墨尚賢傳統

先秦諸子以儒墨兩家最主張尚賢。

儒家尚賢。孔子推崇賢者，《論語·里仁》曰「見賢思齊焉，見不賢而內自省也」[註65]，《子路》篇「仲弓為季氏宰，問政。子曰：『先有司，赦小過，舉賢才』」[註66]，《孟子·公孫丑上》：「孟子曰：『仁則榮，不仁則辱。今惡辱而居不仁，是猶惡濕而居下也。如惡之，莫如貴德而尊士。賢者在位，能者在職；國家閑暇，及是時明其政刑，雖大國，必畏之矣。』」[註67] 又曰：「尊賢使能，俊傑在位，則天下之士皆悅而願立於其朝矣。」[註68]《孟子·盡心下》：「孟子曰：不信仁賢，則國空虛。」[註69] 尊賢使能，「賢者在位，

[註63] 司馬遷：《史記》，北京：中華書局，1959 年，第 1935 頁。
[註64] 舊題孫奭：《孟子注疏》，《十三經注疏》，北京：中華書局，1980 年，第 2679 頁。
[註65] 邢昺：《論語注疏》，《十三經注疏》，北京：中華書局，1980 年，第 2471 頁。
[註66] 邢昺：《論語注疏》，《十三經注疏》，北京：中華書局，1980 年，第 2506 頁。
[註67] 舊題孫奭：《孟子注疏》，《十三經注疏》，北京：中華書局，1980 年，第 2689 頁。
[註68] 舊題孫奭：《孟子注疏》，《十三經注疏》，北京：中華書局，1980 年，第 2690 頁。
[註69] 舊題孫奭：《孟子注疏》，《十三經注疏》，北京：中華書局，1980 年，第 2774 頁。

能者在職」，滿朝皆賢能之士，則別國不敢欺辱；相反，不任用賢能之人，則國家空虛。《孟子‧盡心上》：「孟子曰：『知者無不知也，當務之為急；仁者無不愛也，急親賢之為務。堯舜之知而不遍物，急先務也。堯舜之仁不遍愛人，急親賢也。』」〔註70〕孟子指出「親賢」是治理國家的當務之急。尊賢之道，《孟子‧萬章下》：「『敢問國君欲養君子，如何斯可謂養矣？』曰：『以君命將之，再拜稽首而受；其後廩人繼粟，庖人繼肉，不以君命將之。子思以為鼎肉使己僕僕爾亟拜也，非養君子之道也。堯之於舜也，使其子九男事之，二女女焉，百官牛羊倉廩備，以養舜於畎畝之中，後舉而加諸上位。故曰王公之尊賢者也。』」〔註71〕孟子指出要像堯尊養舜那樣來對待賢能之士。

《荀子‧仲尼》曰：「求善處大重，理任大事，擅寵於萬乘之國，必無後患之術：莫若好同之，援賢博施，除怨而無妨害人。能耐任之，則慎行此道也。能而不耐任，且恐失寵，則莫若早同之，推賢讓能而安隨其後。」〔註72〕「援賢博施」，「推賢讓能」，則安寧相隨，是必無後患之術。《荀子‧王制》曰：「請問為政？曰：賢能不待次而舉，罷不能不待須而廢，元惡不待教而誅，中庸民不待政而化。」〔註73〕又曰：「選賢良，舉篤敬，興孝悌，收孤寡，補貧窮，如是，則庶人安政矣。庶人安政，然後君子安位。」〔註74〕推舉賢能，罷黜不能，是為政之先。又《荀子‧王制》曰：「王者之論：無德不貴，無能不官，無功不賞，無罪不罰，朝無幸位，民無幸生，尚賢使能而等位不遺，析願禁捍而刑罰不過，百姓曉然皆知夫為善於家而取賞於朝也，為不善於幽而蒙刑於顯也。夫是之謂定論。是王者之論也。」〔註75〕無德不貴，無能不官，無功不賞，無罪不罰，即「尚賢使能」就是「王者之論」。《荀子‧王霸》曰：「百里之地，其等位爵服足以容天下之賢士矣，其官職事業足以容天下之能士矣，循其舊法，擇其善者而明用之，足以順服好利之人矣。賢士一焉，能士官焉，好利之人服焉，三者具而天下盡，無有是其外矣。」〔註76〕《荀子‧

〔註70〕舊題孫奭：《孟子注疏》，《十三經注疏》，北京：中華書局，1980年，第2771頁。

〔註71〕舊題孫奭：《孟子注疏》，《十三經注疏》，北京：中華書局，1980年，第2745頁。

〔註72〕王先謙：《荀子集解》，北京：中華書局，1988年，第110～111頁。

〔註73〕王先謙：《荀子集解》，北京：中華書局，1988年，第148頁。

〔註74〕王先謙：《荀子集解》，北京：中華書局，1988年，第152頁。

〔註75〕王先謙：《荀子集解》，北京：中華書局，1988年，第159～160頁。

〔註76〕王先謙：《荀子集解》，北京：中華書局，1988年，第214～215頁。

君子》曰：「尊聖者王，貴賢者霸，敬賢者存，慢賢者亡，古今一也。故尚賢使能，等貴賤，分親疏，序長幼，此先王之道也。」〔註77〕荀子一再論述，賢能之人對於國家之重要。

　　墨家尚賢。春秋末期，「士」開始崛起，士階層擴大，「士」的地位提高了。墨子作為新崛起的「士」，要求參與政治，但是政治操縱在貴族手中，所以，墨子主張「尚賢」，如方授楚先生所說「以政治為貴族所把持，平民無由上達，則倡《尚賢》」〔註78〕。《墨子》有《尚賢》上、中、下三篇，闡述了墨家的「尚賢」思想。《尚賢上》曰：「士者，所以為輔相承嗣也。故得士則謀不困，體不勞，名立而功成，美章而惡不生，則由得士也。是故子墨子言曰：得意賢士不可不舉，不得意賢士不可不舉，尚欲祖述堯舜禹湯之道，將不可以不尚賢。夫尚賢者，政之本也。」〔註79〕墨子認為「士」是為了輔佐君主而誕生的。如果君主能得到賢士的輔佐，君主的謀略就不會枯竭、身體就不會勞累，就會功成名就，故墨子「尚賢」，並指出「尚賢者，政之本也」。

　　「尚賢」如此重要，那麼如何「尚賢」呢？《墨子‧尚賢上》曰：「曰：然則眾賢之術將奈何哉？子墨子言曰：譬若欲眾其國之善射御之士者，必將富之貴之，敬之譽之，然後國之善射御之士將可得而眾也。況又有賢良之士厚乎德行，辯乎言談，博乎道術者乎，此固國家之珍，而社稷之佐也。亦必且富之貴之，敬之譽之，然後國之良士亦將可得而眾也。」〔註80〕「眾賢」，就是聚集賢士，使賢士眾多。如何「眾賢」「尚賢」？方法就是「富之貴之，敬之譽之」。又《尚賢中》曰：「古者聖王甚尊尚賢而任使能，不黨父兄，不偏富貴，不嬖顏色，賢者舉而上之，富而貴之，以為官長；不肖者抑而廢之，貧而賤之，以為徒役。是以民皆勸其賞，畏其罰，相率而為賢。者〔是〕以賢者眾而不肖者寡，此謂進賢。然後聖人聽其言，跡其行，察其所能，而慎予官，此謂事能。」〔註81〕過去的世襲制度，富貴者任官長，貧賤者為徒役，任職的依據標準是身份的富貴、貧賤；墨子的「尚賢」就是要改變這種世襲制度，墨子主張進賢、事能，使賢能者富貴而任官長，使不肖者貧賤而為徒役，任職的依據標準是才能的大小。

〔註77〕王先謙：《荀子集解》，北京：中華書局，1988年，第453頁。
〔註78〕方授楚：《墨學源流》，北京、上海：中華書局、上海書店，1989年，第76頁。
〔註79〕孫詒讓：《墨子閒詁》，北京：中華書局，2001年，第48～49頁。
〔註80〕孫詒讓：《墨子閒詁》，北京：中華書局，2001年，第44頁。
〔註81〕孫詒讓：《墨子閒詁》，北京：中華書局，2001年，第44頁。

　　《墨子‧尚賢上》曰：「故古者聖王之為政，列德而尚賢，雖在農與工肆之人，有能則舉之，高予之爵，重予之祿，任之以事，斷予之令，曰：『爵位不高則民弗敬，蓄祿不厚則民不信，政令不斷則民不畏。』舉三者授之賢者，非為賢賜也，欲其事之成。故當是時，以德就列，以官服事，以勞殿賞，量功而分祿。故官無常貴，而民無終賤，有能則舉之，無能則下之，舉公義，闢私怨，此若言之謂也。故古者堯舉舜於服澤之陽，授之政，天下平；禹舉益於陰方之中，授之政，九州成；湯舉伊尹於庖廚之中，授之政，其謀得；文王舉閎夭泰顛於罝罔之中，授之政，西土服。故當是時，雖在於厚祿尊位之臣，莫不敬懼而施，雖在農與工肆之人，莫不競勸而尚意。故士者，所以為輔相承嗣也。故得士則謀不困，體不勞，名立而功成，美章而惡不生，則由得士也。是故子墨子言曰：得意賢士不可不舉，不得意賢士不可不舉，尚欲祖述堯舜禹湯之道，將不可以不尚賢。夫尚賢者，政之本也。」〔註82〕「官無常貴，而民無終賤」，是墨子提出的響亮口號，「有能則舉之，無能則下之」，任用人才的標準是能力，賢能之士才有機會得到重用。

二、選賢臣之標準

　　《淮南子‧繆稱訓》曰：「凡人各賢其所說，而說其所快。世莫不舉賢，或以治，或以亂。非自遁，求同乎己者也。己未必得賢，而求與己同者，而欲得賢，亦不幾矣！使堯度舜，則可；使桀度堯，是猶以升量石也。」〔註83〕世人莫不舉賢，但是皆以自己的「賢」之標準來判斷賢與不肖，結果肯定是賢愚不齊，故選擇賢臣需要一個相對科學合理的標準。「有道之士」，可以作為賢君選擇賢臣的一個重要參考標準。

　　在中國古代，「士」是一個有思想、有知識、有文化的群體。以中國古代「知識分子」的身份出現，「士」階層崛起於春秋、戰國之交的孔子時代〔註84〕。春秋、戰國時代，社會階級關係發生了巨大的變化，貴族、庶人的地位出現變動，有的上層貴族的地位下降，而有的下層庶人的地位上升。隨著「士」階層的形成，「士」所以為「士」的本質特徵也在形成。孔子以其一生的所做所為闡釋了「士」應該有的擔當。同時，孔子還對「士」的性格特徵進行了界

〔註82〕孫詒讓：《墨子閒詁》，北京：中華書局，2001年，第46～49頁。
〔註83〕劉文典：《淮南鴻烈集解》，北京：中華書局，1989年，第320～321頁。
〔註84〕余英時：《士與中國文化》，上海：上海人民出版社，2003年，第4頁。

定，從理論上進行了闡述。《論語‧里仁》載孔子曰：「士志於道，而恥惡衣惡食者，未足與議也。」〔註85〕「士志於道」，這是孔子賦予「士」最本質的性格特徵和內涵。《論語‧衛靈公》載孔子曰：「君子謀道不謀食。耕也，餒在其中矣。學也，祿在其中矣。君子憂道不憂貧。」〔註86〕其中的「君子」當指「士」而言。「謀道不謀食」「憂道不憂貧」是孔子對「士志於道」的具體闡述。

在孔子之後，孔子的優秀弟子繼續對「士」的內涵進行思索，豐富發展了孔子「士志於道」的內涵。《論語‧子張》載子張曰：「士見危致命，見得思義，祭思敬，喪思哀，其可已矣。」《正義》曰：「子張言，為士者，見君有危難，不愛其身，致命以救之；見得利祿，思義然後取；有祭事，思盡其敬；有喪事，當盡其哀，有此行者，其可以為士已矣。」〔註87〕《論語‧泰伯》載曾子曰：「士不可以不弘毅，任重而道遠。仁以為己任，不亦重乎？死而後已，不亦遠乎？」《正義》曰：「此章明士行也。『曾子曰：士不可以不弘毅，任重而道遠』者，弘，大也。毅，強而能斷也。言士能弘毅，然後能負重任，致遠路也。『仁以為己任，不亦重乎？死而後已，不亦遠乎』者，復明任重道遠之事也。言仁以為己任，人鮮克舉之，是他物之重，莫重於此焉。他人行仁，則日月至焉而已矣。士則死而後已，是遠莫遠焉。」〔註88〕

《孟子‧梁惠王上》曰：「無恆產而有恒心者，惟士為能。」〔註89〕士雖然「無恆產」，比較貧窮，但是「有恒心」，仍然執著於其「道」，這是對孔子所謂士「憂道不憂貧」思想的傳承。《孟子‧盡心上》曰：「士窮不失義，達不離道。窮不失義，故士得己焉。達不離道，故民不失望焉。古之人，得志，澤加於民；不得志，修身見於世。窮則獨善其身，達則兼善天下。」〔註90〕「士窮不失義，達不離道」，士無論是窮是達都表現出對「道」的堅守。

荀子生活的時代，「士」階層較之孔、孟時代已經有了變化。《荀子‧非十二子》曰：「古之所謂士仕者，厚敦者也，合群者也，樂富貴者也，樂分施

〔註85〕邢昺：《論語注疏》，《十三經注疏》，北京：中華書局，1980年，第2471頁。

〔註86〕邢昺：《論語注疏》，《十三經注疏》，北京：中華書局，1980年，第2518頁。

〔註87〕邢昺：《論語注疏》，《十三經注疏》，北京：中華書局，1980年，第2531頁。

〔註88〕邢昺：《論語注疏》，《十三經注疏》，北京：中華書局，1980年，第2487頁。

〔註89〕舊題孫奭：《孟子注疏》，《十三經注疏》，北京：中華書局，1980年，第2671頁。

〔註90〕舊題孫奭：《孟子注疏》，《十三經注疏》，北京：中華書局，1980年，第2764～2765頁。

者也,遠罪過者也,務事理者也,羞獨富者也。今之所謂士仕者,污漫者也,賊亂者也,恣睢者也,貪利者也,觸抵者也,無禮義而唯權埶之嗜者也。古之所謂處士者,德盛者也,能靜者也,修正者也,知命者也,著是者也。今之所謂處士者,無能而云能者也,無知而云知者也,利心無足而佯無欲者也,行偽險穢而強高言謹愨者也,以不俗為俗,離縱而跂訾者也。」〔註91〕「士仕」,王念孫曰當為「仕士」,與下文「處士」對文,是。荀子時代的士,無論是「仕士」還是「處士」,很大一部分追求的目標已經從「道」變成了「利」,缺少了對社會的擔當,追逐著個人的利益。雖然並不是所有的「士」都足以擔當「道」,但是,荀子仍然執著於孔子「士志於道」的觀點。《荀子·哀公》曰:「哀公曰:『善!敢問何如斯可謂士矣?』孔子對曰:『所謂士者,雖不能盡道術,必有率也;雖不能遍美善,必有處也。是故知不務多,務審其所知;言不務多,務審其所謂;行不務多,務審其所由。故知既已知之矣,言既已謂之矣,行既已由之矣,則若性命肌膚之不可易也。故富貴不足以益也,卑賤不足以損也,如此,則可謂士矣。』」〔註92〕

余英時先生說:「中國知識階層剛剛出現在歷史舞臺上的時候,孔子便已努力給它貫注一種理想主義的精神,要求它的每一個分子——士——都能超越他自己個體的和群體的利害得失,而發展對整個社會的深厚關懷。」〔註93〕「士志於道」,具備成為「賢臣」的基本素質,《呂氏春秋·士節》曰:「士之為人,當理不避其難,臨患忘利,遺生行義,視死如歸。有如此者,國君不得而友,天子不得而臣。大者定天下,其次定一國,必由如此人者也。故人主之欲大立功名者,不可不務求此人也。賢主勞於求人,而佚於治事。」〔註94〕「士」具有「當理不避其難,臨患忘利,遺生行義,視死如歸」等素質,是安國家、定天下不可缺少的人才,所以,《呂氏春秋》指出「人主之欲大立功名者,不可不務求此人」。「士」這一優秀的群體,無疑可以作為「賢臣」的後備力量。《淮南子·人間訓》曰:「得道之士,外化而內不化。外化,所以入人也;內不化,所以全其身也。故內有一定之操,而外能詘伸、贏縮、卷舒,與物推移,故萬舉而不陷。所以貴聖人者,以其能龍變也。」〔註95〕「得道之

〔註91〕王先謙:《荀子集解》,北京:中華書局,1988年,第100～101頁。
〔註92〕王先謙:《荀子集解》,北京:中華書局,1988年,第539～540頁。
〔註93〕余英時:《士與中國文化》,上海:上海人民出版社,2003年,第25頁。
〔註94〕陳奇猷:《呂氏春秋新校釋》,上海:上海古籍出版社,2002年,第629頁。
〔註95〕劉文典:《淮南鴻烈集解》,北京:中華書局,1989年,第622頁。

士」「有道之士」更是「士」中的佼佼者，更加具備成為賢臣的優越條件，更是「賢君」選擇「賢臣」的首先考慮對象。

賢君往往把「有道之士」作為「擇賢」的標準，希望能得「有道之士」以為「臣」。《呂氏春秋·下賢》曰：「齊桓公見小臣稷，一日三至弗得見。從者曰：『萬乘之主，見布衣之士，一日三至而弗得見，亦可以止矣。』桓公曰：『不然。士驁祿爵者，固輕其主；其主驁霸王者，亦輕其士。縱夫子驁祿爵，吾庸敢驁霸王乎？』遂見之，不可止。」〔註96〕小臣稷是「有道之士」，齊桓公欲得之以為「臣」，故一日三至求見而不止。又《呂氏春秋·期賢》曰：「魏文侯過段干木之閭而軾之，其僕曰：『君胡為軾？』曰：『此非段干木之閭歟？段干木蓋賢者也，吾安敢不軾？且吾聞段干木未嘗肯以己易寡人也，吾安敢驕之？段干木光乎德，寡人光乎地；段干木富乎義，寡人富乎財。』其僕曰：『然則君何不相之？』於是君請相之，段干木不肯受。」〔註97〕《淮南子·脩務訓》曰：「段干木辭祿而處家，魏文侯過其閭而軾之。其僕曰：『君何為軾？』文侯曰：『段干木在是，以軾。』其僕曰：『段干木布衣之士，君軾其閭，不已甚乎？』文侯曰：『段干木不趨勢利，懷君子之道，隱處窮巷，聲施千里，寡人敢勿軾乎！段干木光於德，寡人光於勢；段干木富於義，寡人富於財。勢不若德尊，財不若義高。干木雖以己易寡人不為，吾日悠悠慚於影，子何以輕之哉！』其後秦將起兵伐魏，司馬庾諫曰：『段干木賢者，其君禮之，天下莫不知，諸侯莫不聞。舉兵伐之，無乃妨於義乎！』於是秦乃偃兵，輟不攻魏。」〔註98〕段干木是「有道之士」，魏文侯以段干木為賢者而禮之，欲得之以為臣而不能得。

《孟子·盡心上》孟子曰：「古之賢王，好善而忘勢。古之賢士，何獨不然？樂其道而忘人之勢。故王公不致敬盡禮，則不得亟見之。見且由不得亟，而況得而臣之乎？」〔註99〕有道之士認為道尊於勢，屈道就勢來稱臣，是他們所不願意的。並非所有的「有道之士」都願作「臣」，故魏文侯不能得段干木以為「臣」。「有道之士」如要作「臣」，也必選擇「賢君」。《呂氏春秋·本味》曰：「賢主之求有道之士，無不以也；有道之士求賢主，無不行也；相得

〔註96〕陳奇猷：《呂氏春秋新校釋》，上海：上海古籍出版社，2002年，第887頁。
〔註97〕陳奇猷：《呂氏春秋新校釋》，上海：上海古籍出版社，2002年，第1457頁。
〔註98〕劉文典：《淮南鴻烈集解》，北京：中華書局，1989年，第636～637頁。
〔註99〕舊題孫奭：《孟子注疏》，《十三經注疏》，北京：中華書局，1980年，第2764頁。

然後樂。不謀而親，不約而信，相為彈智竭力，犯危行苦，志歡樂之，此功名所以大成也。」〔註100〕因為「有道之士」作「臣」必為「賢臣」，所以，賢君求「有道之士」以為「臣」。可以說，「賢君」得「有道之士」作為「臣」就實現了「賢君」與「賢臣」的完美組合，二者「不謀而親，不約而信，相為彈智竭力，犯危行苦，志歡樂之」，最終必將成就偉大的功業。所以，「有道之士」是賢君先擇賢臣的一個重要標準。

三、擇賢臣之途徑

《孟子‧梁惠王下》：「孟子見齊宣王曰：『所謂故國者，非謂有喬木之謂也，有世臣之謂也。王無親臣矣，昔者所進，今日不知其亡也。』王曰：『吾何以識其不才而捨之？』曰：『國君進賢如不得已，將使卑逾尊，疏逾戚，可不慎與？左右皆曰賢，未可也；諸大夫皆曰賢，未可也；國人皆曰賢，然後察之；見賢焉，然後用之。左右皆曰不可，勿聽；諸大夫皆曰不可，勿聽；國人皆曰不可，然後察之；見不可焉，然後去之。左右皆曰可殺，勿聽；諸大夫皆曰可殺，勿聽；國人皆曰可殺，然後察之；見可殺焉，然後殺之。故曰國人殺之也。如此，然後可以為民父母。』」〔註101〕孟子見齊宣王告訴他「政在選臣」的道理，齊宣王問如何識別不才之人而捨棄之？孟子提供了一種識別賢愚之法，即不偏聽左右、諸大夫之言，而聽取國人之言並加以考察。

選擇賢臣的方法十分重要，因為「有道之士」極其難得，並且並不是所有的「有道之士」都願意俯首作臣。在沒有「有道之士」的情況下，君主還要有一套選擇賢臣的方法。在沒有「有道之士」的情況下，秦漢雜家提供了另一套選擇賢臣的途徑。

「君」為賢君，賢君還需要賢臣輔佐來成就功名，所以選擇賢臣對治國來說至關重要。《呂氏春秋》十分重視選任「賢人」，設有《下賢》《察賢》《期賢》《求人》《贊能》《論人》等專篇來探討選任「賢臣」的問題。《淮南子‧主術訓》曰：「是故人主之一舉也，不可不慎也。所任者得其人，則國家治，上下和，群臣親，百姓附。所任非其人，則國家危，上下乖，群臣怨，百姓亂。故一舉而不當，終身傷。得失之道，權要在主。是故繩正於上，木直於下，非

〔註100〕陳奇猷：《呂氏春秋新校釋》，上海：上海古籍出版社，2002 年，第 744 頁。
〔註101〕舊題孫奭：《孟子注疏》，《十三經注疏》，北京：中華書局，1980 年，第 2679頁。

有事焉，所緣以脩者然也。故人主誠正，則直士任事，而奸人伏匿矣。人主不正，則邪人得志，忠者隱蔽矣。」〔註102〕「賢臣」對於國家的治理非常重要，故人主選擇大臣必須謹慎，所選得當則國治民安，所選不當則國危民亂。《呂氏春秋・察賢》曰「立功名亦然，要在得賢」〔註103〕，《期賢》曰「凡國不徒安，名不徒顯，必得賢士」〔註104〕，《求人》曰「身定，國安，天下治，必賢人。古之有天下也者，七十一聖。觀於《春秋》，自魯隱公以至哀公十有二世，其所以得之，所以失之，其術一也。得賢人，國無不安，名無不榮；失賢人，國無不危，名無不辱。先王之索賢人無不以也，極卑極賤，極遠極勞」〔註105〕。

只有賢君能夠選得賢臣。《呂氏春秋・下賢》曰：「堯不以帝見善綣，北面而問焉。堯，天子也；善綣，布衣也。何故禮之若此其甚也？善綣得道之士也，得道之人，不可驕也。堯論其德行達智而弗若，故北面而問焉，此之謂至公。非至公其孰能禮賢？」〔註106〕堯禮待賢人，不以帝的身份召見得道之士，「北面而問焉」！在此，《呂氏春秋》將堯「禮賢」的舉動稱謂「至公」；在上，《呂氏春秋》已將堯、舜「禪讓」的舉動稱謂「至公」，《呂氏春秋・去私》曰：「堯有子十人，不與其子而授舜；舜有子九人，不與其子而授禹；至公也。」〔註107〕只有「至公」之人、以「天下為公」之人、以民為本之人，才能做到真正的禪讓、禮賢。「非至公其孰能禪讓」？同樣，《呂氏春秋》曰：「非至公其孰能禮賢？」

《荀子・王霸》曰：「人主不公，人臣不忠也。人主則外賢而偏舉，人臣則爭職而妒賢，是其所以不合之故也。人主胡不廣焉，無恤親疏，無偏貴賤，惟誠能之求？若是，則人臣輕職業讓賢而安隨其後。如是，則舜、禹還至，王業還起。功壹天下，名配舜、禹，物由有可樂如是其美焉者乎？」〔註108〕只有以天下為公、行事公平、公正、公開之君，能擁有賢臣。賢君，賢臣，君臣二者「合」，才能共創堯、舜、禹那樣的盛世。

〔註102〕劉文典：《淮南鴻烈集解》，北京：中華書局，1989 年，第 286 頁。
〔註103〕陳奇猷：《呂氏春秋新校釋》，上海：上海古籍出版社，2002 年，第 1451 頁。
〔註104〕陳奇猷：《呂氏春秋新校釋》，上海：上海古籍出版社，2002 年，第 1457 頁。
〔註105〕陳奇猷：《呂氏春秋新校釋》，上海：上海古籍出版社，2002 年，第 1523～1524 頁。
〔註106〕陳奇猷：《呂氏春秋新校釋》，上海：上海古籍出版社，2002 年，第 886 頁。
〔註107〕陳奇猷：《呂氏春秋新校釋》，上海：上海古籍出版社，2002 年，第 56 頁。
〔註108〕王先謙：《荀子集解》，北京：中華書局，1988 年，第 217～218 頁。

　　秦漢雜家有自己的選擇賢臣之法。《呂氏春秋·論人》曰：「凡論人，通則觀其所禮，貴則觀其所進，富則觀其所養，聽則觀其所行，止則觀其所好，習則觀其所言，窮則觀其所不受，賤則觀其所不為，喜之以驗其守，樂之以驗其僻，怒之以驗其節，懼之以驗其特，哀之以驗其人，苦之以驗其志，八觀六驗，此賢主之所以論人也。論人者，又必以六戚四隱。何謂六戚？父母兄弟妻子。何謂四隱？交友故舊邑里門郭。內則用六戚四隱，外則用八觀六驗，人之情偽貪鄙美惡無所失矣，譬之若逃雨，污無之而非是。此聖王之所以知人也。」〔註109〕「賢主」「聖王」識別人的方法是「八觀六驗」「六戚四隱」。通過這樣的方法識別人才，則「人之情偽貪鄙美惡無所失」，賢與不肖一看便知，賢君就能很容易地挑選「賢人」為「臣」。

　　《淮南子·泛論訓》曰：「夫物之相類者，世主之所亂惑也；嫌疑肖象者，眾人之所炫耀。故狠者類知而非知，愚者類仁而非仁，戇者類勇而非勇。使人之相去也，若玉之與石，美之與惡，則論人易矣。夫亂人者，芎藭之與槁本也，蛇床之與麋蕪也，此皆相似者。故劍工惑劍之似莫邪者，唯歐冶能名其種；玉工眩玉之似碧盧者，唯猗頓不失其情；闇主亂於姦臣小人之疑君子者，唯聖人能見微以知明。故蛇舉首尺，而修短可知也；象見其牙，而大小可論矣。薛燭庸子，見若狐甲於劍而利鈍識矣；臾兒、易牙，淄、澠之水合者，嘗一哈水而甘苦知矣。故聖人之論賢也，見其一行而賢不肖分矣。孔子辭廩丘，終不盜刀鉤；許由讓天子，終不利封侯。故未嘗灼而不敢握火者，見其有所燒也；未嘗傷而不敢握刃者，見其有所害也。由此觀之，見者可以論未發也，而觀小節可以知大體矣。故論人之道，貴則觀其所舉，富則觀其所施，窮則觀其所不受，賤則觀其所不為，貧者觀其所不取。視其更難，以知其勇；動以喜樂，以觀其守；委以財貨，以論其仁；振以恐懼，以知其節；則人情備矣。」〔註110〕人多被相似之物、似是而非之物所迷惑，而不能辨別真偽、是非、善惡。要辨別人之賢愚亦是如此，一定要有一定的方法。《淮南子》論人之法則是使用「五觀」之法，高貴之時考察他所舉薦之人，富有之時考察他所施救之人，窮困之時考察他所不受之惠，卑賤之時考察他所不為之事，貧窮之時考察他所不取之財。同時，再通過觀察他的急危赴難來瞭解其英勇，通過誘

〔註109〕陳奇猷：《呂氏春秋新校釋》，上海：上海古籍出版社，2002年，第162～163頁。

〔註110〕劉文典：《淮南鴻烈集解》，北京：中華書局，1989年，第451～453頁。

惑他所喜樂的事物來考察其堅守，通過委託財貨來品論其仁義，通過施予恐懼來瞭解其節操。

　　《荀子‧儒效》曰：「君子之所謂賢者，非能遍能人之所能之謂也。」〔註111〕金無足赤，人無完人，要求賢者是十全十美之人，則必失賢人。《淮南子‧泛論訓》曰：「管仲輔公子糾而不能遂，不可謂智；遁逃奔走，不死其難，不可謂勇；束縛桎梏，不諱其恥，不可謂貞。當此三行者，布衣弗友，人君弗臣。然而管仲免於累紲之中，立齊國之政，九合諸侯，一匡天下。使管仲出死捐軀，不顧後圖，豈有此霸功哉！今人君論其臣也，不計其大功，總其略行，而求其小善，則失賢之數也。故人有厚德，無問其小節；而有大譽，無疵其小故。夫牛蹏之涔不能生鱣鮪，而蜂房不容鵠卵，小形不足以包大體也。夫人之情，莫不有所短。誠其大略是也，雖有小過，不足以為累。若其大略非也，雖有閭里之行，未足大舉。夫顏喙聚，梁父之大盜也，而為齊忠臣。段干木，晉國之大駔也，而為文侯師。孟卯妻其嫂，有五子焉，然而相魏，寧其危，解其患。景陽淫酒，被髮而御於婦人，威服諸侯。此四人者，皆有所短，然而功名不滅者，其略得也。季襄、陳仲子立節抗行，不入污君之朝，不食亂世之食，遂餓而死。不能存亡接絕者何？小節伸而大略屈。故小謹者無成功，訾行者不容於眾，體大者節疏，跖距者舉遠。自古及今，五帝三王，未有能全其行者也。故《易》曰：『小過亨，利貞。』言人莫不有過，而不欲其大也。夫堯、舜、湯、武，世主之隆也；齊桓、晉文，五霸之豪英也。然堯有不慈之名，舜有卑父之謗，湯、武有放弒之事，五伯有暴亂之謀。是故君子不責備於一人，方正而不以割，廉直而不以切，博通而不以訾，文武而不以責。求於一人則任以人力，自修則以道德。責人以人力，易償也；自修以道德，難為也。難為則行高矣，易償則求澹矣。夫夏后氏之璜不能無考，明月之珠不能無纇，然而天下寶之者，何也？其小惡不足妨大美也。今志人之所短，而忘人之所修，而求得其賢乎天下，則難矣。」〔註112〕管仲具有所謂不智、不勇、不貞等缺點，但是齊桓公能夠重視管仲的治國才能而忽略其缺點，故管仲最終幫助齊國九合諸侯，一匡天下，成就霸業。顏喙聚、段干木、孟卯、景陽，皆是有所短之人，然而都成就了不滅之功名。堯、舜、湯、武，世主之隆也；齊桓、晉文，五霸之豪英也，然而他們也都有瑕疵。從古到今，五帝三王未有能

〔註111〕王先謙：《荀子集解》，北京：中華書局，1988 年，第 122 頁。
〔註112〕劉文典：《淮南鴻烈集解》，北京：中華書局，1989 年，第 447～450 頁。

全其行者，人各有所短，只要「其小惡不足妨大美」，就可委以重任。

「今人君論其臣也，不計其大功，總其略行，而求其小善，則失賢之數也」，如果一看到某人的短處，就不能容忍他的長處，而不能任用，那麼「求得其賢乎天下，則難矣」，必定「失賢之數也」。正確的「人君論其臣」之法，是「人有厚德，無問其小節；而有大譽，無疵其小故」。

《淮南子‧泛論訓》曰：「夫人主之情，莫不欲總海內之智，盡眾人之力，然而群臣志達效忠者，希不困其身。使言之而是，雖在褐夫芻蕘，猶不可棄也。使言之而非也，雖在卿相人君，揄策於廟堂之上，未必可用。是非之所在，不可以貴賤尊卑論也。是明主之聽於群臣，其計乃可用，不羞其位；其言可行，而不責其辯。」〔註113〕《淮南子‧繆稱訓》曰：「（君子）見賢忘賤，故能讓」〔註114〕選臣、用臣應該不以貴賤尊卑而論，當以是非之所在為標準，以賢愚之差別為原則。

第三節　達賢之徑

一、去宥達賢

「宥」與「囿」同義，指認識上的侷限性。「去宥」和「別宥」「解蔽」表達的是一個意思，即克服認識上的侷限。《呂氏春秋》有《去宥》《去尤》二篇，「宥」「尤」通，高誘注曰：「宥，利也，又云為也。」畢沅曰：「注頗難通。疑宥與囿同，謂有所拘礙而識不廣。以下文觀之，猶言蔽耳。」〔註115〕《尸子‧廣澤》曰「料子貴別囿」，汪繼培注引《呂氏春秋‧去宥》曰：「『宥』與『囿』通，《呂覽》之說蓋本料子。」〔註116〕又《莊子‧天下》曰宋鈃、尹文「接萬物以別宥為始」〔註117〕，宋鈃、尹文亦重別宥。陳奇猷先生認為《呂氏春秋》的《去尤》《去宥》兩篇是「料子、宋鈃、尹文等流派之言」〔註118〕。

〔註113〕劉文典：《淮南鴻烈集解》，北京：中華書局，1989年，第294頁。
〔註114〕劉文典：《淮南鴻烈集解》，北京：中華書局，1989年，第320頁。
〔註115〕《呂氏春秋‧去宥》注〔二五〕，陳奇猷《呂氏春秋新校釋》，上海：上海古籍出版社，2002年，第1028頁。
〔註116〕尸佼著，汪繼培輯：《尸子》，上海：上海古籍出版社，1989年，第12頁。
〔註117〕郭慶藩：《莊子集釋》，北京：中華書局，1961年，第1082頁。
〔註118〕《呂氏春秋‧去尤》注〔一〕，陳奇猷《呂氏春秋新校釋》，上海：上海古籍出版社，2002年，第695頁。

　　「去宥」思想，古已有之。王弼本《老子》第三十八章曰：「前識者，道之華也，而愚之始。是以大丈夫處其厚不居其薄；處其實不居其華。故去彼取此。」〔註119〕《韓非子・解老》曰：「先物行先理動之謂前識，前識者，無緣而忘〔妄〕意度也。」〔註120〕「前識」是在事物、事理出現之前就無憑無據的妄猜臆斷，是先入為主的主觀偏見。王弼本《老子》第二十四章曰：「自見者不明，自是者不彰，自伐者無功，自矜者不長。其在道也，曰餘食贅行，物或惡之，故有道者不處。」〔註121〕「自見者」「自是者」「自伐者」「自矜者」皆是心中有「宥」之人，都不能全面地認識事物取得好的結果。去宥之法，王弼本《老子》第十六章曰：「致虛極，守靜篤。萬物並作，吾以觀復。夫物芸芸，各復歸其根。歸根曰靜；是謂覆命。覆命曰常，知常曰明；不知常，妄作，凶。知常容，容乃公，公乃王，王乃天，天乃道，道乃久。沒身不殆。」〔註122〕「致虛極，守靜篤」就是消除心中所有的雜念使心靈達到無欲、無知極度虛靜的自然狀態。人在這樣的心靈狀態下「靜觀」世間萬物的運動變化，才能真正認識萬物之「根」，即「道」。

　　《莊子》也有去宥思想，《莊子・秋水》記載了河伯與北海若的一段對話：「秋水時至，百川灌河，涇流之大，兩涘渚崖之間，不辯牛馬。於是焉河伯欣然自喜，以天下之美為盡在己。順流而東行，至於北海，東面而視，不見水端，於是焉河伯始旋其面目，望洋向若而歎曰：『野語有之曰，聞道百以為莫己若者，我之謂也。且夫我嘗聞少仲尼之聞而輕伯夷之義者，始吾弗信；今我睹子之難窮也，吾非至於子之門則殆矣，吾長見笑於大方之家。』」「北海若曰：井鼃不可以語於海者，拘於虛也；夏蟲不可以語於冰者，篤於時也；曲士不可以語於道者，束於教也。今爾出於崖涘，觀於大海，乃知爾醜，爾將可與語大理矣。」〔註123〕狂妄自大的河伯以為自己是無比的浩大，見到大海，才認識到自己的渺小，北海若則給他講解了諸物多囿於自己的限制而不能正確認識事物的道理。

　　去宥之法，《莊子》提供了「心齋」「坐忘」二法。《莊子・人間世》曰：

〔註119〕高明：《帛書老子校注》，北京：中華書局，1996年，第6～7頁。

〔註120〕王先慎：《韓非子集解》，北京：中華書局，1998年，第134頁。

〔註121〕高明：《帛書老子校注》，北京：中華書局，1996年，第334～336頁。

〔註122〕高明：《帛書老子校注》，北京：中華書局，1996年，第298～302頁。

〔註123〕以上二段引文依次分別見郭慶藩《莊子集釋》，北京：中華書局，1961年，第561、563頁。

「仲尼曰:『齋,吾將語若!有〔心〕而為之,其易邪?易之者,暤天不宜。』顏回曰:『回之家貧,唯不飲酒不茹葷者數月矣。如此,則可以為齋乎?』曰:『是祭祀之齋,非心齋也。』回曰:『敢問心齋。』仲尼曰:『若一志,無聽之以耳而聽之以心,無聽之以心而聽之以氣!聽止於耳,心止於符。氣也者,虛而待物者也。唯道集虛。虛者,心齋也。』」〔註124〕「心齋」的過程是:心志專一,不能用耳朵聽需要用心去體會,更進一步,不能用心去體會需要用氣去感應。「氣也者,虛而待物者也。唯道集虛。虛者,心齋也」,陳鼓應先生翻譯說:「氣乃是空明而能容納外物的。只要你到達空明的心境道理自然與你相合。『虛』(空明的心境),就是『心齋』。」〔註125〕心齋就是保持空明的心境。只要你擁有空明的心境,「道」就能自然與你相合,否則,如《莊子・天地》所說:「機心存於胸中,則純白不備;純白不備,則神生不定;神生不定者,道之所不載也。」〔註126〕

　　《莊子・大宗師》曰:「顏回曰:『回益矣。』仲尼曰:『何謂也?』曰:『回忘仁義矣。』曰:『可矣,猶未也。』他日,復見,曰:『回益矣。』曰:『何謂也?』曰:『回忘禮樂矣。』曰:『可矣,猶未也。』他日,復見,曰:『回益矣。』曰:『何謂也?』曰:『回坐忘矣。』仲尼蹴然曰:『何謂坐忘?』顏回曰:『墮肢體,黜聰明,離形去知,同於大通,此謂坐忘。』仲尼曰:『同則無好也,化則無常也。而果其賢乎!丘也請從而後也。』」〔註127〕坐忘,同於大道,「同則無好也,化則無常也」,如陳鼓應先生翻譯所說:「和萬物同一體就沒有偏私了,參與萬物的變化就沒有偏執了。」〔註128〕即「坐忘」可以消除偏私、偏執,可以去宥。

　　去宥思想一般被認為是道家思想,《老子》、帛書《黃帝四經》、「《管子》四篇」、《莊子》,都有去宥思想足證此言不虛。然而,荀子也有去宥思想,《荀子・解蔽》專講「去宥」。《解蔽》開篇曰「凡人之患,蔽於一曲而闇於大理」〔註129〕,指出「蔽於一曲」是人常有的毛病。《解蔽》又曰:「昔賓孟之蔽者,亂家是也。墨子蔽於用而不知文,宋子蔽於欲而不知得,慎子蔽於法而不知

〔註124〕郭慶藩:《莊子集釋》,北京:中華書局,1961 年,第 146～147 頁。
〔註125〕陳鼓應:《莊子今注今譯》,北京:中華書局,1983 年,第 121 頁。
〔註126〕郭慶藩:《莊子集釋》,北京:中華書局,1961 年,第 433～434 頁。
〔註127〕郭慶藩:《莊子集釋》,北京:中華書局,1961 年,第 282～285 頁。
〔註128〕陳鼓應:《莊子今注今譯》,北京:中華書局,1983 年,第 208 頁。
〔註129〕王先謙:《荀子集解》,北京:中華書局,1988 年,第 386 頁。

賢，申子蔽於埶而不知知，惠子蔽於辭而不知實，莊子蔽於天而不知人。故由用謂之道，盡利矣；由俗〔欲〕謂之道，盡嗛矣；由法謂之道，盡數矣；由埶謂之道，盡便矣；由辭謂之道，盡論矣；由天謂之道，盡因矣：此數具者，皆道之一隅也。夫道者，體常而盡變，一隅不足以舉之。曲知之人，觀於道之一隅而未之能識也，故以為足而飾之，內以自亂，外以惑人，上以蔽下，下以蔽上，此蔽塞之禍也。」〔註130〕荀子指出墨子之說蔽於實用而不懂華麗修飾，宋子之說蔽於任欲而不懂得欲之法，慎子之說蔽於法律而不曉得重用賢人，申子之說蔽於權勢而不曉得運用才智，惠子之說蔽於虛辭而不理解真實所指，莊子之說蔽於自然之道而不重視處理人際關係，故墨子、宋子、慎子、申子、惠子、莊子諸家的思想學說「皆道之一隅」，有所「蔽」也。

解蔽之法，《荀子・解蔽》曰：「治之要在於知道。人何以知道？曰：心。心何以知？曰：虛壹而靜。心未嘗不臧也，然而有所謂虛；心未嘗不滿〔兩〕也，然而有所謂一；心未嘗不動也，然而有所謂靜。人生而有知，知而有志。志也者，臧也，然而有所謂虛，不以所已臧害所將受謂之虛。心生而有知，知而有異，異也者，同時兼知之。同時兼知之，兩也，然而有所謂一，不以夫一害此一謂之壹。心，臥則夢，偷則自行，使之則謀。故心未嘗不動也，然而有所謂靜，不以夢劇亂知謂之靜。未得道而求道者，謂之虛壹而靜。作之，則將須道者之虛則人，將事道者之壹則盡，盡將思道者靜則察。知道察，知道行，體道者也。虛壹而靜，謂之大清明。萬物莫形而不見，莫見而不論，莫論而失位。坐於室而見四海，處於今而論久遠，疏觀萬物而知其情，參稽治亂而通其度，經緯天地而材官萬物，制割大理，而宇宙裏〔理〕矣。」〔註131〕荀子的解蔽方法是「虛壹而靜」，即虛、壹、靜。「心未嘗不臧也，然而有所謂虛」，心裏不是沒有先前的記憶和知識，不用已有的記憶和知識來妨害對新事物的認識，就是「虛」；「心未嘗不兩也，然而有所謂一」，人對事物是「兼而知之」的，不用對某一事物的認識來妨害對另一事物的認識，就是「壹」；「心未嘗不動也，然而有所謂靜」，不用胡思亂想來妨害對事物的認識，就是「靜」。

人多有宥，《呂氏春秋・去尤》曰：

> 人有亡鈇者，意其鄰之子，視其行步竊鈇也，顏色竊鈇也，言語竊鈇也，動作態度無為而不竊鈇也。相其谷而得其鈇，他日復見

〔註130〕王先謙：《荀子集解》，北京：中華書局，1988 年，第 391～393 頁。
〔註131〕王先謙：《荀子集解》，北京：中華書局，1988 年，第 395～397 頁。

其鄰之子，動作態度無似竊鈇者。其鄰之子非變也，己則變矣。變也者無他，有所尤也。

邾之故法，為甲裳以帛。公息忌謂邾君曰：「不若以組。凡甲之所以為固者，以滿竅也。今竅滿矣，而任力者半耳。且組則不然，竅滿則盡任力矣。」邾君以為然，曰：「將何所以得組也？」公息忌對曰：「上用之則民為之矣。」邾君曰：「善。」下令，令官為甲必以組。公息忌知說之行也，因令其家皆為組。人有傷之者曰：「公息忌之所以欲用組者，其家多為組也。」邾君不說，於是復下令，令官為甲無以組。此邾君之有所尤也。為甲以組而便，公息忌雖多為組何傷也？以組不便，公息忌雖無組，亦何益也？為組與不為組，不足以累公息忌之說。用組之心，不可不察也。

魯有惡者，其父出而見商咄，反而告其鄰曰：「商咄不若吾子矣。」且其子至惡也，商咄至美也。彼以至美不如至惡，尤乎愛也。故知美之惡，知惡之美，然後能知美惡矣。莊子曰：「以瓦殶者翔，以鉤殶者戰，以黃金殶者殆。其祥一也，而有所殆者，必外有所重者也。外有所重者，泄蓋內掘。」魯人可謂外有重矣〔註132〕。

又《呂氏春秋·去宥》曰：

荊威王學書於沈尹華，昭釐惡之。威王好制。有中謝佐制者，為昭釐謂威王曰：「國人皆曰：王乃沈尹華之弟子也。」王不說，因疏沈尹華。

鄰父有與人鄰者，有枯梧樹。其鄰之父言梧樹之不善也，鄰人遽伐之。鄰父因請而以為薪。其人不說曰：「鄰者若此其險也，豈可為之鄰哉？」此有所宥也。夫請以為薪與弗請，此不可以疑枯梧樹之善與不善也。

齊人有欲得金者，清旦，被衣冠，往鬻金者之所，見人操金，攫而奪之。吏搏而束縛之，問曰：「人皆在焉，子攫人之金，何故？」對吏曰：「殊不見人，徒見金耳。」此真大有所宥也〔註133〕。

〔註132〕陳奇猷：《呂氏春秋新校釋》，上海：上海古籍出版社，2002 年，第 693～694 頁。

〔註133〕陳奇猷：《呂氏春秋新校釋》，上海：上海古籍出版社，2002 年，第 1023～1024 頁。

丟斧子的人、邾君、魯人、荊威王、鄰父之鄰者、齊人慾得金者皆是心中有「尤」之人，丟斧子的人，「意其鄰之子」偷了，造成誤會；邾君以公息忌「家多為組」，就「令官為甲無以組」，不辨「用組之心」；魯人愛子心切，不見商咄之美，不明美醜；荊威王聽信中傷之言，遠離先王之術，不辨忠奸；鄰父之鄰者，把鄰父請薪作為判斷枯梧樹好是不好的依據，不明事理；齊人慾得金者，愛財而對人熟視無睹。

人之好惡容易影響人對事物的判斷，造成認識上的片面性。《呂氏春秋‧誣徒》曰：「人之情，惡異於己者，此師徒相與造怨尤也。人之情，不能親其所怨，不能譽其所惡，學業之敗也，道術之廢也，從此生矣。善教者則不然，視徒如己，反己以教，則得教之情也。所加於人，必可行於己，若此，則師徒同體。人之情，愛同於己者，譽同於己者，助同於己者，學業之章明也，道術之大行也，從此生矣。」〔註134〕《淮南子‧繆稱訓》曰：「凡人各賢其所說，而說其所快。世莫不舉賢，或以治，或以亂。非自遁，求同乎己者也。己未必得賢，而求與己同者，而欲得賢，亦不幾矣！使堯度舜，則可；使桀度堯，是猶以升量石也。」〔註135〕人之情性，討厭和自己不一樣的人，疏遠自己所怨恨的人，不能稱讚自己所厭惡的人，這是學業衰敗、道術荒廢的主要原因；人之情性，喜愛和自己相同的人，稱讚和自己相同的人，幫助和自己相同的人，這是學業章明、道術大行的主要原因。「凡人各賢其所說，而說其所快」，心中有宥，則必定侷限於一隅。

《呂氏春秋‧去宥》曰：「東方之墨者謝子將西見秦惠王。惠王問秦之墨者唐姑果。唐姑果恐王之親謝子賢於己也，對曰：『謝子，東方之辯士也，其為人甚險，將奮於說以取少主也。』王因藏怒以待之。謝子至，說王，王弗聽。謝子不說，遂辭而行。凡聽言，以求善也。所言苟善，雖奮於取少主，何損？所言不善，雖不奮於取少主，何益？不以善為之愨，而徒以取少主為之悖，惠王失所以為聽矣。」〔註136〕《淮南子‧脩務訓》曰：「昔者，謝子見於秦惠王，惠王說之。以問唐姑梁，唐姑梁曰：『謝子，山東辯士，固權說以取少主。』惠王因藏怒而待之，後日復見，逆而弗聽也。非其說異也，所以聽者易。」〔註137〕

〔註134〕 陳奇猷：《呂氏春秋新校釋》，上海：上海古籍出版社，2002年，第224頁。
〔註135〕 劉文典：《淮南鴻烈集解》，北京：中華書局，1989年，第320～321頁。
〔註136〕 陳奇猷：《呂氏春秋新校釋》，上海：上海古籍出版社，2002年，第1023頁。
〔註137〕 劉文典：《淮南鴻烈集解》，北京：中華書局，1989年，第654頁。

唐姑果、唐姑梁是同一人，流傳之誤。秦惠王聽秦之墨者唐姑果之言，藏怒以
待東方之墨者謝子，不能聽謝子之言。秦惠王蔽於唐姑果之言，不以謝子之善
言為誠信而僅僅以謝子想取悅於太子為悖逆。這樣，秦惠王就失去了聽取意見
的意義，正如《呂氏春秋·去尤》所說：「世之聽者，多有所尤，多有所尤則聽
必悖矣。所以尤者多故，其要必因人所喜，與因人所惡。東面望者不見西牆，
南鄉視者不睹北方，意有所在也。」〔註138〕

「宥」之危害如此大，故必須消除人自身的侷限，從而全面地認識事物、
獲得真理，真正得「道」。去宥之法，《呂氏春秋·論人》曰：「太上反諸己，
其次求諸人。其索之彌遠者，其推之彌疏；其求之彌彊者，失之彌遠。何謂反
諸己也？適耳目，節嗜欲，釋智謀，去巧故，而遊意乎無窮之次，事心乎自然
之塗，若此則無以害其天矣。無以害其天則知精，知精則知神，知神之謂得
一。」〔註139〕《淮南子·詮言訓》亦曰：「原天命，治心術，理好憎，適情
性，則治道通矣。原天命則不惑禍福，治心術則不妄喜怒，理好憎則不貪無
用，適情性則欲不過節。不惑禍福則動靜循理，不妄喜怒則賞罰不阿，不貪
無用則不以欲用害性，欲不過節則養性知足。凡此四者，弗求於外，弗假於
人，反己而得矣。」〔註140〕秦漢雜家主張去宥必須「反己」，自身要依照自然
來調理內心，適耳目，節嗜欲，釋智謀，去巧故，原天命，治心術，理好憎，
適情性，這樣就可以使心意遨遊於無窮無際、無拘無束的空間，任心意暢行
於自然無為的路途上，最終認識事物的精微，知曉事理的玄妙，是為「得道」。

《呂氏春秋·君守》曰：「得道者必靜。靜者無知，知乃無知，可以言君
道也。故曰中欲不出謂之扃，外欲不入謂之閉。既扃而又閉：天之用密，有準
不以平，有繩不以正；天之大靜，既靜而又寧，可以為天下正。身以盛心，心
以盛智，智乎深藏，而實莫得窺乎。《鴻範》曰：『惟天陰騭下民。』陰之者，
所以發之也。故曰不出於戶而知天下，不窺於牖而知天道。其出彌遠者，其
知彌少，故博聞之人、強識之士闕矣，事耳目、深思慮之務敗矣，堅白之察、
無厚之辯外矣。」〔註141〕「得道者必靜」，「靜者無知」，內心清靜而無知無

〔註138〕陳奇猷：《呂氏春秋新校釋》，上海：上海古籍出版社，2002年，第693頁。
〔註139〕陳奇猷：《呂氏春秋新校釋》，上海：上海古籍出版社，2002年，第161～162頁。
〔註140〕劉文典：《淮南鴻烈集解》，北京：中華書局，1989年，第466頁。
〔註141〕陳奇猷：《呂氏春秋新校釋》，上海：上海古籍出版社，2002年，第1059～1060頁。

欲，才可以論道，天性清靜安寧，才能「得道」。

　　《淮南子・俶真訓》曰：「靜漠恬澹，所以養性也；和愉虛無，所以養德也。外不滑內，則性得其宜；性不動和，則德安其位。養生以經世，抱德以終年，可謂能體道矣。若然者，血脈無鬱滯，五藏無蔚氣，禍福弗能撓滑，非譽弗能塵垢，故能致其極。」〔註 142〕靜漠恬澹以養性，和愉虛無以養德，養生以經世，抱德以終年，「可謂能體道矣」。這樣，血脈暢通，五臟舒爽，禍福不能動搖其心志，名利不能蒙蔽其心靈，所以能「致其極」，體悟道。《淮南子・俶真訓》又曰：「若夫神無所掩，心無所載，通洞條達，恬漠無事，無所凝滯，虛寂以待，勢利不能誘也，辯者不能說也，聲色不能淫也，美者不能濫也，智者不能動也，勇者不能恐也，此真人之道也。若然者，陶冶萬物，與造化者為人，天地之間，宇宙之內，莫能夭遏。」〔註 143〕《淮南子》在此所描述的「真人之道」，所謂「神無所掩，心無所載，通洞條達，恬漠無事，無所凝滯，虛寂以待」正是消除心中侷限的去宥之法。

二、學以至聖

　　中國自古就重視「學」。《詩經・周頌・敬之》曰：「敬之敬之，天維顯思，命不易哉！無曰：高高在上。陟降厥士，日監在茲。維予小子，不聰敬止。日就月將，學有緝熙於光明。佛時仔肩，示我顯德行。」毛傳曰：「《敬之》，群臣進戒嗣王也。」〔註 144〕群臣勸誡成王要敬行其事，去惡從善，天乃予之光明，天命永存。王曰「維予小子，不聰敬止。日就月將，學有緝熙於光明」，《正義》曰：「王身當理政事，而言學有光明，是王意以己不達於政，未能即任其事，且欲學作有光明於彼光明之人，謂選擇賢中之賢，乃從之學。」〔註 145〕成王能夠「學有緝熙於光明」，終成周朝有作為的帝王。先師孔子重視「學」，《論語・學而》曰：「學而時習之，不亦說乎？」〔註 146〕《論語・公冶長》曰：「十室之邑，必有忠信如丘者焉，不如丘之好學也。」〔註 147〕《論

〔註 142〕劉文典：《淮南鴻烈集解》，北京：中華書局，1989 年，第 73 頁。
〔註 143〕劉文典：《淮南鴻烈集解》，北京：中華書局，1989 年，第 71～72 頁。
〔註 144〕孔穎達：《毛詩正義》，《十三經注疏》，北京：中華書局，1980 年，第 598～599 頁。
〔註 145〕孔穎達：《毛詩正義》，《十三經注疏》，北京：中華書局，1980 年，第 599 頁。
〔註 146〕邢昺：《論語注疏》，《十三經注疏》，北京：中華書局，1980 年，第 2457 頁。
〔註 147〕邢昺：《論語注疏》，《十三經注疏》，北京：中華書局，1980 年，第 2475 頁。

語‧為政》曰：「吾十有五而志於學。」〔註148〕又《論語‧陽貨》載孔子為子路解釋「六言六蔽」曰：「好仁不好學，其蔽也愚；好知不好學，其蔽也蕩；好信不好學，其蔽也賊；好直不好學，其蔽也絞；好勇不好學，其蔽也亂；好剛不好學，其蔽也狂。」〔註149〕仁、知、信、直、勇、剛是儒家追求的六種優秀品質，好仁、好知、好信、好直、好勇、好剛固然是好事，但是，如果「不好學」，好事就會變成壞事，有各種弊端。

荀子重視「學」。《荀子》第一篇《勸學》的第一句話就是「君子曰：學不可以已。」〔註150〕荀子認為在人的一生當中，「學不可以已」，因為「學」非常重要。《荀子‧儒效》曰：「我欲賤而貴，愚而智，貧而富，可乎？曰：其唯學乎。彼學者，行之，曰士也；敦慕焉，君子也；知之，聖人也。上為聖人，下為士君子，孰禁我哉！鄉也，混然塗之人也，俄而並乎堯、禹，豈不賤而貴矣哉！鄉也，效門室之辨，混然曾不能決也，俄而原仁義，分是非，圖回天下於掌上而辯白黑，豈不愚而知矣哉！鄉也，胥靡之人，俄而治天下之大器舉在此，豈不貧而富矣哉！」〔註151〕「學」可以使平凡之人一躍而成為士、君子、聖人，「學」可以使人從卑賤變得尊貴、從愚昧變得智慧、從貧困變得富有，故荀子疾呼「學不可以已」。《荀子‧非十二子》曰：「不知則問，不能則學。」〔註152〕《荀子‧大略》曰：「不學不成：堯學於君疇，舜學於務成昭，禹學於西王國。」〔註153〕能成聖人者，無不以學，堯、舜、禹皆通過學習而成為聖人。

「學」非常重要，《呂氏春秋‧尊師》曰：「且天生人也，而使其耳可以聞，不學，其聞不若聾；使其目可以見，不學，其見不若盲；使其口可以言，不學，其言不若爽；使其心可以知，不學，其知不若狂。故凡學，非能益也，達天性也。能全天之所生而勿敗之，是謂善學。」〔註154〕上天生人使人有耳可以聽到聲音、然而如果「不學」，有耳「其聞不若聾」；上天生人使人有眼可以看見事物，然而如果「不學」，有眼「其見不若盲」；上天生人使人有口可以

〔註148〕邢昺：《論語注疏》，《十三經注疏》，北京：中華書局，1980 年，第 2461 頁。
〔註149〕邢昺：《論語注疏》，《十三經注疏》，北京：中華書局，1980 年，第 2525 頁。
〔註150〕王先謙：《荀子集解》，北京：中華書局，1988 年，第 1 頁。
〔註151〕王先謙：《荀子集解》，北京：中華書局，1988 年，第 125～126 頁。
〔註152〕王先謙：《荀子集解》，北京：中華書局，1988 年，第 100 頁。
〔註153〕王先謙：《荀子集解》，北京：中華書局，1988 年，第 489 頁。
〔註154〕陳奇猷：《呂氏春秋新校釋》，上海：上海古籍出版社，2002 年，第 208 頁。

說話，然而如果「不學」，有口「其言不若爽」；上天生人使人有心可以思想，然而如果「不學」，有心「其知不若狂」。

「學」可以改變人之命運，可以使大奸大惡之人成為賢士。《呂氏春秋‧尊師》曰：「子張，魯之鄙家也；顏涿聚，梁父之大盜也；學於孔子。段干木，晉國之大駔也，學於子夏。高何、縣子石，齊國之暴者也，指於鄉曲，學於子墨子。索盧參，東方之巨狡也，學於禽滑黎。此六人者，刑戮死辱之人也，今非徒免於刑戮死辱也，由此為天下名士顯人，以終其壽，王公大人從而禮之，此得之於學也。」〔註155〕子張、顏涿聚、段干木、高何、縣子石、索盧參本來都是大奸大惡之人，本來是該殺之人，但是，通過學習，他們的命運改變了，由「刑戮死辱之人」變成了聞名天下的賢士，受到帝王的優待。

《淮南子》批評當時之「非學」者，《脩務訓》曰：「世俗廢衰，而非學者多：『人性各有所修短，若魚之躍，若鵲之駮，此自然者，不可損益。』吾以為不然」，〔註156〕「今以為學者之有過而非學者，則是以一飽之故，絕穀不食，以一躓之難，輟足不行，惑也。」〔註157〕

《淮南子‧脩務訓》曰：「昔者，蒼頡作書，容成造曆，胡曹為衣，后稷耕稼，儀狄作酒，奚仲為車，此六人者，皆有神明之道，聖智之跡，故人作一事而遺後世，非能一人而獨兼有之。各悉其知，貴其所欲達，遂為天下備。今使六子者易事，而明弗能見者何？萬物至眾，而知不足以奄之。周室以後，無六子之賢，而皆修其業；當世之人，無一人之才，而知其六賢之道者何？教順施續，而知能流通。由此觀之，學不可以已，明矣！」〔註158〕蒼頡、容成、胡曹、后稷、儀狄、奚仲有聖人之才，皆作一事而遺後世。後世之人沒有六者之賢卻能繼承他們的發明，沒有六者之才卻能知曉其中的道理，就是得益於教學傳承，故「學不可以已」。又《淮南子‧泰族訓》曰：「夫觀六藝之廣崇，窮道德之淵深，達乎無上，至乎無下，運乎無極，翔乎無形，廣於四海，崇於太山，富於江、河，曠然而通，昭然而明，天地之間無所繫戾，其所以監觀，豈不大哉！人之所知者淺，而物變無窮，曩不知而今知之，非知益多也，問學之所加也。」〔註159〕在此強調的依然是問學之重要。

〔註155〕陳奇猷：《呂氏春秋新校釋》，上海：上海古籍出版社，2002年，第208頁。
〔註156〕劉文典：《淮南鴻烈集解》，北京：中華書局，1989年，第638頁。
〔註157〕劉文典：《淮南鴻烈集解》，北京：中華書局，1989年，第640頁。
〔註158〕劉文典：《淮南鴻烈集解》，北京：中華書局，1989年，第646～647頁。
〔註159〕劉文典：《淮南鴻烈集解》，北京：中華書局，1989年，第689～690頁。

為學必尊師。《呂氏春秋・勸學》曰：「聖人生於疾學。不疾學而能為魁士名人者，未之嘗有也。疾學在於尊師，師尊則言信矣，道論矣。」〔註160〕《呂氏春秋・尊師》曰：「神農師悉諸，黃帝師大撓，帝顓頊師伯夷父，帝嚳師伯招，帝堯師子州支父，帝舜師許由，禹師大成贄，湯師小臣，文王、武王師呂望、周公旦，齊桓公師管夷吾，晉文公師咎犯、隨會，秦穆公師百里奚、公孫枝，楚莊王師孫叔敖、沈尹巫，吳王闔閭師伍子胥、文之儀，越王句踐師范蠡、大夫種。此十聖人六賢者，未有不尊師者也。今尊不至於帝，智不至於聖，而欲無尊師，奚由至哉？此五帝之所以絕，三代之所以滅。」〔註161〕《呂氏春秋》列舉十聖人、六賢者尊師疾學的事例來證明「尊師」之重要。

《淮南子・脩務訓》曰：「知人無務，不若愚而好學。自人君公卿至於庶人，不自強而功成者，天下未之有也。《詩》云：『日就月將，學有緝熙於光明。』此之謂也。名可務立，功可強成。故君子積志委正，以趨明師；勵節亢高，以絕世俗。何以明之？昔者南榮疇恥聖道之獨亡於己，身淬霜露，敕蹻跌，跋涉山川，冒蒙荊棘，百舍重跰，不敢休息，南見老聃，受教一言，精神曉泠，鈍聞條達，欣然七日不食，如饗太牢，是以明照四海，名施後世，達略天地，察分秋豪，稱譽葉語，至今不休。此所謂名可強立者。」〔註162〕天底下從君主、公卿至於庶人，不自強而成功的人是沒有的，自強莫若好學。好學需要老師的指導，「君子積志委正，以趨明師」。南榮疇經過艱難險阻向老聃請教，受教一言，受益無窮。

為學必有法。在學的方法上，《荀子・勸學》提出兩種方法：一是「假」，一是「積」。《荀子・勸學》曰：「吾嘗終日而思矣，不如須臾之所學也，吾嘗跂而望矣，不如登高之博見也。登高而招，臂非加長也，而見者遠；順風而呼，聲非加疾也，而聞者彰。假輿馬者，非利足也，而致千里；假舟楫者，非能水也，而絕江河。君子生非異也，善假於物也。」〔註163〕學習要「善假於物」，即「假」；《荀子・勸學》曰：「積土成山，風雨興焉；積水成淵，蛟龍生焉；積善成德，而神明自得，聖心備焉。故不積蹞步，無以致千里；不積小流，無以成江海。騏驥一躍，不能十步；駑馬十駕，功在不捨。鍥而捨之，朽

〔註160〕陳奇猷：《呂氏春秋新校釋》，上海：上海古籍出版社，2002年，第198頁。
〔註161〕陳奇猷：《呂氏春秋新校釋》，上海：上海古籍出版社，2002年，第207頁。
〔註162〕劉文典：《淮南鴻烈集解》，北京：中華書局，1989年，第648～650頁。
〔註163〕王先謙：《荀子集解》，北京：中華書局，1988年，第4頁。

木不折；鍥而不捨，金石可鏤。」〔註164〕學習貴在不斷積累，積少成多，即「積」。

秦漢雜家繼承化用了荀子「假」和「積」的學習方法。秦漢雜家假借先秦諸子百家學術思想之長處，聚集眾家之精華，創造自己的學術思想體系。可以說，「用眾」，是秦漢雜家的一個重要思想，《呂氏春秋》《淮南子》向來被認為是取眾家之長編撰而成。《呂氏春秋》有《用眾》篇專講「用眾」思想。《呂氏春秋·用眾》曰：「天下無粹白之狐，而有粹白之裘，取之眾白也。夫取於眾，此三皇、五帝之所以大立功名也。凡君之所以立，出乎眾也。立已定而捨其眾，是得其末而失其本。得其末而失其本，不聞安居。故以眾勇無畏乎孟賁矣，以眾力無畏乎烏獲矣，以眾視無畏乎離婁矣，以眾知無畏乎堯、舜矣。夫以眾者，此君人之大寶也。」〔註165〕世間無純白之狐，而有純白之裘，這是集合眾白狐之毛編製的結果。「夫取於眾，此三皇、五帝之所以大立功名也」，取於「眾勇」就可以勇過於孟賁，取於「眾力」就可以力大於烏獲，取於「眾視」就可以與離婁拼視力，取於「眾知」就可以與堯、舜鬥智力，故曰「以眾者，此君人之大寶也」

「用眾」不單是「君人」之大寶，也是「為學」之大寶。《淮南子·說山訓》曰：「天下無粹白狐，而有粹白之裘，掇之眾白也。善學者，若齊王之食雞，必食其跖數十而後足。」〔註166〕《呂氏春秋·用眾》曰：「善學者若齊王之食雞也，必食其跖數千而後足，雖不足，猶若有跖。物固莫不有長，莫不有短。人亦然。故善學者，假人之長以補其短。故假人者遂有天下。無醜不能，無惡不知。醜不能、惡不知病矣，不醜不能、不惡不知尚矣。雖桀、紂猶有可畏可取者，而況於賢者乎？」〔註167〕善於學習的人要善於積累，像齊王吃雞一樣，雞跖要從一吃到數千，才滿足。這是講學習是個不斷積累的過程，永無止境，所以人要不斷地學習。

《呂氏春秋》還認為「學」要本於自己的性情，結合自己的稟賦。《呂氏春秋·尊師》曰：「凡學，必務進業，心則無營，疾諷誦，謹司聞，觀歡愉，問書意，順耳目，不逆志，退思慮，求所謂，時辨說，以論道，不苟辨，必中

〔註164〕王先謙：《荀子集解》，北京：中華書局，1988 年，第 7～8 頁。
〔註165〕陳奇猷：《呂氏春秋新校釋》，上海：上海古籍出版社，2002 年，第 236 頁。
〔註166〕劉文典：《淮南鴻烈集解》，北京：中華書局，1989 年，第 548 頁。
〔註167〕陳奇猷：《呂氏春秋新校釋》，上海：上海古籍出版社，2002 年，第 235 頁。

法，得之無矜，失之無慚，必反其本。」〔註168〕學之道，積極誦讀，恭聽教誨，詢問書意，務求學業日進，解決心中的疑惑，這些活動的進行要遵循一個原則，那就是「順耳目，不逆志」，「必反其本」，即順應人之天性，反歸人之本情。

《淮南子·俶真訓》曰：「是故聖人之學也，欲以返性於初，而遊心於虛也。達人之學也，欲以通性於遼廓，而覺於寂漠也。若夫俗世之學也則不然，擢德搴性，內愁五藏，外勞耳目，乃始招蟯振繢物之豪芒，搖消掉捎仁義禮樂，暴行越智於天下，以招號名聲於世。此我所羞而不為也。」〔註169〕通過對聖人之學、達人之學、俗世之學的不同描述，旨在提倡聖人之學、達人之學。

「去宥」，消除認識上的侷限性，對於「君」「臣」都是很重要的。首先，「君」「臣」不去宥就不能客觀公正地認識自己，就不能很好地聽取正確的意見；其次，「君」「臣」不去宥就不能客觀公正地認識別人、評價別人，「君」就不能準確地「擇賢」，「臣」就不能準確地「治民」。最後，「君」「臣」不去宥就不能虛心地去「學」，就不能成為賢者。可以說，「學」「去宥」都有利於「治國主體」之「君」「臣」成為賢君、賢臣，是達賢之徑。

〔註168〕陳奇猷：《呂氏春秋新校釋》，上海：上海古籍出版社，2002年，第208頁。
〔註169〕劉文典：《淮南鴻烈集解》，北京：中華書局，1989年，第67頁。

第二章 治國方略（上）——法天地

　　秦漢雜家的「治國方略」「法天地」「審人情」。《呂氏春秋・序意》載呂不韋曰：「嘗得學黃帝之所以誨顓頊矣，爰有大圜在上，大矩在下，汝能法之，為民父母。蓋聞古之清世，是法天地。凡《十二紀》者，所以紀治亂存亡也，所以知壽夭吉凶也。上揆之天，下驗之地，中審之人，若此則是非可不可無所遁矣。」〔註1〕「治國」歸根結底就是「治人」，「治國方略」就是「治人方略」。《呂氏春秋》的「治國方略」效法天地，意思就是效法天地來治人，也就是「上揆之天，下驗之地，中審之人」。《淮南子・要略》曰：「夫作為書論者，所以紀綱道德，經緯人事，上考之天，下揆之地，中通諸理」，「故著書二十篇，則天地之理究矣，人間之事接矣，帝王之道備矣。」〔註2〕《淮南子》著書的目的也是考揆天地之理，通接人間之事，以備帝王治國之道，其治國方略同樣是「法天地」「審人情」。

　　又《淮南子・泰族訓》曰：「昔者，五帝三王之蒞政施教，必用參五。何謂參五？仰取象於天，俯取度於地，中取法於人，乃立明堂之朝，行明堂之令，以調陰陽之氣，以和四時之節，以闢疾病之菑。俯視地理，以制度量，察陵陸水澤肥墝高下之宜，立事生財，以除飢寒之患。中考乎人德，以制禮樂，行仁義之道，以治人倫而除暴亂之禍。乃澄列金木水火土之性，故立父子之親而成家；別清濁五音六律相生之數，以立君臣之義而成國；察四時季孟之序，以立長幼之禮而成官；此之謂參。制君臣之義，父子之親，夫婦之辨，長幼之序，朋友之際，此之謂五。乃裂地而州之，分職而治之，築城而居之，割

〔註1〕陳奇猷：《呂氏春秋新校釋》，上海：上海古籍出版社，2002年，第654頁。
〔註2〕劉文典：《淮南鴻烈集解》，北京：中華書局，1989年，第700、707頁。

宅而異之，分財而衣食之，立大學而教誨之，夙興夜寐而勞力之。此治之綱紀也。」〔註3〕五帝三王之施政，仰取象於天，俯取度於地，中取法於人，設立明堂，施行十二月之政令。調節陰陽之氣，順和四時節氣之變化，順時施政，避免疾病災禍。《淮南子》的「治之綱紀」皆是在法天地、審人情的指導下制定的。

在秦漢雜家的「治國方略」系統裏，「法天地」「審人情」二者是一體的。「法天地」的「治國方略」最終是為了「治人」，必須「審之人情」。可以說，不以「人」為中心、脫離「人」的實際情況的「治國方略」肯定是無用的「治國方略」。「審人情」又必須「法天地」，「古之清世，是法天地」，「法天地」的「治國方略」才是好的「治國方略」，才能很好地「治人」。所以說，在秦漢雜家的「治國方略」系統裏，「法天地」「審人情」是一個整體。

秦漢雜家將「道」作為其「治國方略」的最終依據。《老子》認為「道」生天地，「道」生萬物。《呂氏春秋·大樂》曰：「太一出兩儀，兩儀出陰陽。陰陽變化，一上一下，合而成章。」〔註4〕「太一」指「道」，「兩儀」指「天地」，《呂氏春秋》也認為「道」生天地。《呂氏春秋》的「治國方略」「法天地」「審人情」，而「道」生天地，也就是說，「道」是《呂氏春秋》「治國方略」的終極依據。呂不韋這樣做的意思是說他所制定的「治國方略」是以萬物的本原——「道」為最終依據的，即他所制定的「治國方略」就是最合理、最正確的「治國方略」。《淮南子》將《原道》放在第一，亦是將「道」作為萬事萬物之根本原始。《淮南子·要略》曰：「《原道》者，盧牟六合，混沌萬物，象太一之容，測窈冥之深，以翔虛無之軫。託小以苞大，守約以治廣，使人知先後之禍福，動靜之利害。誠通其志，浩然可以大觀矣。」〔註5〕《淮南子·天文訓》曰：「道曰規，始於一，一而不生，故分而為陰陽，陰陽合和而萬物生。故曰『一生二，二生三，三生萬物』。」〔註6〕「道」生天生地，生萬物，「道」是天地之根本，「治國方略」效法天地，則「道」乃是「治國方略」之最終依據。劉安以「道」為根本依據來制定自己的「治國方略」，亦欲制定最合理的「治國方略」。

〔註3〕劉文典：《淮南鴻烈集解》，北京：中華書局，1989年，第671～672頁。
〔註4〕陳奇猷：《呂氏春秋新校釋》，上海：上海古籍出版社，2002年，第258頁。
〔註5〕劉文典：《淮南鴻烈集解》，北京：中華書局，1989年，第700頁。
〔註6〕劉文典：《淮南鴻烈集解》，北京：中華書局，1989年，第112頁。

　　秦漢雜家的「治國方略」「法天地」包括兩個重要方面的思想：第一，「四時教令」思想，即按照一年四季的陰陽變化來執行相應的政令。「四時教令」背後的根本思想是陰陽變化理論，而天、地是最根本的陰陽〔註7〕，所以說「四時教令」效法天地而生。《史記·太史公自序》概括陰陽家曰：「夫陰陽四時、八位、十二度、二十四節各有教令，順之者昌，逆之者不死則亡，未必然也，故曰『使人拘而多畏』。夫春生夏長，秋收冬藏，此天道之大經也，弗順則無以為天下綱紀，故曰『四時之大順，不可失也』。」〔註8〕春生、夏長、秋收、冬藏是「天道」之大經，也是「四時教令」的依據和內容。《呂氏春秋·十二紀》每紀的首篇（簡稱「十二紀紀首」），組成一年十二個月的「月令」，《淮南子·時則訓》主要抄錄《呂氏春秋》十二紀紀首，討論的就是按照春生、夏長、秋收、冬藏原則施令的四時教令。徐復觀《兩漢思想史》曰：「把一切生活事物，政治行為，安排得與春季的陽氣與木德相合。其他各季，皆可由此類推。此即所謂『同氣』。亦即所謂『是法天地』。這樣一來，政治領導者的一舉一動，皆與天地相通，皆表現為天人合一；形上形下，打成一片。在他們認為這當然是最理想、最強大的政治。」〔註9〕

　　第二，「君無為而臣有為」思想。秦漢雜家「治國方略」的終極依據──「道」，有一個重要的特點，王弼本《老子》第三十七章曰：「道常無為而無不為，侯王若能守之，萬物將自化。」〔註10〕「道」無為而無不為。《淮南子·主術訓》曰：「無為者，道之宗。故得道之宗，應物無窮。」〔註11〕《呂氏春秋·君守》曰：「天無形，而萬物以成；至精無象，而萬物以化；大聖無事，而千官盡能。此乃謂不教之教，無言之詔。故有以知君之狂也，以其言之當也；有以知君之惑也，以其言之得也。君也者，以無當為當，以無得為得者也。當與得不在於君，而在於臣。故善為君者無識，其次無事。」〔註12〕《淮南子·主術訓》曰：「人主之術，處無為之事，而行不言之教，清靜而不動，

〔註7〕《呂氏春秋·大樂》曰：「太一出兩儀，兩儀出陰陽。」（陳奇猷：《呂氏春秋新校釋》，上海：上海古籍出版社，2002年，第258頁。）「太一」指「道」，「兩儀」指「天地」，意思就是道生天地，天地生陰陽。

〔註8〕司馬遷：《史記》，北京：中華書局，1959年，第3290頁。

〔註9〕徐復觀：《兩漢思想史》（第二卷），上海：華東師範大學出版社，2001年，第12頁。

〔註10〕高明：《帛書老子校注》，北京：中華書局，1996年，第421頁。

〔註11〕劉文典：《淮南鴻烈集解》，北京：中華書局，1989年，第278頁。

〔註12〕陳奇猷：《呂氏春秋新校釋》，上海：上海古籍出版社，2002年，第1060頁。

一度而不搖，因循而任下，責成而不勞。」〔註13〕「天無形，而萬物以成」，「天」無為而萬物以成，即「天」具有「道」無為而無不為的特點。「人主之術，處無為之事」，即「君無為」。秦漢雜家的「治國方略」法「道」、法「天地」，主張「君無為而臣有為」，即所謂「君也者，以無當為當，以無得為得者也。當與得不在於君，而在於臣。秦漢雜家的「治國方略」「法天地」的一個重要方面就是主張「君無為而臣有為」。

「四時教令」「君無為而臣有為」二者不是孤立的而是緊密相連的。「四時教令」集中於《呂氏春秋》「十二紀紀首」和《淮南子·時則訓》。「四時教令」，即「十二月月令」，是呂不韋、劉安分別為執政的「君」「臣」制定的行為規範，它指導「君」「臣」在某個月裏可以做什麼、不可以做什麼。可以說，「四時教令」是「君無為而臣有為」的一個指導思想，「君」「臣」的作為也要遵循「四時教令」春生、夏長、秋收、冬藏的規律。

第一節　四時教令

一、四時教令思想之發展

陰陽家有四時教令思想〔註14〕，《史記·太史公自序》概括陰陽家曰：「夫陰陽四時、八位、十二度、二十四節各有教令，順之者昌，逆之者不死則亡，未必然也，故曰『使人拘而多畏』。夫春生夏長，秋收冬藏，此天道之大經也，弗順則無以為天下綱紀，故曰『四時之大順，不可失也』。」〔註15〕《漢書·藝文志》亦曰：「陰陽家者流，蓋出於羲和之官，敬順昊天，曆象日月星辰，敬授民時，此其所長也。」〔註16〕春生、夏長、秋收、冬藏，春夏為德，秋冬為刑，順天授民，都是「四時教令」的內容，簡言之，即《管子·四時》所謂「務時而寄政」〔註17〕。

白奚先生認為《黃帝四經》對於「四時教令」學說的確立具有重要的意

〔註13〕劉文典：《淮南鴻烈集解》，北京：中華書局，1989 年，第 269 頁。
〔註14〕白奚先生指出：「以『敬順昊天』、『敬授民時』為宗旨的『四時教令』思想，是陰陽五行學說的主要內容，捨此便不得稱之為陰陽五行家。」（白奚：《鄒衍四時教令思想考索》，《文史哲》2001 年第 6 期。）
〔註15〕司馬遷：《史記》，北京：中華書局，1959 年，第 3290 頁。
〔註16〕班固：《漢書》，北京：中華書局，1962 年，第 1734 頁。
〔註17〕黎翔鳳：《管子校注》，北京：中華書局，2004 年，第 855 頁。

義：「《黃帝四經》是稷下學的早期作品，其內容自始至終貫穿著陰陽思想。
值得重視的是，《四經》並未停留在對自然界的陰陽變化和萬物的生滅構成進
行描述和解釋的階段，而是對前人的陰陽思想做了兩點重要的推進：一是將
前人對季節變化與農業生產的關係的規律性認識進行了概括總結，上升到哲
學的高度，系統地提出了『順天授時』或『敬授民時』的思想，並提出『因天
時』，強調人的一切活動都必須順應自然界的陰陽變化。二是將陰陽思想應用
於社會政治，提出了『刑陰而德陽』和『春秋〔夏〕為德，秋冬為刑』的陰陽
刑德理論。《四經》的這兩點推進是關鍵性的，它標誌著『四時教令』學說的
確立，在以後相當長的一段時間內，這一學說在思想界和政治領域都產生了
極大的影響。」〔註18〕筆者認為此說很有道理。四時教令思想在中國古代影
響久遠，主要包括兩方面的內容：一是與農業生產緊密相關的「敬授民時」
思想；一是與社會政治緊密相關的陰陽刑德思想。

　　在「四時教令」學說完全確立之前，四時教令思想中的「敬授民時」那
部分內容就已經表現在中國的古曆書之中。《夏小正》是中國現存最早的曆書
〔註19〕。《夏小正》的產生年代在商周以前，在流傳的過程中又被加入了一
些春秋時代的內容。《夏小正》有「經」、有「傳」，「經」是曆書原文，「傳」
是後人所作〔註20〕。

　　《夏小正》十二月「經文」見下：

　　　　正月：啟蟄。雁北鄉。雉震呴。魚陟負冰。農緯厥耒。初歲祭
　　　耒，始用暢。囿有見韭。時有俊風。寒日滌凍塗。田鼠出。農率均
　　　田。獺獻魚。鷹則為鳩。農及雪澤。初服於公田。采芸。鞠則見。
　　　初昏參中。斗柄縣在下。柳稊。梅杏杝桃則華。緹縞。雞桴粥。

　　　　二月：往耰黍，禪。初俊羔，助厥母粥。綏多女士。丁亥，萬
　　　用入學。祭鮪。榮菫采蘩。昆小蟲，抵蚳。來降燕，乃睇。剝鱓。
　　　有鳴倉庚。榮芸，時有見稊，始收。

　　　　三月：參則伏。攝桑。委楊。䍽羊。穀則鳴。頒冰。采識。妾

〔註18〕白奚：《稷下學研究：中國古代的思想自由與百家爭鳴》，北京：生活·讀書·
　　　　新知三聯書店，1998年，第255～256頁。
〔註19〕潘鼐《中國恒星觀測史》指出：「《夏小正》的成書雖然在東周的較後時期，
　　　　然而其中的天象資料，卻確是夏代的。」（潘鼐：《中國恒星觀測史》，上
　　　　海：學林出版社，1989年，第7頁。）
〔註20〕永瑢等：《四庫全書總目》，北京：中華書局，1965年，第175頁。

子始蠶。執養宮事。祈麥實。越有小旱。田鼠化為駕。拂桐芭。鳴鳩。

四月：昴則見。初昏，南門正。鳴杞。囿有見杏。鳴蜮。王萯秀。取荼。秀幽。越有大旱。執陟攻駒。

五月：參則見。浮游有殷。鴃則鳴。時有養日。乃瓜。良蜩鳴。匽之興五日翕，望乃伏。啟灌藍蓼。鳩為鷹。唐蜩鳴。初昏大火中。煮梅。蓄蘭。菽糜。頒馬。將閒諸則。

六月：初昏斗柄正在上。煮桃。鷹始摯。

七月：秀雚葦。狸子肇肆。湟潦生蘋。爽死。荓秀。漢案戶。寒蟬鳴。初昏，織女正東鄉。時有霖雨。灌荼。

八月：剝瓜。玄校。剝棗。栗零。丹鳥羞白鳥。辰則伏。鹿人從。駕為鼠。參中則旦。

九月：內火。遰鴻雁。主夫出火。陟玄鳥蟄。熊、羆、貁、貉、鼬、鼱則穴，若蟄而。榮鞠樹麥。王始裘。辰繫於日。雀入於海為蛤。

十月：豺祭獸。初昏，南門見。黑鳥浴。時有養夜。玄雉入於淮為蜃。織女正北鄉，則旦。

十一月：王狩。陳筋革。嗇人不從。於時月也，萬物不通。隕麋角。

十二月：鳴弋。玄駒賁。納卵蒜。虞人入梁。隕麋角。〔註21〕

　　《夏小正》成書早，所以《夏小正》的語言簡潔、深奧，多以二言、三言、四言為主，表現著上古語言古樸的特點。同樣，由於當時人們對氣象、物候的認識還處於比較初級的階段，作為初創期的曆書《夏小正》對氣象、物候以及農事的記載也表現出初級的特點。《夏小正》所記之事多為農事，又被認為是古農書。《夏小正》以指導農業生產為目的，為人們的生產、生活提供行動指南，即「敬授民時」。《夏小正》按月記載四時教令思想中的「敬授民時」那部分內容，是我國現存最早的月令。《夏小正》雖然還比較簡單和粗糙，但是它開了月令的先河，為我國月令體系的形成奠定了基礎。

　　四時教令思想中的陰陽刑德那部分內容，在中國的另一部古曆書《逸周書‧時訓》篇中開始萌芽。《逸周書‧時訓解》將一年劃分為二十四節氣，每

〔註21〕王聘珍：《大戴禮記解詁》，北京：中華書局，1983年，第24~47頁。

一個節氣十五日。五日一個物候，每個節氣包括三個物候，二十四節氣共七十二個物候。與《夏小正》不同的是，《逸周書·時訓》篇不是按照一年十二個月來記載每個月的氣象、物候，而是將每個月分為二個節氣、每個節氣設置三個物候來考察。今錄夏季三個月於下以見其大概：

> 立夏之日螻蟈鳴，又五日蚯蚓出，又五日王瓜生。螻蟈不鳴，水潦淫漫；蚯蚓不出，嬖奪後；王瓜不生，困於百姓。

> 小滿之日苦菜秀，又五日靡草死，又五日小暑至。苦菜不秀，賢人潛伏；靡草不死，國縱盜賊；小暑不至，是謂陽慝。

> 芒種之日螳螂生，又五日鵙始鳴，又五日反舌無聲。螳螂不生，是謂陽息；鵙不始鳴，令奸壅偪；反舌有聲，佞人在側。

> 夏至之日鹿角解，又五日蜩始鳴，又五日半夏生。鹿角不解，兵革不息；蜩不鳴，貴臣放逸；半夏不生，民多屬疾。

> 小暑之日溫風至，以五日蟋蟀居壁，又五日鷹乃學習。溫風不至，國無寬教；蟋蟀不居壁，急恒之暴。鷹不學習，不備戎盜。

> 大暑之日腐草化為螢，又五日土潤溽暑，又五日大雨時行。腐草不化為螢，穀實鮮落；土潤不溽暑，物不應罰；大雨不時行，國無恩澤。〔註22〕

《逸周書·時訓》的夏季三個月記載了立夏、小滿、芒種、夏至、小暑、大暑六個節氣，每個節氣包括三個物候特徵，共十八個物候。每個節氣先記錄理應出現的三個物候，緊隨其次再給出每個物候未按時出現的災禍，例如「小滿之日苦菜秀，又五日靡草死，又五日小暑至。苦菜不秀，賢人潛伏；靡草不死，國縱盜賊；小暑不至，是謂陽慝」，節氣小滿之中的三個物候如果未順時出現，那麼賢人潛伏、國縱盜賊、陰慝這樣不詳的災禍就會發生。可見四時教令思想中與社會政治緊密相關的陰陽刑德思想在《逸周書·時訓》中已開始萌芽。此時四時教令思想的表現形式還比較初級，不成系統，原因是五行理論的缺失、陰陽與五行的分離。

白奚先生認為：「陰陽與五行的合流是由《管子》實現的。」〔註23〕此說

〔註22〕黃懷信：《逸周書校補注譯》，西安：西北大學出版社，1996年，第277～278頁。

〔註23〕白奚：《稷下學研究：中國古代的思想自由與百家爭鳴》，北京：生活·讀書·新知三聯書店，1998年，第235頁。

有道理。「稷下叢書」〔註24〕《管子》是戰國時期稷下學者的著作。《管子》
的四時教令思想主要保存在《幼官》《幼官圖》《四時》《五行》《輕重己》這一
組陰陽五行家的文章之中。陰陽與五行合流之後，四時教令思想不但具有以
陰陽理論為基石的內容，而且具有以五行理論為基石的形式。《管子·四時》
曰：「陰陽者，天地之大理也。四時者，陰陽之大徑也。刑德者，四時之合也。
刑德合於時則生福，詭則生禍。」〔註25〕不管是「敬授民時」還是施行刑德
都要根據陰陽理論，符合陰陽變化規律的就會生福，違背陰陽變化規律的就
會生禍。四時教令思想選擇五行相生的表現形式是陰陽與五行合流的結果。
同時，木、火、土、金、水五行相生的圖式具有程式化的優點，形式上規範整
齊，容易構成系統，有利於思想內容的表現。這也是四時教令思想選擇五行
相生這一表現形式的重要原因。

　　由於五行理論的加入、陰陽與五行的合流，四時教令思想在《管子》中
開始具有一定系統性。在《幼官》《幼官圖》《四時》《五行》《輕重己》五篇文
章中，《四時》篇的陰陽與五行的合流最為成熟，相應的四時教令思想的表現
形式也最為合理。《四時》在《幼官》《幼官圖》的基礎上進一步將陰陽與五行
合流：

> 東方曰星，其時曰春，其氣曰風。風生木與骨，其德喜嬴而發
> 出節時。其事……此謂星德。星者掌發為風。是故春行冬政則雕，
> 行秋政則霜，行夏政則欲。是故春三月，以甲乙之日發五政……
>
> 南方曰日，其時曰夏，其氣曰陽。陽生火與氣。其德施捨修樂。
> 其事……此謂日德。日掌賞，賞為暑。夏行春政則風，行秋政則水，
> 行冬政則落。是故夏三月，以丙丁之日發五政……
>
> 中央曰土，土德實輔四時，入出以風雨。節土益力，土生皮肌
> 膚，其德和平用均，中正無私，實輔四時。春嬴育，夏養長，秋聚
> 收，冬閉藏。大寒乃極，國家乃昌，四方乃服，此謂歲德。歲掌和，
> 和為雨〔註26〕。
>
> 西方曰辰，其時曰秋，其氣曰陰。陰生金與甲，其德憂哀，靜

〔註24〕顧頡剛：《「周公制禮」的傳說和〈周官〉一書的出現》，《文史》第六輯，北
　　　　京：中華書局，1979 年，第 16 頁。
〔註25〕黎翔鳳：《管子校注》，北京：中華書局，2004 年，第 838 頁。
〔註26〕此節的位置從張文虎說重新做了調整。「歲掌和，和為雨」句原在「日掌賞，
　　　　賞為暑」句下，今據上下文移在此處。

正嚴順，居不敢淫佚。其事……此謂辰德〔註27〕。辰掌收，收為陰。秋行春政則榮，行夏政則水，行冬政則耗。是故秋三月，以庚辛之日發五政……

　　北方曰月，其時曰冬，其氣曰寒。寒生水與血，其德淳越，溫怒周密。其事……此謂月德。月掌罰，罰為寒。冬行春政則泄，行夏政則雷，行秋政則旱。是故冬三月〔註28〕，以壬癸之日發五政……〔註29〕

與《幼官》《幼官圖》在「中」這一方位上增設一個「五和時節」來搭配五行「土」相似，《四時》直接在「東方曰星」「南方曰日」「西方曰辰」「北方曰月」的行列中增設了一個「中央曰土」來對應「土德」。《四時》將「中央土」設置在一年四季的夏、秋之間，這樣就形成了春、夏、土德、秋、冬與木、火、土、金、水的對應。在此，土德扮演著重要的角色，發揮的是「實輔四時」的作用。「中央土」雖然發揮著重要作用，同時也能與「東方星」「南方日」「西方辰」「北方月」構成一個序列，但是，「土德」在春、夏、土德、秋、冬這一序列中總顯得不協調。

與《幼官》《幼官圖》的「五和時節」相比，《四時》「中央土」的提法使五行相生的順序更加清晰，使四時教令思想的表現形式更加整齊和直觀，也更具系統性。雖然如此，但是，「中央土」也不能完全融入春、夏、秋、冬這一四時序列。「中央土」不佔有四時的時日，也是一個虛設。要想將陰陽與五行合流，操作者必須解決偶數與奇數相配對的問題，即四時與五行的配對問題。四時與五行配對，四時一方差一個時令，《四時》不得不增設了一個「中央土」。儘管「中央土」的增設並不能完全合理地解決問題，卻是《四時》作者的不得已之舉，也是《管子》將陰陽與五行合流所能達到的最高水平。

鄒衍將陰陽與五行的合流又推進了一步。鄒衍著作有《主運》一篇，記載的就是鄒衍的四時教令思想。《史記·封禪書》載「騶（鄒）衍以陰陽主運顯於諸侯」，劉宋裴駰《集解》引如淳曰：「今其書有《主運》。五行相次轉用事，隨方面為服。」〔註30〕如淳是三國時人，當見鄒衍《主運》篇。如淳

〔註27〕「此謂辰德」四字，原為小字注文，此據上下文意改。
〔註28〕「是故冬三月」以下據趙用賢本移於此處。
〔註29〕上錄《四時》五段文字依次分別見黎翔鳳《管子校注》，北京：中華書局，2004年，第 842～843、846～847、847、851、854～855 頁。
〔註30〕司馬遷：《史記》，北京：中華書局，1959 年，第 1369 頁。

指出其內容是「五行相次轉用事，隨方面為服」。據白奚先生考證，「五行相次轉用事」是指按照五行相生的順序來布政教令，「隨方面為服」是指按照五行相生的順序來安排服色。白奚先生總結指出：「《主運》的基本內容，一是四時所行之政教禁令，一是四時所用之方物服色，合之便是所謂的『四時教令』。」〔註31〕

　　鄒衍有四時教令思想，其具體內容已不可詳考。但是，鄒衍將四時與五行進行配對的辦法，即陰陽與五行合流的方案保留了下來。《周禮·夏官·司爟》篇鄭司農注引《鄒子》佚文曰：「春取榆柳之火，夏取棗杏之火，季夏取桑柘之火，秋取柞楢之火，冬取槐檀之火。」〔註32〕孫詒讓引皇侃《論語義疏》曰：「改火之木，隨五行之色而變也。榆柳色青，春是木，木色青，故春用榆柳也。棗杏色赤，夏是火，火色赤，故夏用棗杏也。桑柘色黃，季夏是土，土色黃，故季夏用桑柘也。柞楢色白，秋是金，金色白，故秋用柞楢也。槐檀色黑，冬是水，水色黑，故冬用槐檀也。」〔註33〕據皇侃的解釋，鄒衍春、夏、季夏、秋、冬的改木取火正是木、火、土、金、水五行相生的順序。鄒衍四時教令具體內容的安排應當就是按照春、夏、季夏、秋、冬的順序和模式。據《鄒子》佚文，我們知道鄒衍在將時令與五行配對時增設了一個「季夏」。鄒衍對「季夏」的增設當受了《管子·四時》增設「中央土」的啟迪。「季夏」看似相當於「中央土」，其實，「季夏」這一提法比「中央土」高明了許多，首先，季夏是一個時節，安排在春、夏、秋、冬之中是協調的；其次，季夏是夏季的第三個月，有自己所佔的日數，是真真切切的存在，不再是一個虛設。

　　在陰陽與五行的合流上，鄒衍提供了看起來更加順暢、更為協調的方案，是陰陽五行思想的集大成者，是陰陽家的代表人物。與此緊密聯繫，鄒衍所制定的四時教令當更加嚴密合理，更具系統性，因為只有這樣才足以使「騶（鄒）衍以陰陽主運顯於諸侯」。

二、秦漢雜家之集大成

　　四時教令思想至秦漢雜家而集大成。秦漢雜家的四時教令思想在總結前人的基礎上又有自己的發展，如徐復觀《兩漢思想史》所指出的那樣：「《呂

〔註31〕白奚：《鄒衍四時教令思想考索》，《文史哲》2001年第6期。
〔註32〕孫詒讓：《周禮正義》，北京：中華書局，1987年，第2396頁。
〔註33〕孫詒讓：《周禮正義》，北京：中華書局，1987年，第2396～2397頁。

氏春秋・十二紀・紀首》，正吸收了《夏小正》及《周書》的《周月》、《時訓》，加以整理；而另發展了鄒衍的思想，以此為經；再綜合了許多因素，及政治行為，以組織成『同氣』的政治理想的系統。」〔註34〕

　　秦漢雜家的二部代表作頗有繼承關係，徐復觀《兩漢思想史》曰：「不論怎樣，沒有《十二紀・紀首》，便沒有《時則訓》。甚至可以說沒有《呂氏春秋》，便沒有《淮南子》。這決不是偶然的、突出的事情，而是《呂氏春秋》在西漢初期所發生重大影響的結果。」〔註35〕又曰：「《淮南子》成書於景帝末年，吸收了《呂氏春秋》許多材料，並全錄《十二紀・紀首》以為《時則訓》，而頗有變更。」〔註36〕今將《淮南子・時則訓》十二月令之孟春、孟夏、孟秋、孟冬錄於下：

　　　　孟春之月，招搖指寅，昏參中，旦尾中。其位東方，其日甲乙，盛德在木，其蟲鱗，其音角，律中太蔟，其數八，其味酸，其臭膻，其祀戶，祭先脾。東風解凍，蟄蟲始振蘇，魚上負冰，獺祭魚，候雁北。天子衣青衣，乘蒼龍，服蒼玉，建青旗，食麥與羊，服八風水，爨萁燧火。東宮御女青色，衣青采，鼓琴瑟，其兵矛，其畜羊。朝於青陽左個，以出春令。布德施惠，行慶賞，省徭賦。立春之日，天子親率三公、九卿、大夫以迎歲於東郊，修除祠位，幣禱鬼神，犧牲用牡。禁伐木，毋覆巢、殺胎夭，毋麛，毋卵，毋聚眾、置城郭，掩骼薶骴。孟春行夏令，則風雨不時，草木旱落，國乃有恐。行秋令，則其民大疫，飄風暴雨總至，黎莠蓬蒿並興。行冬令，則水潦為敗，雨霜大雹，首稼不入。正月官司空，其樹楊。〔註37〕

　　　　孟夏之月，招搖指巳，昏翼中，旦婺女中。其位南方，其日丙丁，盛德在火，其蟲羽，其音徵，律中仲呂，其數七，其味苦，其臭焦，其祀灶，祭先肺。螻蟈鳴，丘蚓出，王瓜生，苦菜秀。天子衣赤衣，乘赤駵，服赤玉，建赤旗，食菽與雞，服八風水，爨柘燧

〔註34〕徐復觀：《兩漢思想史》（第二卷），上海：華東師範大學出版社，2001年，第9頁。

〔註35〕徐復觀：《兩漢思想史》（第二卷），上海：華東師範大學出版社，2001年，第36頁。

〔註36〕徐復觀：《兩漢思想史》（第二卷），上海：華東師範大學出版社，2001年，第34頁。

〔註37〕劉文典：《淮南鴻烈集解》，北京：中華書局，1989年，第159～161頁。

火，南宮御女赤色，衣赤采，吹竽笙，其兵戟，其畜雞，朝於明堂左個，以出夏令。立夏之日，天子親率三公、九卿、大夫以迎歲於南郊。還，乃賞賜，封諸侯，修禮樂，饗左右。命太尉，贊傑俊，選賢良，舉孝悌，行爵出祿，佐天長養。繼修增高，無有隳壞。毋興土功，毋伐大樹。令野虞，行田原，勸農事，驅獸畜，勿令害穀。天子以雛嘗麥，先薦寢廟。聚畜百藥，靡草死，麥秋至，決小罪，斷薄刑。孟夏行秋令，則苦雨數來，五穀不滋，四鄰入保。行冬令，則草木早枯，後乃大水，敗壞城郭。行春令，則蝱蝗為敗，暴風來格，秀草不實。四月官田，其樹桃。〔註38〕

孟秋之月，招搖指申，昏斗中，旦畢中。其位西方，其日庚辛，盛德在金，其蟲毛，其音商，律中夷則，其數九，其味辛，其臭腥，其祀門，祭先肝。涼風至，白露降，寒蟬鳴，鷹乃祭鳥，用始行戮。天子衣白衣，乘白駱，服白玉，建白旗，食麻與犬，服八風水，爨柘燧火，西宮御女白色，衣白採，撞白鐘，其兵戈，其畜狗，朝於總章左個，以出秋令。求不孝不悌、戮暴傲悍而罰之，以助損氣。立秋之日，天子親率三公、九卿、大夫以迎秋於西郊。還，乃賞軍率武人於朝，命將率，選卒屬兵，簡練桀俊，專任有功，以徵不義，詰誅暴慢，順彼四方。命有司，修法制，繕囹圄，禁奸塞邪，審決獄，平詞訟。天地始肅，不可以贏。是月農始陞穀，天子嘗新，先薦寢廟。命百官，始收斂，完堤防，謹障塞，以備水潦，修城郭，繕宮室，毋以封侯，立大官，行重幣，出大使。行是月令，涼風至三旬。孟秋行冬令，則陰氣大勝，介蟲敗穀，戎兵乃來。行春令，則其國乃旱，陽氣復還，五穀無實。行夏令，則冬多火災，寒暑不節，民多虐疾。七月官庫，其樹楝。〔註39〕

孟冬之月，招搖指亥，昏危中，旦七星中。其位北方，其日壬癸，盛德在水，其蟲介，其音羽，律中應鐘，其數六，其味鹹，其臭腐，其祀井，祭先腎。水始冰，地始凍，雉入大水為蜃，虹藏不見。天子衣黑衣，乘玄驪，服玄玉，建玄旗，食黍與彘，服八風水，爨松燧火，北宮御女黑色，衣黑采，擊磬石，其兵鎩，其畜彘，朝

〔註38〕劉文典：《淮南鴻烈集解》，北京：中華書局，1989年，第167～168頁。
〔註39〕劉文典：《淮南鴻烈集解》，北京：中華書局，1989年，第173～175頁。

於玄堂左個，以出冬令。命有司，修群禁，禁外徒，閉門閭，大搜客，斷罰刑，殺當罪，阿上亂法者誅。立冬之日，天子親率三公、九卿、大夫以迎歲於北郊。還，乃賞死事，存孤寡。是月，命太祝禱祀神位，占龜策，審卦兆，以察吉凶。於是天子始裘，命百官謹蓋藏，命司徒行積聚，修城郭，警門閭，修楗閉，慎管籥，固封璽，修邊境，完要塞，絕蹊徑，飾喪紀，審棺槨衣衾之薄厚，營丘壠之小大高痺，使貴賤卑尊各有等級。是月也，工師效功，陳祭器，案度程，堅致為上。工事苦慢，作為淫巧，必行其罪。是月也，大飲蒸，天子祈來年於天宗，大禱祭於公社，畢，饗先祖。勞農夫，以休息之。命將率講武，肄射御，角力勁。乃命水虞漁師，收水泉池澤之賦，毋或侵牟。孟冬行春令，則凍閉不密，地氣發洩，民多流亡。行夏令，則多暴風，方冬不寒，蟄蟲復出。行秋令，則雪霜不時，小兵時起，土地侵削。十月官司馬，其樹檀。〔註40〕

由此四時教令圖式，可見秦漢雜家四時教令思想之集大成：

第一，秦漢雜家在時令的布局上沒有選擇《管子·四時》和鄒衍所採取的春、夏、秋、冬四季的布局模式，採取的是孟春、仲春、季春、孟夏、仲夏、季夏、孟秋、仲秋、季秋、孟冬、仲冬、季冬十二月的布局模式。秦漢雜家記載了每個月的星象、氣象、物候並制定了每個月的教令，繼承的是《夏小正》十二月的布局模式。與《夏小正》相比，秦漢雜家是發展更加完善的「月令」。秦漢雜家選擇十二月的布局模式是四時教令思想豐富發展的必然要求。隨著社會的發展，至戰國末期，人們觀察世界、認識世界的水平進一步提高，人們將陰陽五行思想應用於社會政治的水平也逐步提高，於是，越來越多的內容被拉入了四時教令思想，以至於每個月都有能構成系統的豐富內容。在這樣的情況下，春、夏、秋、冬四季的布局模式將不能容納如此龐大的內容，所以，秦漢雜家不得不採取十二月的布局模式。

第二，秦漢雜家的四時教令思想增加了一些新的內容。首先，一些新的條目被納入四時教令的五行圖式，諸如五日、五帝、五神、五蟲、五臭、五祀等。還規定天子春季「載青旗，衣青衣，服青玉」，夏季「載赤旗，衣赤衣，服赤玉」，中央土「載黃旗，衣黃衣，服黃玉」，秋季「載白旗，衣白衣，服白玉」，冬季「載玄旗，衣黑衣，服玄玉」。其次，十二律被納入了秦漢雜家的四

〔註40〕劉文典：《淮南鴻烈集解》，北京：中華書局，1989年，第179～181頁。

時教令思想。《呂氏春秋》將十二個月與十二律對應了起來，還認為十二月生了十二律，將二者對應了起來。「中央土」也有「律」相配，「律中黃鐘之宮」。黃鐘之宮是一個比較特別的「律」，《呂氏春秋·古樂》曰：「黃鐘之宮，皆可以生之，故曰黃鐘之宮，律呂之本。」〔註41〕黃鐘之宮可以產生十二律，是「律呂之本」。「土」在五行之中處於中央的位置，也擁有特別的身份，具有統領的作用。所以，從這個角度來說，「中央土」對應「黃鐘之宮」也是很「般配」的。最後，「明堂」說被納入了秦漢雜家的四時教令思想。《逸周書·明堂》曰：「明堂，明諸侯之尊卑也，故周公建焉，而明諸侯於明堂之位。」〔註42〕明堂是明確諸侯尊卑地位的地方。高誘注曰：「青陽者，明堂也，中方外圜，通達四出，各有左右房謂之個。個，猶隔也。東出謂之青陽，南出謂之明堂，西出謂之總章，北出謂之玄堂。」〔註43〕這裡說的是天子住在明堂裏，每月變換一個房間。

　　《淮南子》更是在《呂氏春秋》的基礎上增加了兵、畜、官、樹四項，例如孟春之月，其兵矛，其畜羊，正月官司空，其樹楊。《淮南子》還增加了「御女」一項：孟春之月，東宮御女青色，衣青采，鼓琴瑟；孟夏之月，南宮御女赤色，衣赤採，吹竽笙；季夏之月，中宮御女黃色，衣黃采；孟秋之月，西宮御女白色，衣白采，撞白鐘；孟冬之月，北宮御女黑色，衣黑采，擊磬石。張雙棣先生認為《淮南子》增加「御女」一項與當時「御女養生之術」相關〔註44〕。

　　徐復觀《兩漢思想史》曰：「《十二紀》是綜貫天地人以建立政治的最高原則，這表現了他們很大的野心。要對此作一確切的瞭解，應當自鄒衍的思想說起；因為《十二紀》的成立，是鄒衍的陰陽五行思想發展的結果。」〔註45〕《淮南子》更是將《呂氏春秋》創立的秦漢雜家四時教令思想進一步豐富完善。

　　然而，在陰陽與五行的合流上、在四時與五行的配對上，秦漢雜家的兩個

〔註41〕陳奇猷：《呂氏春秋新校釋》，上海：上海古籍出版社，2002年，第288頁。
〔註42〕黃懷信：《逸周書校補注譯》，西安：西北大學出版社，1996年，第311頁。
〔註43〕《呂氏春秋·孟春》注〔一三〕，陳奇猷《呂氏春秋新校釋》，上海：上海古籍出版社，2002年，第7頁。
〔註44〕張雙棣：《淮南子校釋》，北京：北京大學出版社，2013年，第535～536頁。
〔註45〕徐復觀：《兩漢思想史》（第二卷），上海：華東師範大學出版社，2001年，第3頁。

代表作《呂氏春秋》《淮南子》又存在區別，《呂氏春秋》選擇的模式是來自《管子‧四時》，而《淮南子》則是來自鄒衍。《呂氏春秋》在春、夏、秋、冬四季的中間季夏、孟秋之間增設了一個「中央土」，這是《管子‧四時》將陰陽與五行進行合流時所採取的處理方法。「中央土」是獨立的，沒有融入時令，不屬於春、夏、秋、冬任何一季，不佔有時日，是虛設。《淮南子》採取的是鄒衍所增設的「季夏」，「季夏」是夏季的第三個月，是現實的存在。「季夏」是時令，可以融入春、夏、秋、冬，並在名稱上取得一致，這是鄒衍所增設的「季夏」的優點。但是，鄒衍的這一處理方法存在一個缺陷，那就是與木、火、土、金、水所對應的時令的日數是不平衡的，春是三個月、夏是二個月、季夏是一個月、秋是三個月、冬是三個月。可見二者的處理方式都有自己的優缺點。

三、順時施令之追求

　　《淮南子‧要略》解釋撰《時則訓》之目的曰：「《時則》者，所以上因天時，下盡地力，據度行當，合諸人則，形十二節，以為法式，終而復始，轉於無極，因循仿依，以知禍福，操舍開塞，各有龍忌，發號施令，以時教期，使君人者知所以從事。」〔註46〕《淮南子》指出《時則訓》之四時教令上因天時，下盡地力，合諸人則，發號施令，以時教期，使君人者知所以從事也，即四時教令追求順時施令。

　　「四時教令」的執行還有一個原則，即《呂氏春秋‧孟春》所說的：「無變天之道，無絕地之理，無亂人之紀。」〔註47〕

　　《淮南子‧本經訓》曰：「四時者，春生夏長，秋收冬藏，取予有節，出入有時，開合張歙，不失其敘，喜怒剛柔，不離其理。」〔註48〕

　　四時教令所追求的順時施令，大致春令言生，夏令言長，秋令言收，冬令言藏：

（一）春生

　　春季是一個「生」的季節，萬物復蘇，開始萌生。在「生」的季節裏，教令都必須「便生」，不得「害生」。《孟春》曰：「是月也，天氣下降，地氣上騰，天地和同，草木繁動。王布農事：命田舍東郊，皆修封疆，審端徑術，善

〔註46〕劉文典：《淮南鴻烈集解》，北京：中華書局，1989年，第702頁。
〔註47〕陳奇猷：《呂氏春秋新校釋》，上海：上海古籍出版社，2002年，第2頁。
〔註48〕劉文典：《淮南鴻烈集解》，北京：中華書局，1989年，第259頁。

相丘陵阪險原隰，土地所宜，五穀所殖，以教道民，以躬親之。田事既飭，先定準直，農乃不惑。是月也，命樂正入學習舞。乃修祭典，命祀山林川澤，犧牲無用牝。禁止伐木，無覆巢，無殺孩蟲胎夭飛鳥，無麛無卵，無聚大眾，無置城郭，揜骼霾髊。是月也，不可以稱兵，稱兵必有天殃。兵戎不起，不可以從我始。」〔註49〕孟春，草木萌動，是種植莊稼的時節，所以「王布農事」，修整土地，種植五穀，令五穀「生」。孟春，「害生」的事不能做，「禁止伐木，無覆巢，無殺孩蟲胎夭飛鳥」，「不可以稱兵」。

《季春》曰：「是月也，生氣方盛，陽氣發洩，生者畢出，萌者盡達，不可以內。天子布德行惠，命有司，發倉窌，賜貧窮，振乏絕，開府庫，出幣帛，周天下，勉諸侯，聘名士，禮賢者。是月也，命司空曰：『時雨將降，下水上騰；循行國邑，周視原野；修利堤防，導達溝瀆，開通道路，無有障塞；田獵罼弋，罝罘羅網，餧獸之藥，無出九門。』」〔註50〕季春，生氣旺盛，陽氣發洩，不可以收納財物，所以，「君」命開倉廩幫助窮困、救濟貧乏，開府庫勉勵諸侯、禮待賢士。「君」這樣做都是為了「便生」。修堤防有利於莊稼生長，通道路有利於百姓生活，也都是為了「便生」。「田獵罼弋，罝罘羅網，餧獸之藥，無出九門」，就不能「害生」，也是為了「便生」。總之，春令「便生」，不「害生」。

（二）夏長

夏季是一個「長」的季節，陽光充足，雨水豐沛，很適合「長」，教令必須「便長」。《孟夏》曰：「是月也，繼長增高，無有壞墮。無起土功，無發大眾，無伐大樹。是月也，天子始絺。命野虞，出行田原，勞農勸民，無或失時。命司徒，循行縣鄙。命農勉作，無伏於都。是月也，驅獸無害五穀。無大田獵。」〔註51〕又《季夏》曰：「是月也，樹木方盛，乃命虞人入山行木，無或斬伐。不可以興土功，不可以合諸侯，不可以起兵動眾。無舉大事，以搖盪於氣。無發令而干時，以妨神農之事。水潦盛昌，命神農，將巡功。舉大事則有天殃。」〔註52〕夏季，「繼長增高」、「樹木方盛」，所行教令不能起破壞作

〔註49〕陳奇猷：《呂氏春秋新校釋》，上海：上海古籍出版社，2002 年，第 2 頁。

〔註50〕陳奇猷：《呂氏春秋新校釋》，上海：上海古籍出版社，2002 年，第 123～124 頁。

〔註51〕陳奇猷：《呂氏春秋新校釋》，上海：上海古籍出版社，2002 年，第 189 頁。

〔註52〕陳奇猷：《呂氏春秋新校釋》，上海：上海古籍出版社，2002 年，第 315 頁。

用，「無起土功，無發大眾，無伐大樹」，「無大田獵」，「不可以興土功，不可以合諸侯，不可以起兵動眾」，皆屬此類。五穀正在生長，需要農民的管理，所以，命有司「勞農勸民，無或失時」，「命農勉作，無伏於都」，「無發令而干時，以妨神農之事」。總之，夏令「便長」，不「害長」。

（三）秋收

「收」是何意？秋天是收穫的季節，「收」有收穫、收斂的意思；秋天給人蕭殺的感覺，「收」也有「殺」的意思在裏面。秋季，農作物成熟等待收穫，農民收割莊稼，政府收斂賦稅，所以，秋令多言收穫、收斂之事，《孟秋》曰「是月也，農乃升穀。天子嘗新，先薦寢廟。命百官，始收斂」〔註53〕，《仲秋》曰「是月也，可以築城郭，建都邑，穿竇窖，修囷倉。乃命有司，趣民收斂，務蓄菜，多積聚」〔註54〕，《季秋》曰「是月也，申嚴號令。命百官貴賤，無不務入，以會天地之藏，無有宣出。命冢宰，農事備收，舉五種之要，藏帝籍之收於神倉，祗敬必飭。是月也，霜始降，則百工休。乃命有司曰：『寒氣總至，民力不堪，其皆入室。』」〔註55〕

秋季蕭殺，可以用兵，外可以征不義、誅暴慢，內可以懲邪惡、除奸凶，所以，秋令又多言「殺」。《孟秋》曰：「立秋之日，天子親率三公九卿諸侯大夫以迎秋於西郊。還，乃賞軍率武人於朝。天子乃命將帥，選士厲兵，簡練桀儁；專任有功，以征不義；詰誅暴慢，以明好惡；巡彼遠方。是月也，命有司，修法制，繕囹圄，具桎梏，禁止奸，慎罪邪，務搏執。命理，瞻傷察創，神折審斷；決獄訟，必正平；戮有罪，嚴斷刑。天地始肅，不可以贏。」〔註56〕總之，秋令言「收斂」和「殺戮」。

（四）冬藏

冬季寒冷，萬物閉藏，所以，冬令多言「藏」。《孟冬》曰：「是月也，天子始裘。命有司曰：『天氣上騰，地氣下降，天地不通，閉而成冬。』令百官，謹蓋藏。命司徒，循行積聚，無有不斂；附城郭，戒門閭，修楗閉，慎關鑰，固封璽，備邊境，完要塞，謹關梁，塞蹊徑，飭喪紀，辨衣裳，審棺槨之厚

〔註53〕陳奇猷：《呂氏春秋新校釋》，上海：上海古籍出版社，2002年，第381頁。
〔註54〕陳奇猷：《呂氏春秋新校釋》，上海：上海古籍出版社，2002年，第427頁。
〔註55〕陳奇猷：《呂氏春秋新校釋》，上海：上海古籍出版社，2002年，第473頁。
〔註56〕陳奇猷：《呂氏春秋新校釋》，上海：上海古籍出版社，2002年，第380～381頁。

薄，營丘壟之小大高卑薄厚之度，貴賤之等級。」〔註57〕又《仲冬》曰：「命有司曰：『土事無作，無發蓋藏，無起大眾，以固而閉。』發蓋藏，起大眾，地氣且泄，是謂發天地之房。諸蟄則死，民多疾疫，又隨以喪，命之曰暢月。是月也，命閹尹、申宮令，審門閭，謹房室，必重閉。」又曰：「是月也，可以罷官之無事者，去器之無用者。塗闕庭門閭，築囹圄，此所以助天地之閉藏也。」〔註58〕

《季冬》曰：「令告民，出五種。命司農，計耦耕事，修耒耜，具田器。」〔註59〕季冬是一年之末，即將冬盡春來，所以，又令揀擇種子、修理農具，準備開始下一輪的春生、夏長、秋收、冬藏。

四、違時施令之禍災

四時教令思想所包含的由於違時施令而產生的相應禍災，是「反面教材」，具有重要的警示作用。它其實是從相反的角度對四時教令思想所作的論述和補充，不違背四時教令思想「務時而寄政」的精神。《管子‧四時》曰：「春凋、秋榮、冬雷、夏有霜雪，此皆氣之賊也。刑德易節，失次則賊氣遫至，賊氣遫至，則國多災殃。是故聖王務時而寄政焉。」〔註60〕「春凋、秋榮、冬雷、夏有霜雪」都是政令的施行違背了時節所導致的結果，是「刑德易節」的表現。「刑德易節」會給國家帶來眾多的災殃，聖王要順應時節而立政，即「務時而寄政」。《管子‧四時》又曰：「德始於春，長於夏。刑始於秋，流於冬。刑德不失，四時如一。刑德離鄉，時乃逆行。作事不成，必有大殃。」〔註61〕春生、夏長、秋收、冬藏，春夏為德，秋冬為刑，這是「刑德不失，四時如一」。四時教令要按照這樣的順序來制定，否則就會導致「時乃逆行」「必有大殃」的嚴重後果。這也就是《管子‧四時》所說的「刑德合於時則生福，詭則生禍」〔註62〕。

《逸周書‧周月》曰：「萬物春生、夏長、秋收、冬藏，天地之正氣，四

〔註57〕陳奇猷：《呂氏春秋新校釋》，上海：上海古籍出版社，2002年，第523頁。
〔註58〕陳奇猷：《呂氏春秋新校釋》，上海：上海古籍出版社，2002年，第574、575頁。
〔註59〕陳奇猷：《呂氏春秋新校釋》，上海：上海古籍出版社，2002年，第622頁。
〔註60〕黎翔鳳：《管子校注》，北京：中華書局，2004年，第855頁。
〔註61〕黎翔鳳：《管子校注》，北京：中華書局，2004年，第857頁。
〔註62〕黎翔鳳：《管子校注》，北京：中華書局，2004年，第838頁。

時之極，不易之道。」〔註63〕四時教令就是按照春生、夏長、秋收、冬藏的規律來制定的，違背了這一規律就會有禍災出現。違時施令就會伴隨相應的禍災，這也是四時教令思想的內容之一。今錄《呂氏春秋》所載違時施令所伴隨的禍災於下：〔註64〕

　　孟春行夏令，則風雨不時，草木早槁，國乃有恐。行秋令，則民大疫，疾風暴雨數至，藜莠蓬蒿並興。行冬令，則水潦為敗，霜雪大摯，首種不入。

　　仲春行秋令，則其國大水，寒氣總至，寇戎來征。行冬令，則陽氣不勝，麥乃不熟，民多相掠。行夏令，則國乃大旱，暖氣早來，蟲螟為害。

　　季春行冬令，則寒氣時發，草木皆肅，國有大恐。行夏令，則民多疾疫，時雨不降，山陵不收。行秋令，則天多沉陰，淫雨早降，兵革並起。

　　孟夏行秋令，則苦雨數來，五穀不滋，四鄙入保。行冬令，則草木早枯，後乃大水，敗其城郭。行春令，則蟲蝗為敗，暴風來格，秀草不實。

　　仲夏行冬令，則雹霰傷穀，道路不通，暴兵來至。行春令，則五穀晚熟，百螣時起，其國乃饑。行秋令，則草木零落，果實早成，民殃於疫。

　　季夏行春令，則穀實解落，國多風咳，人乃遷徙。行秋令，則丘隰水潦，禾稼不熟，乃多女災。行冬令，則寒氣不時，鷹隼早鷙，四鄙入保。

　　孟秋行冬令，則陰氣大勝，介蟲敗穀，戎兵乃來。行春令，則其國乃旱，陽氣復還，五穀不實。行夏令，則多火災，寒熱不節，民多瘧疾。

　　仲秋行春令，則秋雨不降，草木生榮，國乃有大恐。行夏令，則其國旱，蟄蟲不藏，五穀復生。行冬令，則風災數起，收雷先行，草木早死。

〔註63〕黃懷信：《逸周書校補注譯》，西安：西北大學出版社，1996年，第272頁。
〔註64〕《淮南子‧時則訓》與《呂氏春秋》一樣，也強調了違時施令之禍災，不再一一羅列論述。

　　季秋行夏令，則其國大水，冬藏殃敗，民多鼽窒。行冬令，則
國多盜賊，邊境不寧，土地分裂。行春令，則暖風來至，民氣解墮，
師旅必興。

　　孟冬行春令，則凍閉不密，地氣發洩，民多流亡。行夏令，則
國多暴風，方冬不寒，蟄蟲復出。行秋令，則雪霜不時，小兵時起，
土地侵削。

　　仲冬行夏令，則其國乃旱，氣霧冥冥，雷乃發聲。行秋令，則
天時雨汁，瓜瓠不成，國有大兵。行春令，則蟲螟為敗，水泉減竭，
民多疾癘。

　　季冬行秋令，則白露蚤降，介蟲為妖，四鄰入保。行春令，則
胎夭多傷，國多固疾，命之曰逆。行夏令，則水潦敗國，時雪不降，
冰凍消釋〔註65〕。

　　對比《逸周書・時訓》與《管子・四時》，我們會發現二者所記載的禍災
在性質上存在不同。《逸周書・時訓》所記載的多是與社會政治相關的禍災，
如：號令不行、甲冑私藏、國多盜賊、遠人不服；《管子・四時》所記載的則
多是自然禍災，如：春天凋落、秋天榮發、夏天霜雪、冬天風雷，也就是《管
子・四時》所謂的「春凋、秋榮、冬雷、夏有霜雪」〔註66〕。秦漢雜家所載
的違時施令所伴隨的禍災則綜合了《逸周書・時訓》與《管子・四時》，既包
括自然禍災，又包括與社會政治相關的禍災。例如，「孟春行夏令，則風雨不
時，草木早槁，國乃有恐。行秋令，則民大疫，疾風暴雨數至，藜莠蓬蒿並
興。行冬令，則水潦為敗，霜雪大摯，首種不入」，其中「風雨不時，草木早
槁」「疾風暴雨數至，藜莠蓬蒿並興」「水潦為敗，霜雪大摯」屬於自然禍災；
「國乃有恐」「民大疫」「首種不入」屬於與社會政治相關的禍災。

　　十二紀紀首，一般被認為是「月令」。《禮記・月令》正義引鄭玄《三禮目
錄》曰：「名曰『月令』者，以其記十二月政之所行也，本《呂氏春秋》十二
月紀之首章也，以禮家好事抄合之。」〔註67〕徐復觀先生說：「《月令》全抄
《十二紀・紀首》；其不同者，正如孔穎達所說，『不過三五字別』。而這些

〔註65〕上錄十二段引文依次分別見陳奇猷《呂氏春秋新校釋》，上海：上海古籍出版
　　　　社，2002年，第2、65、124、189、245、315、381、427、474、523、575、
　　　　623頁。
〔註66〕黎翔鳳：《管子校注》，北京：中華書局，2004年，第855頁。
〔註67〕孔穎達：《禮記正義》，《十三經注疏》，北京：中華書局，1980年，第1352頁。

三五字別，其義多以《十二紀》為長。可以說，《淮南子》的《時則訓》，是加了他們自己的意見和其他材料到裏面；而《禮記·月令》，則是對《十二紀·紀首》作全面承認的。《月令》在兩漢的影響，即是《呂氏春秋·十二紀·紀首》的影響。」〔註68〕筆者贊同鄭玄、徐復觀的看法。

蔡邕《明堂月令論》曰：「因天時，制人事，天子發號施令，祀神受職，每月異禮，故謂之月令。」〔註69〕《呂氏春秋》十二紀紀首、《淮南子·時則訓》就是「因天時，制人事」，即根據一年四季天時的變化來制定政令，尤其是制定天子的行為規範。比如孟春之月，天子要於立春之日率領臣下「迎春於東郊」，天子要於元日「祈穀於上帝」，天子要「擇元辰」率領臣下「躬耕帝籍田」；天子「不可以稱兵」。天子的行為準則是「無變天之道，無絕地之理，無亂人之紀」〔註70〕。

此外《呂氏春秋·明理》還著重論述了逆時施政所產生的怪異災禍：

> 五帝三王之於樂盡之矣。亂國之主，未嘗知樂者，是常主也。夫有天賞得為主，而未嘗得主之實，此之謂大悲。是正坐於夕室也，其所謂正，乃不正矣。凡生非一氣之化也，長非一物之任也，成非一形之功也。故眾正之所積，其福無不及也；眾邪之所積，其禍無不逮也。其風雨則不適，其甘雨則不降，其霜雪則不時，寒暑則不當，陰陽失次，四時易節，人民淫爍不固，禽獸胎消不殖，草木庳小不滋，五穀萎敗不成，其以為樂也，若之何哉？故至亂之化，君臣相賊，長少相殺，父子相忍，弟兄相誣，知交相倒，夫妻相冒，日以相危，失人之紀，心若禽獸，長邪苟利，不知義理。其雲狀：有若犬、若馬、若白鵠、若眾車；有其狀若人，蒼衣赤首，不動，其名曰天衝；有其狀若懸釜而赤，其名曰雲旌；有其狀若眾馬以鬥，其名曰滑馬；有其狀若眾植華以長，黃上白下，其名蚩尤之旗。其日有鬥蝕，有倍僪，有暈珥，有不光，有不及景，有眾日並出，有晝盲，有宵見。其月有薄蝕，有暈珥，有偏盲，有四月並出，有二月並見，有小月承大月，有大月承小月，有月蝕星，有出

〔註68〕徐復觀：《兩漢思想史》（第二卷），上海：華東師範大學出版社，2001年，第39頁。

〔註69〕蔡邕：《蔡中郎集》，張溥《漢魏六朝百三名家集》，掃葉山房藏版。

〔註70〕《呂氏春秋·孟春》，陳奇猷：《呂氏春秋新校釋》，上海：上海古籍出版社，2002年，第1～2頁。

而無光。其星有熒惑，有彗星，有天棓，有天欃，有天竹，有天英，有天干，有賊星，有斗星，有賓星。其氣有上不屬天，下不屬地，有豐上殺下，有若水之波，有若山之楫，春則黃，夏則黑，秋則蒼，冬則赤。其妖孽有生如帶，有鬼投其陴，有菟生雉，雉亦生鴳，有螟集其國，其音訇訇，國有游蛇西東，馬牛乃言，犬彘乃連，有狼入於國，有人自天降，市有舞鴟，國有行飛，馬有生角，雄雞五足，有豕生而彌，雞卵多毈，有社遷處，有豕生狗。國有此物，其主不知驚惶亟革，上帝降禍，凶災必亟。其殘亡死喪，殄絕無類，流散循饑無日矣。此皆亂國之所生也，不能勝數，盡荊、越之竹，猶不能書。〔註71〕

亂國之主，違時施令，則出現以上眾多不祥之兆和災禍。國家出現了以上所列不祥之兆，那是君主未法天順時、胡作非為所致，如果此時能有所察覺，順時施令，順天應人，那麼這些怪異之相就會消失，國家也會轉危為安，否則，國家將會大亂，甚至滅亡。

第二節　君無為而臣有為

「君」為什麼要無為？「道」無為，「天」無為，「君」法「道」、法「天」，所以，「君」無為，這是其一。其二，治國的現實情況也逼迫「君無為」。《呂氏春秋·知度》曰：「人主自智而愚人，自巧而拙人，若此則愚拙者請矣，巧智者詔矣。詔多則請者愈多矣，請者愈多，且無不請也。主雖巧智，未無不知也。以未無不知，應無不請，其道固窮。為人主而數窮於其下，將何以君人乎？」〔註72〕《淮南子·主術訓》曰：「君人者不任能，而好自為之，則智日困而自負其責也。數窮於下則不能伸理，行墮於國則不能專制，智不足以為治，威不足以行誅，則無以與天下交也〔註73〕。」〔註74〕如果「君」自智、自巧、「好自為之」，凡事皆親自裁決，那麼愚拙之「臣」就會事事都向「君」請示，「君」不能事事皆知，治術必將窮盡。治術窮盡，何以為「君」？即使

〔註71〕陳奇猷：《呂氏春秋新校釋》，上海：上海古籍出版社，2002 年，第 362～363頁。
〔註72〕陳奇猷：《呂氏春秋新校釋》，上海：上海古籍出版社，2002 年，第 1103 頁。
〔註73〕王念孫曰「與天下交」當作「與下交」。
〔註74〕劉文典：《淮南鴻烈集解》，北京：中華書局，1989 年，第 299 頁。

治術「不盡」，天下大小之事皆由「君」一人裁決，「君」也得累死。《呂氏春秋・勿躬》曰：「用則衰，動則暗，作則倦。衰、暗、倦三者非君道也。」〔註75〕「有為」必定衰、暗、倦，衰、暗、倦不是君道，所以，「君無為」。秦始皇大小事皆親自裁決，秦始皇的早死當與其過度勞累有相當關係。

　　「君無為而臣有為」思想又包括四個方面：第一，因循思想。「君無為而臣有為」這一政治思想可以用《呂氏春秋・任數》所說的「因者，君術也；為者，臣道也」〔註76〕來表達。《淮南子・主術訓》亦曰：「人主之術，處無為之事，而行不言之教，清靜而不動，一度而不搖，因循而任下，責成而不勞。」〔註77〕又《淮南子・要略》曰：「《主術》者，君人之事也，所以因作任督責，使群臣各盡其能也。明攝權操柄，以制群下，提名責實，考之參伍，所以使人主秉數執要，不妄喜怒也。其數直施而正邪，外私而立公，使百官條通而輻輳，各務其業，人致其功，此主術之明也。」〔註78〕人主之術就是處無為之事，「因循而任下，責成而不勞」，使「百官條通而輻輳，各務其業，人致其功」。

　　第二，重生思想。秦漢雜家所謂的「重生」指的是「君重生」，強調「君」不承擔具體的治國事務以防「累形」。按照秦漢雜家的理論，「臣」和「民」是不可能做到「重生」的。「臣」承擔所有具體的治國事務，孫叔敖幫助楚莊王治理楚國，管仲幫助齊桓公治理齊國，都是日夜憂勞，極不「便生」，故秦漢雜家所謂的「重生」不是對「臣」而言的。「民」遭受壓迫和剝削，辛苦勞作，不可能不「累形」，故所謂的「重生」也不是對「民」而言的。「重生」只是對「君」而言的，如劉元彥先生所說：「《呂氏春秋》雖然也主張貴生、重己，但這一要求不是對大家說的，而是只對天子提出的，只適用於天子而不適用於其他人。」〔註79〕

　　「君重生」就是「君無為」，「重生」與「無為」是一體的。要「重生」就必須清靜無為，只有清靜無為才能「重生」，才是「重生」。「重生」與「無為」被統一在「君」的身上。「君重生」，「君無為」，但是，國家還得治理，那就只

〔註75〕陳奇猷：《呂氏春秋新校釋》，上海：上海古籍出版社，2002年，第1088頁。
〔註76〕陳奇猷：《呂氏春秋新校釋》，上海：上海古籍出版社，2002年，第1076頁。
〔註77〕劉文典：《淮南鴻烈集解》，北京：中華書局，1989年，第269頁。
〔註78〕劉文典：《淮南鴻烈集解》，北京：中華書局，1989年，第703頁。
〔註79〕劉元彥：《〈呂氏春秋〉：兼容並蓄的雜家》，北京：生活・讀書・新知三聯書店，2008年，第53頁。

有依靠「臣」，要「臣有為」。「君重生」，「君無為」，所以，但凡具體的治國事務「君」都不可躬身為之。《呂氏春秋・勿躬》曰：「聖王之所不能也、所以能之也，所不知也、所以知之也。養其神、修其德而化矣，豈必勞形愁弊耳目哉？是故聖王之德，融乎若月之始出，極燭六合而無所窮屈；昭乎若日之光，變化萬物而無所不行。神合乎太一，生無所屈，而意不可障；精通乎鬼神，深微玄妙，而莫見其形。今日南面，百邪自正，而天下皆反其情，黔首畢樂其志、安育其性、而莫為不成。故善為君者，矜服性命之情，而百官已治矣，黔首已親矣，名號已章矣。」〔註80〕「君」不必什麼技能都自己會，不必什麼事情都自己做；「君」不能而用人之「能」，「君」無為而用人之「為」就可以成為「賢君」。賢君「養其神、修其德而化矣，豈必勞形愁弊耳目哉」？賢君神合乎太一、精通乎鬼神，隨順性命之情，則百官、黔首各盡其職，天下「治」，即所謂「善為君者，矜服性命之情，而百官已治矣，黔首已親矣，名號已章矣」。

　　第三，分職思想。法家強調分職，《商君書・君臣》曰：「地廣民眾萬物多，故分五官而守之。」〔註81〕對於一個國家來說，需要處理的大大小小的、各種各樣的事務非常多，所以，法家指出要通過分職來處理，即「分五官而守之」。無疑，分工勞作可以提高工作效率，可以提高勞動生產率。法家的「分職」強調「臣」不得越權從事，秦漢雜家的「分職」則多強調「君」不得越權做「臣」之事，「君」應該「無為」。

　　「君無為而臣有為」其實就是一種「分職」。《呂氏春秋・審分》曰：「凡為善難，任善易。奚以知之？人與驥俱走，則人不勝驥矣；居於車上而任驥，則驥不勝人矣。人主好治人官之事，則是與驥俱走也，必多所不及矣。」〔註82〕「君」「臣」各有分職，「君」喜歡做「臣」之事就好比人與駿馬賽跑，是荒唐之事。《呂氏春秋・分職》曰：「人主之所惑者則不然，以其智強智，以其能強能，以其為強為，此處人臣之職也。處人臣之職而欲無壅塞，雖舜不能為。」〔註83〕「君」強智、強能、強為，是「君」在做「臣」之事，必定壅塞不通。《淮南子・繆稱訓》曰：「君不與臣爭功，而治道通矣。」〔註84〕「君」

〔註80〕陳奇猷：《呂氏春秋新校釋》，上海：上海古籍出版社，2002 年，第 1088～1089 頁。
〔註81〕蔣禮鴻：《商君書錐指》，北京：中華書局，1986 年，第 129 頁。
〔註82〕陳奇猷：《呂氏春秋新校釋》，上海：上海古籍出版社，2002 年，第 1039 頁。
〔註83〕陳奇猷：《呂氏春秋新校釋》，上海：上海古籍出版社，2002 年，第 1666 頁。
〔註84〕劉文典：《淮南鴻烈集解》，北京：中華書局，1989 年，第 333 頁。

就應該清靜無為，具體的事務讓「臣」去做，讓「臣」有為，「臣」有為也就是「君」有為。「君」看似「無為」，其實「有為」，也就是「君無為而無不為」。

第四，正名思想。《淮南子・要略》曰：「《主術》者，君人之事也，所以因作任督責，使群臣各盡其能也。明攝權操柄，以制群下，提名責實，考之參伍，所以使人主秉數執要，不妄喜怒也。」〔註85〕「提名責實」，督責群臣，是君主要做的事情。「君無為而臣有為」，「君」要審查「臣」是不是真的「有為」，即「君」要對「臣」的政績進行評價。但，名實不符必然混淆視聽，影響「君」對「臣」的判斷。《呂氏春秋・正名》曰：「凡亂者，刑名不當也。人主雖不肖，猶若用賢，猶若聽善，猶若為可者。其患在乎所謂賢、從不肖也，所為善、而從邪辟，所謂可、從悖逆也，是刑名異充而聲實異謂也。」〔註86〕名實不符，則賢與不肖、善與邪辟、可與悖逆相似，則「君」不能辨別「臣」之是非、忠奸、善惡，所以，「君」用「臣」一定要「正名」。「君」聽「臣」之言一定要提名責實。《呂氏春秋・審應》曰：「人主出聲應容，不可不審。凡主有識，言不欲先。人唱我和，人先我隨。以其出為之入，以其言為之名，取其實以責其名，則說者不敢妄言，而人主之所執其要矣。」〔註87〕「君」「以其言為之名，取其實以責其名」，則「臣」不敢妄言，這是「君」聽言的要領。又《呂氏春秋・勿躬》曰：「凡君也者，處平靜、任德化以聽其要，若此則形性彌贏，而耳目愈精；百官慎職，而莫敢愉綖；人事其事，以充其名。名實相保，之謂知道。」〔註88〕「君」清靜無為，「處平靜、任德化以聽其要」，則「耳目愈精」，自然能循名責實。「君」能循名責實，則「百官慎職」，「人事其事」，「名實相保」。即「正名」是「君無為」而能用「臣」並使「臣有為」的一個重要方法。

一、「因者，君術也；為者，臣道也」

（一）「因」思想之發展

我們這裡所討論的「因」是一個哲學範疇，是哲學意義上的「因」，具有因循、順應、憑藉等意思，具體指遵循自然、依順時勢、憑藉外物等等。

「因」作為哲學範疇是道家的發明。《老子》書中雖然沒有「因」這個字，

〔註85〕劉文典：《淮南鴻烈集解》，北京：中華書局，1989 年，第 703 頁。
〔註86〕陳奇猷：《呂氏春秋新校釋》，上海：上海古籍出版社，2002 年，第 1029 頁。
〔註87〕陳奇猷：《呂氏春秋新校釋》，上海：上海古籍出版社，2002 年，第 1151 頁。
〔註88〕陳奇猷：《呂氏春秋新校釋》，上海：上海古籍出版社，2002 年，第 1089～1090 頁。

但是老子的思想裏已經包含了因循、順應、憑藉等思想觀念。王弼本《老子》第二十五章曰：「人法地，地法天，天法道，道法自然。」〔註89〕這裡的「法」就具有因循、順應、憑藉等意思，當對「因」這一哲學範疇的提出具有重要的啟迪作用。

黃老學派推崇「因」、講究「因」，黃老學派形成於戰國時期，今見最早的黃老學派著作是帛書《黃帝四經》，它的成書年代不晚於戰國中期。〔註90〕帛書《黃帝四經》對於研究黃老學派的思想非常重要。

黃老學派的重要著作《黃帝四經》推崇「因」，《十大經·觀》載黃帝曰「弗因則不成」〔註91〕，《十大經·果童》曰「人有其中，物又（有）其刑（形），因之若成」〔註92〕。不「因」不能成事，「因」之就能成事，足見帛書《黃帝四經》對「因」之重視程度。《黃帝四經·稱》曰：「聖人不為始，不剸（專）己，不豫謀，不為得，不辭福，因天之則。」〔註93〕陳鼓應先生翻譯說：「做為聖人，不先動、不偏執一己之見，天時未到便不豫先謀劃、而天時到了也不可失去時機，不謀求索取、而福祥來至也不可放過：總之要因順上天的法則。」〔註94〕這句話概括了黃老學派的重要思想，「因」思想是其中的一個重要方面。

帛書《黃帝四經》也十分重視「因時」，《黃帝四經·十大經·兵容》曰：「兵不刑天，兵不可動；不法地，兵不可昔（措）；刑法不人，兵不可成。參□□□□□□□□□□之，天地刑之，聖人因而成之。聖人之功，時為之庸，因時秉〔宜〕，〔兵〕必有成功。聖人不達刑，不襦傳。因天時，與之皆斷；當斷不斷，反受其亂。」〔註95〕「刑法不人」，陳鼓應認為當作「不法人」。

〔註89〕高明：《帛書老子校注》，北京：中華書局，1996 年，第 353 頁。

〔註90〕陳鼓應：《關於帛書〈黃帝四經〉成書年代等問題的研究》，陳鼓應《黃帝四經今注今譯：馬王堆漢墓出土帛書》，北京：商務印書館，2007 年，第 41 頁。

〔註91〕陳鼓應：《黃帝四經今注今譯：馬王堆漢墓出土帛書》，北京：商務印書館，2007 年，第 210 頁。

〔註92〕陳鼓應：《黃帝四經今注今譯：馬王堆漢墓出土帛書》，北京：商務印書館，2007 年，第 245 頁。

〔註93〕陳鼓應：《黃帝四經今注今譯：馬王堆漢墓出土帛書》，北京：商務印書館，2007 年，第 348 頁。

〔註94〕陳鼓應：《黃帝四經今注今譯：馬王堆漢墓出土帛書》，北京：商務印書館，2007 年，第 351 頁。

〔註95〕陳鼓應：《黃帝四經今注今譯：馬王堆漢墓出土帛書》，北京：商務印書館，2007 年，第 280 頁。

用兵講究「刑天」、「法地」、「法人」，也就是用兵要重視「因」，即因天、因地、因人，尋求天時、地利、人和三者完美結合的境界。其中，「天時」又得到特別的強調，「聖人之功，時為之庸，因時秉〔宜〕，〔兵〕必有成功」，即聖人之所以能夠成功，是因為聖人掌握了天時並好好地利用它，順應天時、把握時宜，用兵就能成功。作為聖人，要刑罰得當、果斷誠信，而更關鍵的是要「因天時」，因順天時，當機立斷，否則，當斷不斷，反受其亂。又《黃帝四經·經法·君正》曰：「天有死生之時，國有死生之正（政）。因天之生也以養生，胃（謂）之文；因天之殺也以伐死，胃（謂）之武；〔文〕武並行，則天下從矣。」〔註96〕「天有死生之時」，順應天之當生之時來養生，稱作「文」；順應天之當殺之時來伐死，稱作「武」，文武並用，天下服從。這裡依然是在強調因順天時。

稷下道家進一步發展了「因」思想。「《管子》四篇」（即《內業》《心術上》《心術下》《白心》）被認為是稷下道家的著作，代表了稷下道家的思想。《管子·心術上》曰：「無為之道，因也。因也者，無益無損也。以其形，因為之名，此因之術也。」又曰：「其應，非所設也。其動，非所取也。此言因也。因也者，捨己而以物為法者也。感而後應，非所設也。緣理而動，非所取也。過在自用，罪在變化。自用則不虛，不虛則仵於物矣。變化則為生，為生則亂矣。故道貴因。因者，因其能者，言所用也。君子之處也，若無知，言至虛也。其應物也，若偶之，言時適也。若影之象形，響之應聲也。故物至則應，過則舍矣。舍矣者，言復所於虛也。」〔註97〕何謂「因」？「因也者，無益無損也」，即不刻意人為地增益或減損來改變，是為「因」；「因也者，捨己而以物為法者也」，即不偏執於一己之見而隨順外物來行動，是為「因」。處理事情，「感而後應」並不是預先設計好的；舉止動作，「緣理而動」並不是有所謀求索取的，這描述的就是「因」。稷下道家「貴因」，剛愎自用就會自滿而不虛心，就會違背事物的情理；主觀妄為就會產生虛偽，就會陷入混亂的境地，所以，稷下道家提出「道貴因」的觀點，也就是因順事物之所能而用之，不自用、不強為，也就是所謂的「無為之道，因也」。

稷下道家「貴因」，在此基礎上又進一步提出了「靜因之道」。《管子·心

〔註96〕陳鼓應：《黃帝四經今注今譯：馬王堆漢墓出土帛書》，北京：商務印書館，2007年，第65頁。
〔註97〕黎翔鳳：《管子校注》，北京：中華書局，2004年，第771、776頁。

術上》曰：「人之可殺，以其惡死也。其可不利，以其好利也。是以君子不怵乎好，不迫乎惡。恬愉無為，去智與故。其應也，非所設也。其動也，非所取也。過在自用，罪在變化。是故有道之君，其處也若無知，其應物也若偶之，靜因之道也。」〔註98〕什麼是「靜因之道」？「其處也若無知，其應物也若偶之，靜因之道也」，即處世保持無知至虛的狀態，應物則契合自然之道，這就是「靜因之道」。「靜因之道」的關鍵是「因」：「其應也，非所設也。其動也，非所取也」，因也；「恬愉無為，去智與故」，因也。

　　稷下學士慎到也提倡「因」，《慎子》有《因循》篇講「因」的問題。《慎子·因循》曰：「天道因則大，化則細。因也者，因人之情也。人莫不自為也，化而使之為我，則莫可得而用矣。是故先王見不受祿者不臣，祿不厚者，不與入難。人不得其所以自為也，則上不取用焉。故用人之自為，不用人之為我，則莫不可得而用矣。此之謂因。」〔註99〕慎到講究「因」，指出天道能「因」則廣大，人為地改變則細小。在用人方面，慎到指出「因也者，因人之情也」。慎到認為人都有為己的本性，人為己是人之常情，在用人方面就要利用人為己的這一性情特點來用人。因循人的性情來用人，天底下就沒有不可以用的人。這就是慎到所謂的「因」。

　　法家韓非也講「因」。法家從道家出，司馬遷《史記·老莊申韓列傳》將申不害、韓非與老子、莊子同傳有其深意。《韓非子·主道》曰：「明君之道，使智者盡其慮，而君因以斷事，故君不窮於智；賢者敕其材，君因而任之，故君不窮於能；有功則君有其賢，有過則臣任其罪，故君不窮於名。是故不賢而為賢者師，不智而為智者正。臣有其勞，君有其成功，此之謂賢主之經也。」〔註100〕《主道》認為「君」貴「因」，「君」要「因」智者之慮「以斷事」，「因」賢者之才「而任之」。申不害《申子》有《大體篇》，《韓非子》也有《大體篇》，《申子·大體》講「因」，《韓非子·大體》也講「因」：「古之牧天下者，不使匠石極巧以敗太山之體，不使賁育盡威以傷萬民之性。因道全法，君子樂而大奸止；澹然閒靜，因天命，持大體。故使人無離法之罪，魚無失水之禍。如此，故天下少不可。」〔註101〕司馬遷《史記·韓非列傳》評價韓非

〔註98〕黎翔鳳：《管子校注》，北京：中華書局，2004年，第764頁。

〔註99〕慎到撰，錢熙祚校：《慎子》，《叢書集成初編》，上海：商務印書館，1939年，第4頁。

〔註100〕王先慎：《韓非子集解》，北京：中華書局，1998年，第27～28頁。

〔註101〕王先慎：《韓非子集解》，北京：中華書局，1998年，第210頁。

曰：「喜刑名法術之學，而其歸本於黃老。」〔註102〕韓非本於黃老思想，也主張「守成理，因自然」〔註103〕，認為治理天下者不應該「使匠石極巧以敗太山之體」「使賁育盡威以傷萬民之性」，而應該「因道全法」「因天命，持大體」。韓非也講「因」，只是韓非的「因」較多地和「法」具有聯繫。

（二）君貴因無為而治

稷下道家著作《管子‧心術上》提出「道貴因」的觀點〔註104〕，秦漢雜家繼承了這一觀點，並進一步豐富發展了「貴因」思想。《呂氏春秋‧決勝》曰：「凡兵，貴其因也。因也者，因敵之險以為己固，因敵之謀以為己事。能審因而加勝，則不可窮矣。」〔註105〕《淮南子‧要略》曰：「《兵略》者，所以明戰勝攻取之數，形機之勢，詐譎之變，體因循之道，操持後之論也。」〔註106〕秦漢雜家認為用兵要「貴因」，所謂「因」，就是利用敵人的險要來作為自己堅固的堡壘，利用敵人的謀略來促成自己的事情。用兵如果能做到「貴因」「申因」「體因循之道」，就不會打敗仗了。

《呂氏春秋》有《貴因》篇專講「貴因」思想。《貴因》曰：「三代所寶莫如因，因則無敵。禹通三江、五湖，決伊闕，溝回陸，注之東海，因水之力也。舜一徙成邑，再徙成都，三徙成國，而堯授之禪位，因人之心也。湯、武以千乘制夏、商，因民之欲也。如秦者立而至，有車也；適越者坐而至，有舟也。秦、越，遠塗也，竫立安坐而至者，因其械也。」〔註107〕《淮南子‧泰族訓》曰：「聖人之治天下，非易民性也，拊循其所有而滌蕩之，故因則大，化則細矣。禹鑿龍門，闢伊闕，決江濬河，東注之海，因水之流也。后稷墾草發菑，糞土樹穀，使五種各得其宜，因地之勢也。湯、武革車三百乘，甲卒三千人，討暴亂，制夏、商，因民之欲也。故能因，則無敵於天下矣。」〔註108〕

秦漢雜家重視「因」，認為「因則無敵」，大禹治水，疏通三江五湖，鑿開

〔註102〕 司馬遷：《史記》，北京：中華書局，1959 年，第 2146 頁。

〔註103〕 《韓非子‧大體》，王先慎：《韓非子集解》，北京：中華書局，1998 年，第 209～210 頁。

〔註104〕 黎翔鳳：《管子校注》，北京：中華書局，2004 年，第 776 頁。

〔註105〕 陳奇猷：《呂氏春秋新校釋》，上海：上海古籍出版社，2002 年，第 458 頁。

〔註106〕 劉文典：《淮南鴻烈集解》，北京：中華書局，1989 年，第 704 頁。

〔註107〕 陳奇猷：《呂氏春秋新校釋》，上海：上海古籍出版社，2002 年，第 933～934 頁。

〔註108〕 劉文典：《淮南鴻烈集解》，北京：中華書局，1989 年，第 669～670 頁。

伊闕山使水流入東海，是因順了水的力量；舜遷徙三次就形成了國家，堯把帝位禪讓給他，是因順了民心；湯、武以千乘之國戰勝了夏、商，是因順了人民的願望；后稷開荒種植穀物，使五穀各得其宜，是因順了地勢；安靜地站著、坐著就可以到達遙遠的秦國和越國，是憑藉了車、船等交通工具。堯、舜、禹會成功，全都是「因」在起作用，所以說「三代所寶莫如因」，「能因，則無敵於天下」。

　　然而，秦漢雜家的「因」在內涵上較黃老學派似乎又有所變化。《呂氏春秋·貴因》曰：「夫審天者，察列星而知四時，因也。推曆者，視月行而知晦朔，因也。禹之裸國，裸入衣出，因也。墨子見荊王，錦衣吹笙，因也。孔子道彌子瑕見釐夫人，因也。湯、武遭亂世，臨苦民，揚其義，成其功，因也。故因則功，專則拙。因者無敵。國雖大，民雖眾，何益？」〔註109〕《淮南子·原道訓》亦曰：「九疑之南，陸事寡而水事眾，於是民人被髮文身，以像鱗蟲，短綣不絝，以便涉遊，短袂攘卷，以便刺舟，因之也。雁門之北，狄不穀食，賤長貴壯，俗尚氣力，人不馳弓，馬不解勒，便之也。故禹之裸國，解衣而入，衣帶而出，因之也。」〔註110〕在此，審天者、推曆者、禹、墨子、孔子都有一個預設的目的在那裡，都是為了實現預期的目標而「因」。禹要進入裸國，就裸體進去，出來再穿衣服，這就是「因」；墨子本來尚儉非樂，為了迎合楚王的愛好就錦衣吹笙地去見楚王，這就是「因」；孔子為了拜見釐夫人就交接衛靈公的寵臣彌子瑕，這就是「因」。

　　在此，「因」的內涵發生了一些變化。黃老學派的「因」是沒有預謀、沒有索取的因循，《黃帝四經·稱》曰「聖人不為始，不剬（專）己，不豫謀，不為得，不辭福，因天之則」〔註111〕，《管子·心術上》曰「其應，非所設也。其動，非所取也。此言因也」〔註112〕。此處的「因」則是有預謀、有索取的因循，是為了達到目的的因循，甚至是為達目的不擇手段、違背本心的因循，「因」被賦予了新的內涵，帶上了強烈的功利性色彩。《管子·心術上》曰：「無為之道，因也。」〔註113〕黃老學派的「因」是「無為之道」，「無為」

〔註109〕陳奇猷：《呂氏春秋新校釋》，上海：上海古籍出版社，2002年，第935頁。
〔註110〕劉文典：《淮南鴻烈集解》，北京：中華書局，1989年，第19～20頁。
〔註111〕陳鼓應：《黃帝四經今注今譯：馬王堆漢墓出土帛書》，北京：商務印書館，2007年，第348頁。
〔註112〕黎翔鳳：《管子校注》，北京：中華書局，2004年，第776頁。
〔註113〕黎翔鳳：《管子校注》，北京：中華書局，2004年，第771頁。

通過「因」實現「有為」，通過因循天道自然來達到「有為」。如果說黃老學派的「因」偏重對自然規律的遵循的話，那麼秦漢雜家的「因」則又增加了對工具手段的運用。

在治理國家上，秦漢雜家認為「因」是君主的治國之術。《呂氏春秋‧知度》曰：「人主自智而愚人，自巧而拙人，若此則愚拙者請矣，巧智者詔矣。詔多則請者愈多矣，請者愈多，且無不請也。主雖巧智，未無不知也。以未無不知，應無不請，其道固窮。為人主而數窮於其下，將何以君人乎？窮而不知其窮，其患又將反以自多，是之謂重塞之主，無存國矣。故有道之主，因而不為，責而不詔，去想去意，靜虛以待，不伐之言，不奪之事，督名審實，官使自司，以不知為道，以奈何為實。」〔註114〕君主自智、自巧存在諸多弊病，君主自智、自巧，愚拙之臣就會事事請示於君主，君主即使真的靈巧睿智，也不可能事事皆通，最終將導致治術窮盡、國家滅亡的後果。所以，《呂氏春秋》主張君主「因而不為」，也就是「要求臣子做事有成效，自己卻不發布指示。去掉想像，去掉猜度，清靜地等待時機。不代替臣子講話，不搶奪臣子的事情做。審察名分和實際，官府之事讓臣子自己管理。以不求知為根本，把詢問臣子怎麼辦作為寶物」〔註115〕。

《淮南子‧泰族訓》曰：「故先王之制法也，因民之所好，而為之節文者也。因其好色而制婚姻之禮，故男女有別；因其喜音而正《雅》、《頌》之聲，故風俗不流；因其寧家室、樂妻子，教之以順，故父子有親；因其喜朋友而教之以悌，故長幼有序。然後修朝聘以明貴賤，饗飲習射以明長幼，時搜振旅以習用兵也，入學庠序以修人倫。此皆人之所有於性，而聖人之所匠成也。故無其性，不可教訓；有其性，無其養，不能遵道。繭之性為絲，然非得工女煮以熱湯而抽其統紀，則不能成絲。卵之化為雛，非慈雌嘔暖覆伏，累日積久，則不能為雛。人之性有仁義之資，非聖人為之法度而教導之，則不可使鄉方。故先王之教也，因其所喜以勸善，因其所惡以禁奸，故刑罰不用而威行如流，政令約省而化耀如神。故因其性，則天下聽從；拂其性，則法縣而不用。」〔註116〕先王制定法規，多是因順人性，因其好色而制婚姻之禮，因其

〔註114〕陳奇猷：《呂氏春秋新校釋》，上海：上海古籍出版社，2002年，第1103頁。
〔註115〕張雙棣、張萬彬、殷國光、陳濤：《呂氏春秋譯注》，長春：吉林文史出版社，1993年，第578頁。
〔註116〕劉文典：《淮南鴻烈集解》，北京：中華書局，1989年，第670～671頁。

喜音而正《雅》《頌》之聲，因其寧家室、樂妻子，教之以順，因其喜朋友而教之以悌。因循人之自然天性，則萬民聽從，天下和諧，國家大治。〔註117〕

又《呂氏春秋·任數》曰：「申不害聞之，曰：『何以知其聾？以其耳之聰也。何以知其盲？以其目之明也。何以知其狂？以其言之當也。故曰去聽無以聞則聰，去視無以見則明，去智無以知則公。去三者不任則治，三者任則亂。』以此言耳目心智之不足恃也。耳目心智，其所以知識甚闕，其所以聞見甚淺。以淺闕博居天下、安殊俗、治萬民，其說固不行……故至智棄智，至仁忘仁，至德不德。無言無思，靜以待時，時至而應，心暇者勝。凡應之理，清淨公素，而正始卒；焉此治紀，無唱有和，無先有隨。古之王者，其所為少，其所因多。因者，君術也；為者，臣道也。為則擾矣，因則靜矣。因冬為寒，因夏為暑，君奚事哉？故曰君道無知無為，而賢於有知有為，則得之矣。」〔註118〕據上所論，我們知道申不害也講究「因」，《申子·大體》有言：「凡因之道，身與公無事，無事而天下自極也。」〔註119〕《呂氏春秋》所載申不害主張去聽、去視、去智，「去三者不任則治」的思想與其所講「因之道」一致。

《呂氏春秋》對申不害之言進行了發揮，提出「因者，君術也；為者，臣道也」的觀點。《呂氏春秋》指出古代聖王「所為少，所因多」，認為君主應該捨棄智慧、忘掉仁義、不要道德、無言無思，清靜地等待時機，時機到了再採取行動，採取行動要遵循清靜無為、公正樸素、「多因少為」的原則。君主親自做事情就會煩擾不堪，善於因循就會和諧清靜，所以《呂氏春秋》說「君道無知無為，而賢於有知有為」。

「因者，君術也；為者，臣道也」，君主清靜無為，臣子勤政有為，其實說的是一種分工。這一觀點被安置在《呂氏春秋·審分覽》就昭示了它是與「審分」思想緊密聯繫在一起的。這一觀點就是黃老學派的「貴因」思想與法家「審分」思想相結合的產物。在「職分」確定以後，君主要做的是因循自然、無為而治，臣子要做的是盡職盡責、勤政有為。

〔註117〕《淮南子·原道訓》亦曰：「天下之事，不可為也，因其自然而推之。萬物之變，不可究也，秉其要歸之趣」，「任一人之能，不足以治三畝之宅也。修道理之數，因天地之自然，則六合不足均也。」（劉文典：《淮南鴻烈集解》，北京：中華書局，1989年，第10、15～16頁。）

〔註118〕陳奇猷：《呂氏春秋新校釋》，上海：上海古籍出版社，2002年，第1075～1076頁。

〔註119〕《群書治要》卷36引，魏徵等《群書治要》，《叢書集成初編》，上海：商務印書館，1936年，第630頁。

二、君重生而無為

（一）重生思想之發展

作為道家之始的老子已經有重生思想。王弼本《老子》第十二章曰：「五色令人目盲，五音令人耳聾，五味令人口爽，馳騁畋獵令人心發狂，難得之貨令人行妨。是以聖人為腹不為目，故去彼取此。」〔註120〕五色、五音、五味、馳騁畋獵、難得之貨會給人的身心造成傷害，所以，人要根據實際需要來謹慎地選擇，不能一味追求感官的愉悅。

老子之後，楊朱主張重生。《呂氏春秋·不二》對楊朱的重生輕物思想進行了概括，曰：「陽生貴己。」〔註121〕「貴己」，即重視自己的身體和生命，就是「重生」。《呂氏春秋》有《重己》《貴生》二篇，在此「重」「貴」同義，可以互換，也就是「《重生》」「《貴己》」二篇。楊朱的材料流傳下來的很少。《孟子·滕文公下》曰：「聖王不作，諸侯放恣，處士橫議，楊朱、墨翟之言盈天下。」〔註122〕「楊朱之言盈天下」，則楊朱當有著述，然《漢書·藝文志》不著錄，當佚。

《孟子·盡心上》載孟子曰：「楊子取『為我』，拔一毛而利天下，不為也。墨子『兼愛』，摩頂放踵利天下，為之。」〔註123〕孟子把楊朱的「為我」理解為自私自利與墨子的「兼愛」自苦利天下對立起來。其實，孟子誤解了楊朱。楊朱的「為我」表達的是一種重生輕物思想，即一毛雖然微小，卻是我身體、生命的一部分；天下雖然大，卻是我身外之物。對此，《列子·楊朱》有很好的闡述：「楊朱曰：『伯成子高不以一毫利物，舍國而隱耕。大禹不以一身自利，一體偏枯。古之人損一毫利天下不與也，悉天下奉一身不取也。人人不損一毫，人人不利天下，天下治矣。』禽子問楊朱曰：『去子體之一毛以濟一世，汝為之乎？』楊子曰：『世固非一毛之所濟。』禽子曰：『假濟，為之乎？』楊子弗應。禽子出語孟孫陽。孟孫陽曰：『子不達夫子之心，吾請言之。有侵若肌膚獲萬金者，若為之乎？』曰：『為之。』孟孫陽曰：『有斷若一節得一國，子為之乎？』禽子默然有間。孟孫陽曰：『一毛微於肌膚，肌膚微

〔註120〕高明：《帛書老子校注》，北京：中華書局，1996年，第273～275頁。
〔註121〕陳奇猷：《呂氏春秋新校釋》，上海：上海古籍出版社，2002年，第1134頁。
〔註122〕舊題孫奭：《孟子注疏》，《十三經注疏》，北京：中華書局，1980年，第2714頁。
〔註123〕舊題孫奭：《孟子注疏》，《十三經注疏》，北京：中華書局，1980年，第2768頁。

於一節，省矣。然則積一毛以成肌膚，積肌膚以成一節。一毛固一體萬分中之一物，奈何輕之乎？』禽子曰：『吾不能所以答子。然則以子之言問老聃關尹，則子言當矣；以吾言問大禹墨翟，則吾言當矣。』孟孫陽因顧與其徒說他事。」〔註124〕孟孫陽是楊朱的弟子。孟孫陽所說「一毛固一體萬分中之一物，奈何輕之」是對楊朱「不拔一毛」的權威解釋，即「重生」，重視身體、重視生命。

雖然孟子對楊朱的「為我」有所誤解，但是孟子將楊朱和墨翟的思想對立起來也是有其道理的。《淮南子·要略》曰：「墨子學儒者之業，受孔子之術，以為其禮煩擾而不說，厚葬靡財而貧民，〔久〕服傷生而害事，故背周道而用夏政。」〔註125〕墨家「用夏政」，以自苦而利天下的大禹為榜樣。楊朱曰「大禹不以一身自利，一體偏枯」，楊朱對大禹的嘲諷其實就是對墨家的批判。上引《列子·楊朱》一段文字中的「禽子」是指禽滑釐，是墨子的弟子。禽滑釐對楊朱的追問體現了墨家思想與楊朱思想的對立，雖然經過孟孫陽的解釋，但是墨、楊二家並沒有達成共識。禽滑釐所言「以子之言問老聃關尹，則子言當矣；以吾言問大禹墨翟，則吾言當矣」正體現了二家的對立和分歧。

又《淮南子·泛論訓》曰：「夫絃歌鼓舞以為樂，盤旋揖讓以修禮，厚葬久喪以送死，孔子之所立也，而墨子非之。兼愛尚賢，右鬼非命，墨子之所立也，而楊子非之。全性保真，不以物累形，楊子之所立也，而孟子非之。」〔註126〕楊朱主張「全性保真，不以物累形」，與墨子所主張的兼愛、尚賢、右鬼、非命等觀點確實是不相容的。為求得立足之地，楊朱批判墨家的思想是可以理解的。王博先生甚至認為：「楊朱之學本針對墨子之術而發，正如墨子之術本針對孔子之學而發一樣。」〔註127〕此說或可作為思考楊朱之學產生根源的一個角度。

楊朱雖然重生，但是並不追求長生不死。《列子·楊朱》曰：「孟孫陽問楊朱曰：『有人於此，貴生愛身，以蘄不死，可乎？』曰：『理無不死。』『以蘄久生，可乎？』曰：『理無久生。生非貴之所能存，身非愛之所能厚。且久生奚為？五情好惡，古猶今也；四體安危，古猶今也；世事苦樂，古猶今

〔註124〕楊伯峻：《列子集釋》，北京：中華書局，1979年，第230～231頁。

〔註125〕劉文典：《淮南鴻烈集解》，北京：中華書局，1989年，第709頁。

〔註126〕劉文典：《淮南鴻烈集解》，北京：中華書局，1989年，第436頁。

〔註127〕王博：《論楊朱之學》，陳鼓應主編《道家文化研究》第15輯，北京：生活·讀書·新知三聯書店，1999年，第146頁。

也；變易治亂，古猶今也。既聞之矣，既見之矣，既更之矣，百年猶厭其多，況久生之苦也乎？』孟孫陽曰：『若然，速亡愈於久生；則踐鋒刃，入湯火，得所志矣。』楊子曰：『不然；既生，則廢而任之，究其所欲，以俟於死。將死，則廢而任之，究其所之，以放於盡。無不廢，無不任，何遽遲速於其間乎？』」〔註128〕楊朱的弟子孟孫陽問楊朱：人珍貴生命愛惜身體而祈求久生不死，可以嗎？楊朱的回答是否定的。首先，楊朱認為人沒有久生不死的道理，凡人皆死。其次，楊朱認為在「五情好惡」、「四體安危」、「世事苦樂」、「變易治亂」等方面古今都一樣，既然都已經聽過了、見過了、感受過了，又何必要久生呢？但是，楊朱也不主張速死。楊朱對待生死的態度是：生死皆任之，順其自然。然而，在「生」與「物」的關係上，楊朱的態度是重生輕物。

　　子華子、詹何也有「重生」思想。《呂氏春秋‧審為》曰：「韓、魏相與爭侵地。子華子見昭釐侯，昭釐侯有憂色。子華子曰：『今使天下書銘於君之前，書之曰：左手攫之則右手廢，右手攫之則左手廢，然而攫之必有天下。君將攫之乎？亡其不與？』昭釐侯曰：『寡人不攫也。』子華子曰：『甚善。自是觀之，兩臂重於天下也，身又重於兩臂。韓之輕於天下遠，今之所爭者，其輕於韓又遠，君固愁身傷生以憂之臧不得也？』昭釐侯曰：『善。教寡人者眾矣，未嘗得聞此言也。』子華子可謂知輕重矣。知輕重，故論不過。中山公子牟謂詹子曰：『身在江海之上，心居乎魏闕之下，奈何？』詹子曰：『重生。重生則輕利。』中山公子牟曰：『雖知之，猶不能自勝也。』詹子曰：『不能自勝則縱之，神無惡乎。不能自勝而強不縱者，此之謂重傷。重傷之人無壽類矣。』」〔註129〕子華子對昭僖侯曰：「兩臂重於天下也，身亦重於兩臂。」這是重生輕物的思想，與楊朱的重生思想十分相近。這段文獻又見於《莊子‧讓王》，文字略有差異。魏牟問詹何：身隱逸在江海之上，心卻想念魏闕之下的榮華富貴，怎麼辦？詹何告訴他「重生」。《莊子‧讓王》亦載此段文字，文字略有差異。

　　莊子也有重生思想。李季林先生說：「《莊子》把楊朱的重生、全生思想發展為養生，把楊朱的貴己、為我思想發展為無己；貴己與無己、為我與坐忘，形式上對立、矛盾，實質上卻是一致的、同一的；『無己』不是目的，其

〔註128〕楊伯峻：《列子集釋》，北京：中華書局，1979年，第229～230頁。
〔註129〕陳奇猷：《呂氏春秋新校釋》，上海：上海古籍出版社，2002年，第1464頁。

目的是『保身、全生、養親、盡年』，深層次上，不外乎還是『為我』。因為，只有做到無己，才能虛心以應物、虛己以遊世，達到全生、保命，進而天地一體、萬物一齊、逍遙自在的人生境界。」〔註130〕筆者贊同這一看法。莊子的「無己」其實是「為我」，是「重生」。《莊子》有《養生主》篇專講「養生」。《養生主》曰：「緣督以為經，可以保身，可以全生，可以養親，可以盡年。」〔註131〕「緣督」，陳鼓應先生注曰：「含有順著自然之道的意思。」〔註132〕順著自然之道並將它作為常法，就可以保身、全生、養親、盡年，是為「養生主」。

（二）重生無為而治

楊朱、莊子的「重生」是「為我」，追求「不以物累形」。秦漢雜家在此基礎上將重生思想與治理天下緊密相連，著重探討了天子、君王的修身養性與治理天下、治理國家的關係。

《呂氏春秋·先己》曰：「湯問於伊尹曰：『欲取天下若何？』伊尹對曰：『欲取天下，天下不可取。可取，身將先取。』凡事之本，必先治身，嗇其大寶。用其新，棄其陳，腠理遂通。精氣日新，邪氣盡去，及其天年。此之謂真人。昔者先聖王，成其身而天下成，治其身而天下治。故善響者不於響於聲，善影者不於影於形，為天下者不於天下於身。《詩》曰『淑人君子，其儀不忒。其儀不忒，正是四國』，言正諸身也。故反其道而身善矣；行義則人善矣；樂備君道，而百官已治矣，萬民已利矣。三者之成也，在於無為。無為之道曰勝天，義曰利身，君曰勿身。」〔註133〕伊尹認為「欲取天下，身將先取」，要做事首先要修身養性，保養好自己的身體。吐故納新促進新陳代謝，保持肌理的順暢，精氣常新，盡去邪惡之氣，才能盡享天年。這是治理天下的第一步，是為「先己」。「先聖王，成其身而天下成，治其身而天下治」，身修而天下治，如何修身？修身之道在於「無為」、在於「勝天」，即順應自然，無為而無不為。這樣就會出現「身善」「人善」「百官治」「萬民利」的盛世。在此，《呂氏春秋》的重生思想帶著濃厚的政治色彩。

〔註130〕 李季林：《莊子「無己」與楊朱「貴己」的比較》，《貴州社會科學》1996 年第 1 期。

〔註131〕 郭慶藩：《莊子集釋》，北京：中華書局，1961 年，第 115 頁。

〔註132〕 陳鼓應：《莊子今注今譯》，北京：中華書局，1983 年，第 95 頁。

〔註133〕 陳奇猷：《呂氏春秋新校釋》，上海：上海古籍出版社，2002 年，第 146～147頁。

　　《淮南子‧原道訓》曰：「故天下神器，不可為也，為者敗之，執者失之。夫許由小天下而不以己易堯者，志遺於天下也。所以然者，何也？因天下而為天下也。天下之要，不在於彼而在於我，不在於人而在於我身，身得則萬物備矣。徹於心術之論，則嗜欲好憎外矣。是故無所喜而無所怒，無所樂而無所苦，萬物玄同也，無非無是，化育玄耀，生而如死。夫天下者亦吾有也，吾亦天下之有也，天下之與我，豈有間哉！夫有天下者，豈必攝權持勢，操殺生之柄而以行其號令邪？吾所謂有天下者，非謂此也，自得而已。自得，則天下亦得我矣。吾與天下相得，則常相有，己又焉有不得容其間者乎！所謂自得者，全其身者也。全其身，則與道為一矣。」〔註134〕許由小天下而不以己易堯的原因在於因天下而為天下，即天下之要在於我身。全身，與道為一，則我有天下而天下亦有我，相融為一。吾與天下相得，則常相有，天下與我之間沒有隔閡，才是真正的「有天下者」。在此，「全其身」與「有天下」相互結合。《淮南子‧覽冥訓》曰：「夫全性保真，不虧其身，遭急迫難，精通於天。若乃未始出其宗者，何為而不成！」〔註135〕全身全性，精通於天，這樣幹任何事情都會成功，治理天下亦是如此。

　　《呂氏春秋‧貴生》曰：「堯以天下讓於子州支父。子州支父對曰：『以我為天子猶可也。雖然，我適有幽憂之病，方將治之，未暇在天下也。』天下，重物也，而不以害其生，又況於它物乎？惟不以天下害其生者也，可以託天下。」〔註136〕堯讓天下給子州支父，子州支父的回答體現了重生輕物的思想。子州支父說：我做天子是可以的，不過，我現在有疾病在身，正準備治病，沒有空閒來治理天下。這說的就是不以物害生的意思。由此，《呂氏春秋》得出的結論是：「道之真，以持身；其緒餘，以為國家；其土苴，以治天下。由此觀之，帝王之功，聖人之餘事也，非所以完身養生之道也。」〔註137〕即治理天下從事具體的政務不是修身養生之道。但是，《呂氏春秋》又說出了一層新的意思：「惟不以天下害其生者也，可以託天下。」即只有重視生命、修身養性的人才能治理好天下。

　　《淮南子‧精神訓》曰：「尊勢厚利，人之所貪也。使之左據天下圖而右

〔註134〕劉文典：《淮南鴻烈集解》，北京：中華書局，1989年，第35～36頁。
〔註135〕劉文典：《淮南鴻烈集解》，北京：中華書局，1989年，第193頁。
〔註136〕陳奇猷：《呂氏春秋新校釋》，上海：上海古籍出版社，2002年，第75頁。
〔註137〕《呂氏春秋‧貴生》，陳奇猷：《呂氏春秋新校釋》，上海：上海古籍出版社，2002年，第76頁。

手刎其喉，愚夫不為。由此觀之，生尊於天下也。」〔註138〕《淮南子‧詮言訓》曰：「故國以全為常，霸王其寄也；身以生為常，富貴其寄也。能不以天下傷其國，而不以國害其身者，焉可以託天下也。」〔註139〕又曰：「無以天下為者，必能治天下者。霜雪雨露，生殺萬物，天無為焉，猶之貴天也。厭文搔法，治官理民者，有司也，君無事焉，猶尊君也。闢地墾草者，后稷也；決河瀹江者，禹也；聽獄制中者，皋陶也；有聖名者，堯也。故得道以御者，身雖無能，必使能者為己用。不得其道，伎藝雖多，未有益也。」〔註140〕左手掌握天下，右手割斷自己的喉嚨，這樣的事情愚蠢的人也不會做，可見生命比天下更重要。富貴是身外之物，全生才是人恒常之道，只有不以治國之繁重事務來傷害自己身體的人，才可以託付天下、治理天下。「厭文搔法，治官理民者，有司也，君無事焉，猶尊君也」，君無事無為，才能治理好天下，即「無以天下為者，必能治天下者」。

《呂氏春秋‧任數》曰：「因者，君術也；為者，臣道也。」〔註141〕同樣，此處的「重生」也是針對君主而言的。「重生」要求「君」清靜無為，「君」只有「無為而治」才能真正實現「重生」。因而，以「無為」為途徑的「重生」也是針對君主而言的〔註142〕。

又《淮南子‧精神訓》曰：「人之所以樂為人主者，以其窮耳目之欲，而適躬體之便也。今高臺層榭，人之所麗也，而堯樸桷不斲，素題不杇。珍怪奇異，人之所美也，而堯糲粢之飯，藜藿之羹。文繡狐白，人之所好也，而堯布衣揜形，鹿裘禦寒。養性之具不加厚，而增之以任重之憂，故舉天下而傳之於舜，若解重負然，非直辭讓，誠無以為也。此輕天下之具也。」〔註143〕《呂氏春秋‧本生》曰：「始生之者，天也；養成之者，人也。能養天之所生而勿攖之謂天子。天子之動也，以全天為故者也。此官之所自立也。立官者以全生也。今世之惑主，多官而反以害生，則失所為立之矣。譬之若

〔註138〕劉文典：《淮南鴻烈集解》，北京：中華書局，1989 年，第 237 頁。

〔註139〕劉文典：《淮南鴻烈集解》，北京：中華書局，1989 年，第 479 頁。

〔註140〕劉文典：《淮南鴻烈集解》，北京：中華書局，1989 年，第 467～468 頁。

〔註141〕陳奇猷：《呂氏春秋新校釋》，上海：上海古籍出版社，2002 年，第 1076 頁。

〔註142〕徐復觀先生也說：「《呂氏春秋》上所說的養生，主要指的是人君。」（徐復觀：《兩漢思想史》（第二卷），上海：華東師範大學出版社，2001 年，第 22 頁。）

〔註143〕劉文典：《淮南鴻烈集解》，北京：中華書局，1989 年，第 231～233 頁。

修兵者，以備寇也，今修兵而反以自攻，則亦失所為修之矣。」〔註144〕天子的舉動以保全自己的天性為首要任務，這也是設立官職的原因。承擔繁重的事務積極地建功立業，不是養生之道。天子無為，臣子有為。臣子有為才能替天子承擔治理天下的重任，天子才能修身養性，保全自己的天性。然而，糊塗的君主多設官職反而勞神傷形不利於自己的修身養性，這也就失去了設立官職的本意。《呂氏春秋》在此強調的依然是「君無為而臣有為」的治國思想，是在主張君主修身養性無為而治，將繁重的、具體的事務交給臣下來做。

　　《呂氏春秋》對「修身」的論述也吸收了儒家思想。《論語・衛靈公》載孔子曰：「君子求諸己，小人求諸人。」〔註145〕孔子指出凡事首先「求諸己」。《呂氏春秋・論人》曰：「主道約，君守近。太上反諸己，其次求諸人。其索之彌遠者，其推之彌疏；其求之彌疆者，失之彌遠。」〔註146〕《呂氏春秋》所謂「太上反諸己，其次求諸人」與孔子「求諸己」的思想一脈相承，強調從自身說事，強調修身。又《呂氏春秋・必己》曰：「外物豈可必哉？君子之自行也，敬人而不必見敬，愛人而不必見愛。敬愛人者，己也；見敬愛者，人也。君子必在己者，不必在人者也，必在己無不遇矣。」〔註147〕《呂氏春秋》認為「外物不可必」，凡事「必在己」，就可以無所不通、事事順利。

　　《呂氏春秋・執一》曰：「楚王問為國於詹子。詹子對曰：『何聞為身，不聞為國。』詹子豈以國可無為哉？以為為國之本在於為身，身為而家為，家為而國為，國為而天下為。故曰以身為家，以家為國，以國為天下。此四者，異位同本。故聖人之事，廣之則極宇宙、窮日月，約之則無出乎身者也。」〔註148〕詹何有重生思想，強調「為身」。《呂氏春秋》的「為身治國」思想又吸收了儒家的營養。《呂氏春秋》指出「為國之本在於為身，身為而家為，家為而國為，國為而天下為」，這與《大學》所云「身修而後家齊，家齊而後國治，國治而後天下平」〔註149〕如出一轍。

〔註144〕陳奇猷：《呂氏春秋新校釋》，上海：上海古籍出版社，2002年，第21頁。
〔註145〕邢昺：《論語注疏》，《十三經注疏》，北京：中華書局，1980年，第2518頁。
〔註146〕陳奇猷：《呂氏春秋新校釋》，上海：上海古籍出版社，2002年，第161頁。
〔註147〕陳奇猷：《呂氏春秋新校釋》，上海：上海古籍出版社，2002年，第837頁。
〔註148〕陳奇猷：《呂氏春秋新校釋》，上海：上海古籍出版社，2002年，第1144頁。
〔註149〕朱熹：《四書章句集注》，北京：中華書局，1983年，第4頁。

三、君臣分職協作

（一）分職思想之發展

法家強調君臣分職。先秦法家分為齊法家和晉法家。張岱年先生指出：「多年以來，許多哲學史著作講述先秦法家思想，以商鞅、申不害、韓非子為代表人物，事實上這是片面的觀點。商、申、韓非，可稱為三晉法家（商鞅在秦國實行變法，但他本來自魏國）。在三晉法家之外，還有推崇管仲的齊國法家。實際上，古代常以『管、商』並稱。《韓非子‧五蠹篇》說：『今境內之民皆言治，藏「商、管之法」者家有之。』宋明理學家多訾議『管、商功利之說』。《管子》是法家的大宗，這是歷史的事實。」〔註150〕張岱年先生所言甚是。先秦法家包括齊法家和晉法家，齊法家的代表作是《管子》《慎子》，晉法家的代表作則是《商君書》《韓非子》。

同為法家，齊法家和晉法家都表現出對「法」的強調。《史記‧太史公自序》載司馬談概括曰：「法家不別親疏，不殊貴賤，一斷於法。」〔註151〕《漢書‧藝文志》曰：「法家者流，蓋出於理官，信賞必罰，以輔禮制。《易》曰『先王以明罰飭法』，此其所長也。及刻者為之，則無教化，去仁愛，專任刑法而欲以致治，至於殘害至親，傷恩薄厚。」〔註152〕然而，齊法家和晉法家是有不同的，如張岱年先生所說：「齊法家與三晉法家的主要不同之點，是立論比較全面，既強調法治，也肯定道德教育的必要性，避免了商、韓忽視文教的缺點。」〔註153〕

齊、晉法家都主張君臣各守其分、各盡其職，不得有僭越行為。《慎子‧威德》曰：「古者，工不兼事，士不兼官。工不兼事則事省，事省則易勝；士不兼官則職寡，職寡則易守。故士位可世，工事可常。百工之子不學而能者，非生巧也，言有常事也。」〔註154〕慎到所說的「工不兼事，士不兼官」就是在強調分職，分職可以使官吏各有所專，有利於提高工作效率。《管子》也強

〔註150〕張岱年：《管子新探序》，胡家聰《管子新探》，北京：中國社會科學出版社，1995年，第2頁。

〔註151〕司馬遷：《史記》，北京：中華書局，1959年，第3291頁。

〔註152〕班固：《漢書》，北京：中華書局，1962年，第1736頁。

〔註153〕張岱年：《管子新探序》，胡家聰《管子新探》，北京：中國社會科學出版社，1995年，第2頁。

〔註154〕慎到撰，錢熙祚校：《慎子》，《叢書集成初編》，上海：商務印書館，1939年，第2頁。

調分職，《小問》曰：「明分任職，則治而不亂，明而不蔽矣。」〔註 155〕《管子》指出「明主」與「勞主」的一個重要區別就是他們對「分職」認識的不同。《明法解》曰「明主之治也，明於分職而督其成事，勝其任者處官，不勝其任者廢免，故群臣皆竭能盡力以治其事」〔註 156〕，《七臣七主》曰「勞主不明分職，上下相干，臣主同則，刑振以豐，豐振以刻，去之而亂，臨之而殆，則後世何得」〔註 157〕。明主明於分職使群臣各盡其職而監督之，則群臣都能盡力治其事；勞主不明分職，君臣上下皆僭越行事，就會出現混亂。所以，《管子》強調分職。

晉法家也強調分職。《商君書·君臣》曰：「地廣民眾萬物多，故分五官而守之。」〔註 158〕地大物博，人口眾多，自然事類繁雜，所以，《商君書》提出「分五官而守之」，即分職而治之。《韓非子·二柄》載韓昭侯醉酒而睡，典冠者擔心君主著涼就給他蓋了件衣服。韓昭侯醒來懲罰了典衣者卻殺害了典冠者，原因是典衣者失職，典冠者越職。法家認為越職比失職的危害性更大，所以，越職受到的懲罰更嚴重。韓非強調分職，指出「臣不得越官而有功」，「越官則死」〔註 159〕。法家強調分職的最終目的是為了限制官吏的權力，防止官吏的權力超過君主而僭越行事，從而保證君主權力的絕對權威。這是法家針對歷史上所出現的諸多臣下弒君篡位事件而提出的策略。這一策略對於維護君主的地位具有重要作用，所以，司馬談認為法家「尊主卑臣，明分職不得相逾越，雖百家弗能改也」〔註 160〕。

（二）君不得越職而為

與法家較多地強調「臣」不得僭越行事不同，秦漢雜家較多地強調了「君」不能「僭越」行事，即君不得越職而為臣之事，如《淮南子·繆稱訓》所說：「君不與臣爭功，而治道通矣。」〔註 161〕

《淮南子·主術訓》曰：「乘眾人之智，則天下之不足有也。專用其心，則獨身不能保也。是故人主覆之以德，不行其智，而因萬人之所利。夫舉踵

〔註 155〕黎翔鳳：《管子校注》，北京：中華書局，2004 年，第 955 頁。
〔註 156〕黎翔鳳：《管子校注》，北京：中華書局，2004 年，第 1217 頁。
〔註 157〕黎翔鳳：《管子校注》，北京：中華書局，2004 年，第 982 頁。
〔註 158〕蔣禮鴻：《商君書錐指》，北京：中華書局，1986 年，第 129 頁。
〔註 159〕王先慎：《韓非子集解》，北京：中華書局，1998 年，第 41 頁。
〔註 160〕司馬遷：《史記》，北京：中華書局，1959 年，第 3291 頁。
〔註 161〕劉文典：《淮南鴻烈集解》，北京：中華書局，1989 年，第 333 頁。

天下而得所利，故百姓載之上，弗重也；錯之前，弗害也；舉之而弗高也，推之而弗猷。主道員者，運轉而無端，化育如神，虛無因循，常後而不先也。臣道員者運轉而無方者，論是而處當，為事先倡，守職分明，以立成功也。是故君臣異道則治，同道則亂。各得其宜，處其當，則上下有以相使也。」〔註162〕為君之道，為臣之道是迥然不同的，君臣應該各守其職，不能越職行事。君主處理大臣之事，君臣所做之事一樣，則君臣之道同，君臣同道則亂。

《淮南子》重視分工協作，「人不兼官，官不兼事」。《淮南子·原道訓》曰：「夫形者，生之舍也；氣者，生之充也；神者，生之制也。一失位，則三者傷矣。是故聖人使人各處其位，守其職，而不得相干也。」〔註163〕《淮南子·俶真訓》曰：「古者至德之世，賈便其肆，農樂其業，大夫安其職，而處士修其道。」〔註164〕《淮南子·主術訓》曰：「故古之為車也，漆者不畫，鑿者不斷，工無二伎，士不兼官，各守其職，不得相姦，人得其宜，物得其安，是以器械不苦，而職事不嫚。」〔註165〕《淮南子·齊俗訓》曰：「治世之體易守也，其事易為也，其禮易行也，其責易償也。是以人不兼官，官不兼事，士農工商，鄉別州異。是故農與農言力，士與士言行，工與工言巧，商與商言數。是以士無遺行，農無廢功，工無苦事，商無折貨，各安其性，不得相干。」〔註166〕《原道訓》篇首先從理論上論證了聖人使人各處其位、各守其職的依據，然後《俶真訓》篇舉古之至德之世，農、商、大夫、處士各安其職，各不相干。《齊俗訓》篇指出，在「治世」，士、農、工、商，各守其職，農與農言力，士與士言行，工與工言巧，商與商言數，出現了體易守、事易為、禮易行、責易償的和諧局面。

《呂氏春秋》有《審分覽》，陳奇猷先生案曰：「分，謂君臣上下之分。人主之分為執柄御下，人臣之分為盡職治事，此法治之要。」〔註167〕「分」，是指君臣的「分職」，指君臣各有其分、各有其職。《呂氏春秋·審分》曰：「凡為善難，任善易。奚以知之？人與驥俱走，則人不勝驥矣；居於車上而任驥，

〔註162〕劉文典：《淮南鴻烈集解》，北京：中華書局，1989年，第283～284頁。
〔註163〕劉文典：《淮南鴻烈集解》，北京：中華書局，1989年，第39～40頁。
〔註164〕劉文典：《淮南鴻烈集解》，北京：中華書局，1989年，第75頁。
〔註165〕劉文典：《淮南鴻烈集解》，北京：中華書局，1989年，第281頁。
〔註166〕劉文典：《淮南鴻烈集解》，北京：中華書局，1989年，第368頁。
〔註167〕《呂氏春秋·審分》注〔二〕，陳奇猷《呂氏春秋新校釋》，上海：上海古籍出版社，2002年，第1042頁。

則驥不勝人矣。人主好治人官之事，則是與驥俱走也，必多所不及矣。」〔註168〕《淮南子‧主術訓》曰：「不正本而反自然，則人主逾勞，人臣逾逸。是猶代庖宰剝牲，而為大匠斲也。與馬競走，筋絕而弗能及；上車執轡，則馬死於衡下。故伯樂相之，王良御之，明主乘之，無御相之勞而致千里者，乘於人資以為羽翼也。是故君人者，無為而有守也，有為而無好也。有為則讒生，有好則諛起。」〔註169〕君主喜好治理臣子職權範圍內的事，是越俎代庖，則君主越加勞累而大臣越加閒適。「人主好治人官之事」，就好比人與駿馬賽跑，人肯定跑不過駿馬，如果人坐在駿馬拉的車子上，那麼駿馬則跑不過人。所以君臣要分工協作，君無為，讓大臣來處理具體的事務，各自幹好分內之事。

君主做大臣之事，有很大弊端。《呂氏春秋‧勿躬》曰：「其臣蔽之，人時禁之，君自蔽則莫之敢禁。夫自為人官，自蔽之精者也。祓篲日用而不藏於篋，故用則衰，動則暗，作則倦。衰、暗、倦三者非君道也。」〔註170〕「臣」蒙蔽「君」，別人還能及時制止，「君」自己蒙蔽自己也就沒人敢去制止了。「君」親自處理「臣」職權範圍內的事，是最嚴重的自我蒙蔽。「君」親自處理「臣」該辦的事情，會使「君」的身心處於衰、暗、倦的狀態，不是為君之道。《呂氏春秋‧分職》曰：「人主之所惑者則不然，以其智強智，以其能強能，以其為強為，此處人臣之職也。處人臣之職而欲無壅塞，雖舜不能為。」〔註171〕糊塗之「君」強智、強能、強為，幹「臣」職權範圍內的事。這樣做事而想耳目不受到阻塞，連舜也辦不到。以上這些都是《呂氏春秋》在批判「君」越權，批判君主親自處理大臣職權範圍內的事。

君主不要越權行事、不要親自處理大臣職權範圍內的事。《呂氏春秋‧勿躬》曰：「夫君人而知無恃其能、勇、力、誠、信，則近之矣。凡君也者，處平靜、任德化以聽其要，若此則形性彌贏，而耳目愈精；百官慎職，而莫敢愉綖；人事其事，以充其名。名實相保，之謂知道。」〔註172〕《呂氏春秋》主張「君」「勿躬」，即勿躬親為「臣」之事。君主如果知道不強恃自己的能力、英勇、權力、精誠、威信，那麼君主就基本上懂得了為君之道。君主平靜無

〔註168〕陳奇猷：《呂氏春秋新校釋》，上海：上海古籍出版社，2002年，第1039頁。

〔註169〕劉文典：《淮南鴻烈集解》，北京：中華書局，1989年，第300頁。

〔註170〕陳奇猷：《呂氏春秋新校釋》，上海：上海古籍出版社，2002年，第1088頁。

〔註171〕陳奇猷：《呂氏春秋新校釋》，上海：上海古籍出版社，2002年，第1666頁。

〔註172〕陳奇猷：《呂氏春秋新校釋》，上海：上海古籍出版社，2002年，第1089～
　　　　1090頁。

為,「任德化以聽其要」,則耳聰目明,百官慎職,人事其事。《淮南子‧主術訓》亦曰:「夫據幹而窺井底〔註173〕,雖達視猶不能見其睛;借明於鑒以照之,則寸分可得而察也。是故明主之耳目不勞,精神不竭,物至而觀其象,事來而應其化,近者不亂,遠者治也。」〔註174〕君主借助大臣之力來治國,則耳目不勞,精神不竭,天下可治。

　　法家強調分職,尤其是晉法家偏重強調「臣」守其本分、盡其本職,不要越權行事,目的是防止「臣」有僭越之舉、防止「臣」弒其「君」,從而來維護和鞏固君主的專制地位。秦漢雜家強調分職,偏重強調「君」不要越權行事、勿躬親為「臣」之事,目的是探尋正確的為君之道。這是與法家的不同之處。法家雖然強調君臣分職,但是卻強調「君」有知有為,秦漢雜家強調「君道無知無為」。秦漢雜家的君臣分職思想是法家分職思想與黃老道家「無為」思想相結合的產物。

　　《淮南子‧詮言訓》曰:「守其分,循其理,失之不憂,得之不喜,故成者非所為也,得者非所求也。入者有受而無取,出者有授而無予,因春而生,因秋而殺,所生者弗德,所殺者非怨,則幾於道矣。」〔註175〕秦漢雜家講君臣分職,固然有法家的思想在裏面,但更多的是在「君無為而臣有為」思想的指導下從因循的角度來探討君臣的分職,較多地吸收了黃老道家的思想。

四、君正名而察臣

（一）正名思想之發展

　　名家討論名實問題,但在名家之前孔子就探討過正名的問題。《論語‧子路》:「子路曰:『衛君待子而為政,子將奚先?』子曰:『必也正名乎!』子路曰:『有是哉,子之迂也!奚其正?』子曰:『野哉,由也!君子於其所不知,蓋闕如也。名不正,則言不順;言不順,則事不成;事不成,則禮樂不興;禮樂不興,則刑罰不中;刑罰不中,則民無所措手足。故君子名之必可言也,言之必可行也。君子於其言,無所苟而已矣!』」〔註176〕孔子認為正名乃為政之「先」務。

〔註173〕「幹」,原作「除」,從王念孫說改。
〔註174〕劉文典:《淮南鴻烈集解》,北京:中華書局,1989年,第297～298頁。
〔註175〕劉文典:《淮南鴻烈集解》,北京:中華書局,1989年,第468頁。
〔註176〕邢昺:《論語注疏》,《十三經注疏》,北京:中華書局,1980年,第2506頁。

《史記‧太史公自序》載司馬談論名家曰：「名家苛察繳繞，使人不得反其意，專決於名而失人情，故曰『使人儉而善失真』。若夫控名責實，參伍不失，此不可不察也。」〔註 177〕司馬談既指斥名家「專決於名而失人情」的一面，即詭辯的一面，又肯定名家「控名責實」的一面。「控名責實」是名家的一個長處，如《漢書‧藝文志》所說：「名家者流，蓋出於禮官。古者名位不同，禮亦異數。孔子曰：『必也正名乎！名不正則言不順，言不順則事不成。』此其所長也。」〔註 178〕

名家代表公孫龍有名實之辯，《公孫龍子‧跡府》曰：「公孫龍，六國時辯士也。疾名實之散亂，因資材之所長，為守白之論，假物取譬，以守白辯，謂白馬為非馬也。白馬為非馬者，言白所以名色，言馬所以名形也。色非形，形非色也。夫言色則形不當與，言形則色不宜從。今合以為物，非也。如：求白馬於廄中，無有，而有驪色之馬，然不可應有白馬也。不可以應有白馬，則所求之馬亡矣，亡則白馬竟非馬，欲推是辯，以正名實，而化天下焉。」〔註 179〕

公孫龍主張「正名實而化天下」。什麼是「實」？《公孫龍子‧名實論》曰「物以物其所物而不過焉，實也」〔註 180〕，用許抗生先生的話說就是「物用物的名稱來稱謂那個被稱謂的物而沒有任何過差，這就叫做實」〔註 181〕。什麼是「名」？《公孫龍子‧名實論》曰「名，實謂也」〔註 182〕，即「名」就是「實」的稱謂。公孫龍強調名與實一定要相符，《公孫龍子‧名實論》指出彼名只能專用於稱謂彼實，此名只能專用於稱謂此實，彼名、此名不能混用，即彼名不能用於稱謂此實，此名也不能用於稱謂彼實。公孫龍認為正名實非常重要，是治國的重要措施，所以「古之明王！審其名實，慎其所謂」〔註 183〕，也就是「正名實而化天下」。這是公孫龍《名實論》一篇的主旨所在，王琯注曰：「名之與實，審而求符。謂名謂實，必慎其初。絲毫不假，勿使舛午，執之以正天下。古有明王，其道在是。連稱『至矣』，推挹已極。公

〔註 177〕司馬遷：《史記》，北京：中華書局，1959 年，第 3291 頁。
〔註 178〕班固：《漢書》，北京：中華書局，1962 年，第 1737 頁。
〔註 179〕許抗生：《先秦名家研究》，長沙：湖南人民出版社，1986 年，第 142～144 頁。
〔註 180〕許抗生：《先秦名家研究》，長沙：湖南人民出版社，1986 年，第 97 頁。
〔註 181〕許抗生：《先秦名家研究》，長沙：湖南人民出版社，1986 年，第 98 頁。
〔註 182〕許抗生：《先秦名家研究》，長沙：湖南人民出版社，1986 年，第 103 頁。
〔註 183〕許抗生：《先秦名家研究》，長沙：湖南人民出版社，1986 年，第 97～103 頁。

孫造論微恉，於本篇結穴瞻之矣。」〔註184〕這就是公孫龍「正名實而化天下」的政治學說。

　　名家之中只討論名實問題而不帶詭辯論思想的學者少有，而尹文是一個。許抗生先生指出：「從現有的名家史料來看，尚沒有發現其典型的代表人物〔註185〕，只是尹文可以作為其代表人物之一。」〔註186〕許先生此說可信。尹文與齊王討論「何謂士」的問題，探討的就是名實相符的問題。《呂氏春秋·正名》曰：「尹文見齊王。齊王謂尹文曰：『寡人甚好士。』尹文曰：『願聞何謂士？』王未有以應。尹文曰：『今有人於此，事親則孝，事君則忠，交友則信，居鄉則悌，有此四行者，可謂士乎？』齊王曰：『此真所謂士已。』尹文曰：『王得若人，肯以為臣乎？』王曰：『所願而不能得也。』尹文曰：『使若人於廟朝中，深見侮而不鬥，王將以為臣乎？』王曰：『否。大夫見侮而不鬥，則是辱也。辱則寡人弗以為臣矣。』尹文曰：『雖見侮而不鬥，未失其四行也。未失其四行者，是未失其所以為士矣。未失其所以為士，而王一以為臣，一不以為臣，則向之所謂士者乃非士乎？』〔註187〕王無以應。尹文曰：『今有人於此，將治其國，民有非則非之，民無非則非之，民有罪則罰之，民無罪則罰之，而惡民之難治可乎？』王曰：『不可。』尹文曰：『竊觀下吏之治齊也，方若此也。』王曰：『使寡人治信若是，則民雖不治，寡人弗怨也。意者未至然乎。』尹文曰：『言之不敢無說。請言其說。王之令曰：「殺人者死，傷人者刑。」民有畏王之令，深見侮而不敢鬥者，是全王之令也，而王曰「見侮而不敢鬥，是辱也」。夫謂之辱者，非此之謂也，以為臣不以為臣者罪之也，此無罪而王罰之也。』齊王無以應。論皆若此，故國殘身危，走而之谷，如衛。齊愍王，周室之孟侯也。太公之所老也。桓公嘗以此霸矣，管仲之辯名實審也。」〔註188〕

〔註184〕王琯：《公孫龍子懸解》，北京：中華書局，1992年，第92頁。
〔註185〕尹文是名家之中少有的只討論名實問題而不帶詭辯論思想的學者。
〔註186〕許抗生：《先秦名家研究》，長沙：湖南人民出版社，1986年，第5頁。
〔註187〕「未失其四行者」至「乃非士乎」四四字，原作「未失其四行者，是未失其所以為士一矣。未失其所以為士一，而王以為臣，失其所以為士一，而王不以為臣，則向之所謂士者乃士乎？」，今據譚戒甫先生說改。(《呂氏春秋·正名》注〔二一〕，陳奇猷《呂氏春秋新校釋》，上海：上海古籍出版社，2002年，第1036頁。)
〔註188〕陳奇猷：《呂氏春秋新校釋》，上海：上海古籍出版社，2002年，第1030～1031頁。

齊王認為尹文所說的具有「事親則孝，事君則忠，交友則信，居鄉則悌」四種品行的人是「士」，並且渴望得之以為臣。同時，齊王又認為具有孝、忠、信、悌四種品行的人如果「見侮而不鬥」，那麼他就不讓這樣的人做自己的大臣。尹文指出齊王對「士」這一概念的運用前後存在著矛盾：雖然「見侮而不鬥」，但是並沒有失去孝、忠、信、悌四種品行；沒有失去孝、忠、信、悌四種品行，就是沒有失去可以稱為「士」的「實」；都是名符其實的「士」，齊王您卻認為一個可以做臣子，而一個不可以做臣子，那麼，齊王您原先所謂的「士」難道不是「士」嗎？齊王無以應答。尹文說理的依據是名實相符的思想，按實審名是尹文論證的方法。這些是尹文論辯成功的關鍵。

（二）循名責實以察臣

秦漢雜家提倡君主循名責實來考察臣下。《呂氏春秋・勿躬》曰：「夫君人而知無恃其能、勇、力、誠、信，則近之矣。凡君也者，處平靜、任德化以聽其要，若此則形性彌贏，而耳目愈精；百官慎職，而莫敢愉綎；人事其事，以充其名。名實相保，之謂知道。」〔註189〕《淮南子・主術訓》曰：「故有道之主，滅想去意，清虛以待，不伐之言，不奪之事，循名責實，使有司，任而弗詔，責而弗教，以不知為道，以奈何為寶。如此，則百官之事各有所守矣。攝權勢之柄，其於化民易矣。」〔註190〕

秦漢雜家十分重視正名，追求名實相符。《淮南子・主術訓》曰：「天下多眩於名聲，而寡察其實，是故處人以譽尊，而遊者以辯顯。察其所尊顯，無他故焉，人主不明分數利害之地，而賢眾口之辯也。治國則不然，言事者必究於法，而為行者必治於官。上操其名以責其實，臣守其業以傚其功，言不得過其實，行不得逾其法，群臣輻湊，莫敢專君。事不在法律中，而可以便國佐治，必參五得之。陰考以觀其歸，並用周聽以察其化，不偏一曲，不黨一事，是以中立而遍，運照海內，群臣公正，莫敢為邪，百官述職，務致其公跡也。主精明於上，官勸力於下，姦邪滅跡，庶功日進，是以勇者盡於軍。」〔註191〕天下之人多為虛假的名聲所蒙蔽，如《淮南子・繆稱訓》所說「名過其實

〔註189〕陳奇猷：《呂氏春秋新校釋》，上海：上海古籍出版社，2002 年，第 1089～1090 頁。

〔註190〕劉文典：《淮南鴻烈集解》，北京：中華書局，1989 年，第 301 頁。

〔註191〕劉文典：《淮南鴻烈集解》，北京：中華書局，1989 年，第 287～288 頁。

者蔽」〔註192〕，很少有人考察名實是否相符，所以，隱居者以虛譽而為尊，游說者以詭辯而稱顯。二者為尊、稱顯的原因，是人主只知道以眾口之善辯為賢能，而不明白名實需相符的道理。治理國家則不能這樣，治國要求主上操名以責實，臣下守業以傚功，「言不得過其實，行不得逾其法」。如此治國，則群臣公正，百官述職，天下得治。

《呂氏春秋·正名》曰：「名正則治，名喪則亂。使名喪者，淫說也。說淫則可不可而然不然，是不是而非不非。故君子之說也，足以言賢者之實、不肖者之充而已矣，足以喻治之所悖、亂之所由起而已矣，足以知物之情、人之所獲以生而已矣。凡亂者，刑名不當也。人主雖不肖，猶若用賢，猶若聽善，猶若為可者。其患在乎所謂賢、從不肖也，所為善、而從邪辟，所謂可、從悖逆也，是刑名異充而聲實異謂也。夫賢不肖、善邪辟、可悖逆，國不亂、身不危奚待也？」〔註193〕「名正則治，名喪則亂」，正名是為了治理國家，這與名家「正名實而化天下」的政治學說一脈相承。名實相符，則國家得到治理。《呂氏春秋·知度》曰：「至治之世，其民不好空言虛辭，不好淫學流說，賢不肖各反其質。行其情，不雕其素；蒙厚純樸，以事其上。若此則工拙愚智勇懼可得以故易官，易官則各當其任矣。故有職者安其職，不聽其議；無職者責其實，以驗其辭。此二者審，則無用之言不入於朝矣。」〔註194〕至治之世，臣民不好空言虛辭、不好淫學流說，皆回歸其質樸的本性，按照其真情行事，這樣就能保證名實相符、言行一致。要對一個人做評價，就要「責其實，以驗其辭」。名實相符、言行一致，無用的言辭就不會進入朝廷，這樣，才能保證國家得到治理。又《呂氏春秋·審應》曰：「人主出聲應容，不可不審。凡主有識，言不欲先。人唱我和，人先我隨。以其出為之入，以其言為之名，取其實以責其名，則說者不敢妄言，而人主之所執其要矣。」〔註195〕《呂氏春秋》指出人主「出聲應容，不可不審」，聽人之言要「以其言為之名，取其實以責其名」。人主如果能夠「取實責名」，那麼說話之人就不敢妄言來迷惑人主，這樣人主就掌握住了聽言的根本。

名實不符、言行不一的原因是「淫說」，即「空言虛辭」「淫學流說」。「淫

〔註192〕劉文典：《淮南鴻烈集解》，北京：中華書局，1989年，第340頁。
〔註193〕陳奇猷：《呂氏春秋新校釋》，上海：上海古籍出版社，2002年，第1029頁。
〔註194〕陳奇猷：《呂氏春秋新校釋》，上海：上海古籍出版社，2002年，第1102～1103頁。
〔註195〕陳奇猷：《呂氏春秋新校釋》，上海：上海古籍出版社，2002年，第1151頁。

說」泛濫，就會混淆黑白、顛倒是非，「可不可而然不然，是不是而非不非」，危害極大，《淮南子・詮言訓》批評曰：「公孫龍粲於辭而貿名，鄧析巧辯而亂法，蘇秦善說而亡國。」〔註196〕所以，君子的言辭能夠言明賢者之賢、不肖者之不肖就行了，能夠說明治理國家悖亂的地方、禍亂興起的原因就行了，能夠令人明白事物的情理、人類生存的原因就行了。「凡亂者，刑名不當也」，社會之所以會出現混亂，是因為刑名不當、名實不符、言行不一。只要名實相符，不肖的君主也知道任用賢人、聽從善言、做可行之事。但是，「其患在乎所謂賢、從不肖也，所為善、而從邪辟，所謂可、從悖逆也，是刑名異充而聲實異謂也」，用陳奇猷先生的話說就是：「不肖主所謂賢，是不合於法之賢，名為賢，其實是不肖者；不肖主所謂善，是不合於法之善，名為善，其實是邪辟；不肖主所謂可行者，其實是違法亂紀之事。這些都是法與名不相當，故下文承此曰『是刑名異充而聲實異謂也』。」〔註197〕「刑名異充而聲實異謂」，即名實不符。名實不符，多有危害〔註198〕，不肖之主就不能分辨賢與不肖、善與邪辟、可與悖逆而做出「賢不肖、善邪辟、可悖逆」的舉動，最終導致國亂、身危的下場。

秦漢雜家追求名實相符，強調「言」與「意」一定要一致。《呂氏春秋・離謂》曰：「言者，以諭意也。言意相離，凶也。」〔註199〕又曰：「夫辭者，意之表也。鑒其表而棄其意，悖。故古之人，得其意則捨其言矣。聽言者以言觀意也。聽言而意不可知，其與橋言無擇。」〔註200〕《呂氏春秋》認為言是意之「表」，言是為了「諭意」，言、意不一致就會有災禍。又《呂氏春秋・淫辭》曰：「非辭無以相期，從辭則亂。亂辭之中又有辭焉，心之謂也。言不欺心，則近之矣。凡言者，以諭心也。言心相離，而上無以參之，則下多所言非所行也，所行非所言也。言行相詭，不祥莫大焉。」〔註201〕在這裡，「心」就

〔註196〕劉文典：《淮南鴻烈集解》，北京：中華書局，1989 年，第 472 頁。

〔註197〕《呂氏春秋・正名》注〔五〕，陳奇猷《呂氏春秋新校釋》，上海：上海古籍出版社，2002 年，第 1031 頁。

〔註198〕《淮南子・人間訓》亦曰：「非其事者勿仞也，非其名者勿就也，無故有顯名者勿處也，無功而富貴勿居也。夫就人之名者廢，仞人之事者敗，無功而大利者後將為害。」（劉文典：《淮南鴻烈集解》，北京：中華書局，1989 年，第 609 頁。）

〔註199〕陳奇猷：《呂氏春秋新校釋》，上海：上海古籍出版社，2002 年，第 1187 頁。

〔註200〕陳奇猷：《呂氏春秋新校釋》，上海：上海古籍出版社，2002 年，第 1188 頁。

〔註201〕陳奇猷：《呂氏春秋新校釋》，上海：上海古籍出版社，2002 年，第 1195 頁。

是「意」。言、意分離，上無以知下，那麼下多所言非所行、所行非所言，所以說「言行相詭，不祥莫大焉」。那麼，如何來考察「言」之是非呢？《呂氏春秋・察傳》曰：「辭多類非而是，多類是而非。是非之經，不可不分，此聖人之所慎也。然則何以慎？緣物之情及人之情以為所聞則得之矣。」〔註202〕言多似非而是、似是而非，判斷的依據是「物之情」和「人之情」。

　　《淮南子》有《繆稱》《詮言》二篇，其中也涉及了言與意、情與文的問題。《淮南子・要略》曰：「《繆稱》者，破碎道德之論，差次仁義之分，略雜人間之事，總同乎神明之德。假象取耦，以相譬喻，斷短為節，以應小具，所以曲說攻論，應感而不匱者也」〔註203〕，「《詮言》者，所以譬類人事之指，解喻治亂之體也。差擇微言之眇，詮以至理之文，而補縫過失之闕者也。」〔註204〕《淮南子・繆稱訓》曰：「君臣上下，官職有差，殊事而調。夫織者日以進，耕者日以卻，事相反，成功一也。申喜聞乞之歌而悲，出而視之，其母也。艾陵之戰也，夫差曰：『夷聲陽，句吳其庶乎！』同是聲，而取信焉異，有諸情也。故心哀而歌不樂，心樂而哭不哀。夫子曰：『弦則是也，其聲非也。』文者，所以接物也；情，繫於中而欲發外者也。以文滅情則失情，以情滅文則失文。文情理通，則鳳麟極矣，言至德之懷遠也。」〔註205〕言、意問題，是一種名實問題，也是一種外在表現與內在實質的關係問題。文、情關係，說的是言意問題，即人內在之情感表現於外則成文。情、意難以傳達，所以存在言不達意、文不盡情的遺憾。人之喜怒哀樂，表現出來或為歌唱，或為哭泣。人在開心快樂的時候未必都表現為歌唱，還有喜極而泣；人在痛苦悲哀的時候也未必都表現為哭泣，也有長恨當歌。所以言意一致，名實相符很重要，否則感官獲得的信息往往是假象。

　　名同實異者、名異實同者多有，例如《淮南子・說山訓》曰：「狂者東走，逐者亦東走，東走則同，所以東走則異。溺者入水，拯之者亦入水，入水則同，所以入水則異。故聖人同死生，愚人亦同死生，聖人之同死生通於分理，愚人之同死生不知利害所在。徐偃王以仁義亡國，國亡者非必仁義；比干以忠靡其體，被誅者非必忠也。故寒顫，懼者亦顫，此同名而異實。」〔註206〕

〔註202〕陳奇猷：《呂氏春秋新校釋》，上海：上海古籍出版社，2002年，第1537頁。
〔註203〕劉文典：《淮南鴻烈集解》，北京：中華書局，1989年，第703頁。
〔註204〕劉文典：《淮南鴻烈集解》，北京：中華書局，1989年，第704頁。
〔註205〕劉文典：《淮南鴻烈集解》，北京：中華書局，1989年，第329頁。
〔註206〕劉文典：《淮南鴻烈集解》，北京：中華書局，1989年，第544頁。

《淮南子‧說林訓》亦曰：「或謂冢，或謂隴；或為笠，或為簦，名異實同也〔註207〕。頭盂與空木之瑟，名同實異也。」〔註208〕

關於使名實相符之法，《淮南子》論做事要遵循「道」之時有所涉及。《淮南子‧原道訓》曰：「所謂一者，無匹合於天下者也。卓然獨立，塊然獨處，上通九天，下貫九野，員不中規，方不中矩，大渾而為一，累而無根，懷囊天地，為道關門，穆忞隱閔，純德獨存，布施而不既，用之而不勤。是故視之不見其形，聽之不聞其聲，循之不得其身，無形而有形生焉，無聲而五音鳴焉，無味而五味形焉，無色而五色成焉。是故有生於無，實出於虛，天下為之圈，則名實同居。」〔註209〕「一」為道之關門，天下之事若能以「道」為依據，遵循自然規律，則能夠實現「名實同居」。

五、無為而無不為

君無為而臣有為，君臣分工協作，君王因循不作為，讓臣民大有可為，則必然實現「無為而無不為」的境界。

《呂氏春秋‧任數》曰：「至智棄智，至仁忘仁，至德不德。無言無思，靜以待時，時至而應，心暇者勝。凡應之理，清淨公素，而正始卒；焉此治紀，無唱有和，無先有隨。古之王者，其所為少，其所因多。因者，君術也；為者，臣道也。為則擾矣，因則靜矣。因冬為寒，因夏為暑，君奚事哉？故曰君道無知無為，而賢於有知有為，則得之矣。」〔註210〕《淮南子‧原道訓》曰：「是故聖人內修其本，而不外飾其末，保其精神，偃其智故，漠然無為而無不為也，澹然無治也而無不治也。所謂無為者，不先物為也；所謂無不為者，因物之所為。所謂無治者，不易自然也；所謂無不治者，因物之相然也。」〔註211〕又《淮南子‧說山訓》曰：「人無為則治，有為則傷。無為而治者，載無也。為者，不能有也；不能無為者，不能有為也。」〔註212〕君王內修其本，保其精神，偃其智故，因循無為，則「漠然無為而無不為也，澹然無治也而無

〔註207〕「名異實同也」，原缺，據王念孫說補。
〔註208〕劉文典：《淮南鴻烈集解》，北京：中華書局，1989 年，第 572 頁。
〔註209〕劉文典：《淮南鴻烈集解》，北京：中華書局，1989 年，第 29 頁。
〔註210〕陳奇猷：《呂氏春秋新校釋》，上海：上海古籍出版社，2002 年，第 1075～1076 頁。
〔註211〕劉文典：《淮南鴻烈集解》，北京：中華書局，1989 年，第 24 頁。
〔註212〕劉文典：《淮南鴻烈集解》，北京：中華書局，1989 年，第 522～523 頁。

不治也」。「所謂無為者，不先物為也；所謂無不為者，因物之所為。所謂無治者，不易自然也；所謂無不治者，因物之相然也。」秦漢雜家的「無為」、「無治」，不是什麼都不做，毫無作為，其無為必定最終指向無不為，其無治也必定最終指向無不治。

《淮南子‧脩務訓》對「無為」「無不為」有相當明確、相當精到的解釋，今錄於下：

> 或曰：「無為者，寂然無聲，漠然不動，引之不來，推之不往。如此者，乃得道之象。」吾以為不然，嘗試問之矣：「若夫神農、堯、舜、禹、湯，可謂聖人乎？」有論者必不能廢。以五聖觀之，則莫得無為，明矣。

> 古者，民茹草飲水，採樹木之實，食蠃蚌之肉，時多疾病毒傷之害。於是神農乃始教民播種五穀，相土地宜，燥濕肥墝高下，嘗百草之滋味，水泉之甘苦，令民知所辟就。當此之時，一日而遇七十毒。

> 堯立孝慈仁愛，使民如子弟。西教沃民，東至黑齒，北撫幽都，南道交趾。放讙兜於崇山，竄三苗於三危，流共工於幽州，殛鯀於羽山。

> 舜作室，築牆茨屋，闢地樹穀，令民皆知去巖穴，各有家室。南征三苗，道死蒼梧。

> 禹沐浴霪雨，櫛扶風，決江疏河，鑿龍門，闢伊闕，修彭蠡之防，乘四載，隨山栞木，平治水土，定千八百國。

> 湯夙興夜寐，以致聰明；輕賦薄斂，以寬民氓；布德施惠，以振困窮；弔死問疾，以養孤孀。百姓親附，政令流行，乃整兵鳴條，困夏南巢，譙以其過，放之歷山。

> 此五聖者，天下之盛主，勞形盡慮，為民興利除害而不懈。奉一爵酒不知於色，挈一石之尊則白汗交流，又況贏天下之憂，而海內之事者乎？其重於尊亦遠也！且夫聖人者，不恥身之賤，而愧道之不行，不憂命之短，而憂百姓之窮。是故禹之為水，以身解於陽盱之河；湯旱，以身禱於桑山之林。聖人憂民，如此其明也，而稱以「無為」，豈不悖哉！

　　且古之立帝王者，非以奉養其欲也；聖人踐位者，非以逸樂其身也。為天下強掩弱，眾暴寡，詐欺愚，勇侵怯，懷知而不以相教，積財而不以相分，故立天子以齊一之。為一人聰明而不足以遍照海內，故立三公九卿以輔翼之。絕國殊俗，僻遠幽閒之處，不能被德承澤，故立諸侯以教誨之。是以地無不任，時無不應，官無隱事，國無遺利。所以衣寒食饑，養老弱而息勞倦也。若以布衣徒步之人觀之，則伊尹負鼎而干湯，呂望鼓刀而入周，百里奚轉鬻，管仲束縛，孔子無黔突，墨子無暖席。是以聖人不高山，不廣河，蒙恥辱以干世主，非以貪祿慕位，欲事起天下利而除萬民之害。蓋聞書傳曰：神農憔悴，堯瘦臞，舜黴黑，禹胼胝。由此觀之，則聖人之憂勞百姓甚矣！故自天子以下，至於庶人，四肢不動，思慮不用，事治求澹者，未之聞也。

　　夫地勢，水東流，人必事焉，然後水潦得穀行。禾稼春生，人必加功焉，故五穀得遂長。聽其自流，待其自生，則鯀、禹之功不立，而后稷之智不用。

　　若吾所謂「無為」者，私志不得入公道，嗜欲不得枉正術，循理而舉事，因資而立，權自然之勢，而曲故不得容者，事成而身弗代，功立而名弗有，非謂其感而不應，攻而不動者。若夫以火熯井，以淮灌山，此用己而背自然，故謂之有為。其夫水之用舟，沙之用鳩，泥之用輴，山之用蔂，夏瀆而冬陂，因高為田，因下為池，此非吾所謂為之〔註213〕。

神農、堯、舜、禹、湯，五位聖人，皆殫精竭慮，苦身勞形，替民排憂解難而不止，為民興利除害而不懈，「以五聖觀之，則莫得無為，明矣」。如果說他們毫無作為，則天下人必定不能信服，「聖人憂民，如此其明也，而稱以『無為』，豈不悖哉」？

《淮南子》所謂「無為」，乃是「私志不得入公道，嗜欲不得枉正術，循理而舉事，因資而立，權自然之勢，而曲故不得容者，事成而身弗代，功立而名弗有」。

神農、堯、舜、禹、湯皆是循理舉事，因資立功。神農因循農作物的生活習性而相土適地，教民播種五穀；堯順遂民之好惡，教善懲惡；舜因循人之

─────────────
〔註213〕劉文典：《淮南鴻烈集解》，北京：中華書局，1989年，第629～635頁。

生活規律，築牆作室；禹依據水之文理，因勢利導，制服洪水；湯順應民意，覆滅夏朝。

神農、堯、舜、禹、湯，五聖這樣的「有為」，正是《淮南子》所謂的「無為」。這樣的「無為」，最終必定是「無不為」。無所不為，必定大有作為。

是為「無為而無不為」。

第三章 治國方略（下）——審人情

　　「法天地」的「治國方略」最終是為了「治人」，必須「審之人情」。可以說，不以「人」為中心、脫離「人」的實際情況的「治國方略」肯定是無用的「治國方略」。

　　秦漢雜家的「治國方略」「審人情」包括兩個重要方面的思想：第一，以民為本思想。在古代中國，社會的「人」可以分為「君」「臣」「民」。「君」「臣」是統治階級，是「治國主體」；「民」則是被統治階級。秦漢雜家認為在「治國主體」之中，「君」是根本，即「君」「臣」之間以「君」為本；在整個社會，「君」「臣」「民」之間以「民」為本。「君」之理想、「臣」之規劃最終都需要「民」去完成，以「民」為本，仁政愛民有利於發揮「民」的積極性，可以更好地「用民」來建功立業。「審之人情」，要「以民為本」。

　　第二，德治輔以法治思想。「君」是「治國主體」的根本，「臣」是具體處理國家事務的主體，「民」是創造社會財富的主體。「君」「臣」是統治階級，「民」是被統治階級。統治階級以「法」治國，通過嚴刑峻罰來治「民」，「民」因為害怕而不得不一時俯首帖耳，但是，單純地以「法」治國必不得長久，「民」總有一天會因不堪壓迫而起義。呂不韋「審之人情」一改秦國以法治國的傳統，劉安借鑒秦國純粹以法治國很快滅亡的教訓，提出治國以德治為主、法治為輔。治國首先通過「德治」來教化「民」，但同時並不放棄「法治」，用「法治」來輔助「德治」。無疑，秦漢雜家提出的「德治輔以法治」的治國策略要比單純的實行法家的以「法」治國高明很多。

　　「以民為本」「德治輔以法治」二者不是孤立的，有緊密的聯繫。「以民為本」要求「以德治國」，對「民」實行仁政，但是，又有極個別的「民」（臣、

民）會作奸犯科，這又要使用「法」來輔助治理。如果不把作奸犯科者繩之以法，那麼「以德治國」也得不到很好地執行，所以，「以民為本」要求德治為主、法治為輔。另一方面，只有執行「德治輔以法治」的治國政策才能做到真正的「以民為本」。

第一節　以民為本

秦漢雜家具有民本思想，《呂氏春秋・務本》曰：「安危榮辱之本在於主，主之本在於宗廟，宗廟之本在於民，民之治亂在於有司。」〔註1〕《呂氏春秋》認為「安危榮辱之本在於主，主之本在於宗廟，宗廟之本在於民」，即民是安危榮辱、主、宗廟之根本。《淮南子・主術訓》曰：「食者，民之本也。民者，國之本也。國者，君之本也。」〔註2〕《淮南子・泛論訓》曰：「治國有常，而利民為本。政教有經，而令行為上。苟利於民，不必法古。苟周於事，不必循舊。」〔註3〕《淮南子・泰族訓》曰：「國主之有民也，猶城之有基，木之有根。根深則本固，基美則上寧。」〔註4〕

秦漢雜家「以民為本」思想包括三方面的內容：

第一，重農思想。「以民為本」首先得保證「民」有飯吃，要保證「民」有飯吃就得重視農業、重視農民，即要重農。統治階級的「重農」主觀上都是為了自己考慮，為了鞏固統治、為了開拓疆土、為了長治久安，《呂氏春秋・上農》曰：「古先聖王之所以導其民者，先務於農。民農非徒為地利也，貴其志也。民農則樸，樸則易用，易用則邊境安，主位尊。民農則重，重則少私義，少私義則公法立，力專一。民農則其產復，其產復則重徙，重徙則死處而無二慮。」〔註5〕《淮南子・原道訓》曰：「神農之播穀也，因苗以為教。」〔註6〕主觀上為「君」的「重農」，客觀上也能為「民」。重視農業，不害農時，不荒勞力必然有利於農業生產，必然有利於多生產糧食。糧食生產的足夠多，在滿足國家糧食需要的情況下，「民」還有剩餘的糧食來養活自己和家人，這

〔註1〕陳奇猷：《呂氏春秋新校釋》，上海：上海古籍出版社，2002年，第719頁。
〔註2〕劉文典：《淮南鴻烈集解》，北京：中華書局，1989年，第308頁。
〔註3〕劉文典：《淮南鴻烈集解》，北京：中華書局，1989年，第426～427頁。
〔註4〕劉文典：《淮南鴻烈集解》，北京：中華書局，1989年，第692頁。
〔註5〕陳奇猷：《呂氏春秋新校釋》，上海：上海古籍出版社，2002年，第1718頁。
〔註6〕劉文典：《淮南鴻烈集解》，北京：中華書局，1989年，第16頁。

就客觀上為「民」了。如果統治者不重視農業或者口頭上說重視農業但是沒有實際的重農措施，那麼糧食生產都不夠統治者的需求，就更別說「民」之自養、自保了。

第二，節用思想。「以民為本」就得減輕「民」之賦稅，統治者的鋪張浪費必然加重「民」之負擔，節用可以減輕「民」之負擔，所以，「以民為本」要求節用。例如，秦王政是鋪張浪費的人，其中突出的表現之一是他對自己陵墓的修建。秦王政剛一即位就開始著手建造自己的陵墓，陵墓依驪山而建，呂不韋可以想見其規模定不一般，而今天的考古發現證明秦始皇的陵墓規模確實龐大。建造這樣規模龐大的陵墓必定需要消耗龐大的人力、物力、財力。厚葬可以說有百害而無一利，大量的金銀珠寶被埋葬於地下對死者、生者都沒有好處而只有壞處。對死者來說，人死為土，死人不能消費金銀珠寶，墳墓埋葬大量的金銀珠寶很容易被挖掘，死者很容易因此而被拋屍野外，所以，厚葬對死者沒有好處；對生者只有壞處，大量的金銀珠寶被埋葬於地下，國家的財富自然就會減少，統治者需要新的財富只能從「民」身上榨取，「民」的負擔自然就會加重。呂不韋通過「安死」來勸說秦王政節葬節喪，從而來實現「節用」。長生不死是秦王政生前最關心的問題之一，所以，死後的世界是秦王政十分關心的，秦王政重視陵墓的修建就是證據。呂不韋從避免拋屍野外、從「安死」的角度來勸說秦王政節葬節喪，理論上講，不失為一條易被接受的途徑，事實上，秦王政卻走向了反面，為了防止盜墓賊，他於陵墓之中廣設機關。呂不韋節葬節喪的勸說失敗了，但是，其為「民」著想的「節用」思想是值得肯定的。

第三，義兵思想。「以民為本」就不能隨便殺「民」，「義兵」懲惡揚善、征伐不義，不隨便殺害無辜之民，所以，「以民為本」要求「義兵」。至戰國末期，天下已經是混戰多年，天下之「民」疲憊不堪、惶惶不可終日，天下一統可以說是「民」心所向。面對戰國末期天下趨於統一的大勢，「偃兵」「非攻」之說，顯然是違背社會潮流的，是不現實的。同樣，統一之後的天下也離不開兵將的守衛，「偃兵」「非攻」之說也是不現實的。秦漢雜家批判「偃兵」說、「非攻」說，提倡「義兵」說，主張領導「義兵」誅伐不義，統一天下，拯救天下之「民」脫離苦海。天下統一、社會安定是天下之「民」夢寐以求的世界，「義兵」統一天下響應了天下之「民」的呼聲，能夠滿足天下之「民」

的願望，從這個意義上說，「義兵」統一天下就是「以民為本」。

一、民本思想之發展

以民為本在中國是一種傳統，由來已久。《尚書》已經提出「重民」、「民本」的思想，《尚書·盤庚》曰：「重我民，無盡劉。」〔註7〕又《尚書·五子之歌》曰：「民惟邦本，本固邦寧。」〔註8〕此後，這一思想得到繼承和發展。《春秋左傳》桓公六年（前706）載季梁曰：「夫民，神之主也，是以聖王先成民而後致力於神。」〔註9〕季梁提出「民，神之主」的理論，認為民為先，聖王應該「先成民而後致力於神」。《春秋穀梁傳》桓公十四年（前698）傳曰：「民者，君之本也。」〔註10〕《管子》也有對「重民」「民本」思想的論述，《管子·權脩》曰：「欲為天下者，必重用其國。欲為其國者，必重用其民。欲為其民者，必重盡其民力。」〔註11〕《管子·霸形》載：「桓公變躬遷席，拱手而問曰：『敢問何謂其本？』管子對曰：『齊國百姓，公之本也。』」〔註12〕《管子·霸言》：「夫霸王之所始也，以人為本。本理則國固，本亂則國危。」〔註13〕又《晏子春秋》載：「叔向問晏子曰：『世亂不遵道，上辟不用義；正行則民遺，曲行則道廢。正行而遺民乎？與持民而遺道乎？此二者之於行何如？』晏子對曰：『嬰聞之，卑而不失尊，曲而不失正者，以民為本也。苟持民矣，安有遺道！苟遺民矣，安有正行焉！』」又載：「叔向問晏子曰：『意孰為高？行孰為厚？』對曰：『意莫高於愛民，行莫厚於樂民。』又問曰：『意孰為下？行孰為賊？』對曰：『意莫下於刻民，行莫賤於害身也。』」〔註14〕這些都是中國古代提倡「以民為本」的主張。

孟子豐富發展了民本思想，將「民」提高到至高無上的地位。《孟子·盡心下》曰：「民為貴，社稷次之，君為輕。是故得乎丘民而為天子；得乎天子

〔註7〕孔穎達：《尚書正義》，《十三經注疏》，北京：中華書局，1980年，第168頁。

〔註8〕孔穎達：《尚書正義》，《十三經注疏》，北京：中華書局，1980年，第156頁。

〔註9〕孔穎達：《春秋左傳正義》，《十三經注疏》，北京：中華書局，1980年，第1750頁。

〔註10〕楊士勛：《春秋穀梁傳注疏》，《十三經注疏》，北京：中華書局，1980年，第2378頁。

〔註11〕黎翔鳳：《管子校注》，北京：中華書局，2004年，第49頁。

〔註12〕黎翔鳳：《管子校注》，北京：中華書局，2004年，第453頁。

〔註13〕黎翔鳳：《管子校注》，北京：中華書局，2004年，第472頁。

〔註14〕吳則虞：《晏子春秋集釋》，北京，中華書局，1982年，第281～282、282頁。

為諸侯；得乎諸侯為大夫。諸侯危社稷，則變置。犧牲既成，粢盛既絜，祭祀以時，然而旱乾水溢，則變置社稷。」〔註15〕民貴君輕，孟子將能否得到眾民的擁戴看作能否成為天子的決定性因素。「民為貴，社稷次之，君為輕」，其中「民為貴」，將「民」排在首位，最重，其次是社稷，其次是君。

孟子將民本思想推向了一個新的高度，並且賦予民本思想豐富的內涵。首先，在物質層面，孟子主張為民制恆產，使民富裕，措施有二。一個是民在下辛勤勞作治其田疇，使「地無遺其利」，「五畝之宅，樹之以桑，五十者可以衣帛矣。雞豚狗彘之畜，無失其時，七十者可以食肉矣。百畝之田，勿奪其時，八口之家可以無饑矣」；〔註16〕一個是統治者在上輕稅薄賦，不橫征暴斂。其次，在精神層面，孟子主張二點：一是施教育民；二是行仁樂民。施教育民方面，《孟子·滕文公上》曰：「后稷教民稼穡，樹藝五穀，五穀熟而民人育。人之有道也，飽食暖衣，逸居而無教，則近於禽獸。聖人有憂之，使契為司徒，教以人倫：父子有親，君臣有義，夫婦有別，長幼有敘，朋友有信。」〔註17〕衣食足「而無教，則近於禽獸」，故民需要教育。於是聖人設立學校，教育民人，從而建立父子有親、君臣有義、夫婦有別、長幼有序、朋友有信的和諧社會。行仁樂民方面，《孟子·離婁上》曰：「桀紂之失天下也，失其民也。失其民者，失其心也。得天下有道：得其民斯得天下矣。得其民有道：得其心斯得民矣。得其心有道：所欲，與之聚之；所惡，勿施爾也。民之歸仁也，猶水之就下，獸之走壙也。故為淵驅魚者，獺也；為叢驅爵者，鸇也；為湯、武驅民者，桀與紂也。今天下之君有好仁者，則諸侯皆為之驅矣；雖欲無王，不可得已。今之欲王者，猶七年之病求三年之艾也。苟為不畜，終身不得。苟不志於仁，終身憂辱，以陷於死亡。《詩》云：『其何能淑？載胥及溺。』此之謂也。」〔註18〕桀、紂皆以施行暴政而失去民心，最終失去天下。對民實行仁政才能得民心，才能得天下，統治者要仁政愛民。仁政愛民就要與民同樂，否則，就不是真正的以民為本。《孟子·梁惠王下》

〔註15〕舊題孫奭：《孟子注疏》，《十三經注疏》，北京：中華書局，1980年，第2774頁。

〔註16〕舊題孫奭：《孟子注疏》，《十三經注疏》，北京：中華書局，1980年，第2671頁。

〔註17〕舊題孫奭：《孟子注疏》，《十三經注疏》，北京：中華書局，1980年，第2705頁。

〔註18〕舊題孫奭：《孟子注疏》，《十三經注疏》，北京：中華書局，1980年，第2721頁。

曰：「臣請為王言樂：今王鼓樂於此，百姓聞王鍾鼓之聲、管籥之音，舉疾首蹙頞而相告曰：『吾王之好鼓樂，夫何使我至於此極也？父子不相見，兄弟妻子離散。』今王田獵於此，百姓聞王車馬之音，見羽旄之美，舉疾首蹙頞而相告曰：『吾王之好田獵，夫何使我至於此極也？父子不相見，兄弟妻子離散。』此無他，不與民同樂也。今王鼓樂於此，百姓聞王鍾鼓之聲、管籥之音，舉欣欣然有喜色而相告曰：『吾王庶幾無疾病與？何以能鼓樂也？』今王田獵於此，百姓聞王車馬之音，見羽旄之美，舉欣欣然有喜色而相告曰：『吾王庶幾無疾病與？何以能田獵也？』此無他，與民同樂也。今王與百姓同樂，則王矣。」〔註19〕與民同樂，君王才能體會到真正的快樂，才能成為真正的「王」。

二、重農豐衣足食

（一）重農思想之發展

重農思想，古已有之。《國語‧周語上》載：「宣王即位，不籍千畝。虢文公諫曰：『不可。夫民之大事在農，上帝之粢盛於是乎出，民之蕃庶於是乎生，事之供給於是乎在，和協輯睦於是乎興，財用蕃殖於是乎始，敦厖純固於是乎成，是故稷為天官。』」〔註20〕周宣王之時，虢文公就有這樣的重農思想。

人的第一需求是生存，所以糧食和衣服尤為重要。糧食和衣服來自於農業，所以農業在古代社會得到普遍的重視。戰國時代，諸侯爭霸，各諸侯國都擁有自己的軍隊。軍隊作戰需要充足的糧食來作保障，在這樣的情況下，農業變得尤其重要。面對這樣的形勢，給君主出謀劃策的戰國諸子大多表現出對農業的重視。

戰國諸子的「重農」大多與「抑末」緊密相連。《管子‧治國》曰：「富國多粟，生於農，故先王貴之。凡為國之急者，必先禁末作文巧。末作文巧禁，則民無所遊食。民無所遊食，則必農。民事農則田墾，田墾則粟多，粟多則國富，國富者兵強，兵強者戰勝，戰勝者地廣。是以先王知眾民、強兵、廣地、富國之必生於粟也，故禁末作，止奇巧，而利農事。今為末作奇巧者，一日作而五日食。農夫終歲之作，不足以自食也。然則民舍本事而事末作。舍本事

〔註19〕舊題孫奭：《孟子注疏》，《十三經注疏》，北京：中華書局，1980年，第2673～2674頁。
〔註20〕徐元誥：《國語集解》，北京：中華書局，2002年，第15～16頁。

而事末作，則田荒而國貧矣。」〔註21〕《管子》指出重農抑末則粟多，粟多則國富；舍本事末則田荒，田荒則國貧。《商君書‧壹言》曰：「能事本而禁末則富。」〔註22〕又《商君書‧外內》曰：「苟能令商賈技巧之人無繁，則欲國之無富不可得也。故曰：欲農富其國者，境內之食必貴，而不農之徵必多，市利之租必重。則民不得無田。無田，不得不易其食。食貴則田者利，田者利則事者眾。食貴，糴食不利，而又加重徵，則民不得無去其商賈技巧而事地利矣。故民之力盡在於地利矣。」〔註23〕商鞅變法，重視耕戰，獎勵農耕，獎勵戰功。商鞅指出事本禁末則富，主張通過抬高糧食價格和對工商業徵收重稅來使民都安守農業。《荀子‧富國》曰：「輕田野之稅，平關市之征，省商賈之數，罕興力役，無奪農時，如是，則國富矣。」又曰：「工商眾則國貧……田野縣鄙者，財之本也。」〔註24〕荀子認為農民眾則國富，工商眾則國貧，所以主張重農而抑末。《韓非子‧詭使》曰：「倉廩之所以實者，耕農之本務也；而綦組錦繡刻畫為末作者富。」〔註25〕《韓非子‧五蠹》曰：「夫明王治國之政，使其商工遊食之民少而名卑，以寡趣本務而趨末作。」〔註26〕韓非重農，主張通過限制工商業者的人數和貶低工商業者的社會地位來增加農民的數量。

農家是先秦時期一個重要的學派。班固認為農家出於農稷之官，《漢書‧藝文志》曰：「農家者流，蓋出於農稷之官。播百穀，勸耕桑，以足衣食，故八政一曰食，二曰貨。孔子曰『所重民食』，此其所長也。及鄙者為之，以為無所事聖王，欲使君臣並耕，誖上下之序。」〔註27〕農家之學，分為兩派，如呂思勉先生所說「一言種樹之事」，「一則關涉政治」〔註28〕。「言種樹事」一派傾向於對土地耕作、穀物種植等技術、經驗的總結；「關涉政治」一派傾向於對農業、政治之間關係的探討。

〔註21〕黎翔鳳：《管子校注》，北京：中華書局，2004年，第924～925頁。
〔註22〕蔣禮鴻：《商君書錐指》，北京：中華書局，1986年，第60頁。
〔註23〕蔣禮鴻：《商君書錐指》，北京：中華書局，1986年，第128～129頁。
〔註24〕王先謙：《荀子集解》，北京：中華書局，1988年，第179、194頁。
〔註25〕王先慎：《韓非子集解》，北京：中華書局，1998年，第412頁。
〔註26〕王先慎：《韓非子集解》，北京：中華書局，1998年，第455頁。
〔註27〕班固：《漢書》，北京：中華書局，1962年，第1743頁。
〔註28〕呂思勉：《先秦學術概論》，上海：中國大百科全書出版社，1985年，第138頁。

（二）重農為國為民

秦漢雜家重視農業，《呂氏春秋・孟春》曰：「是月也，天子乃以元日祈穀於上帝。乃擇元辰，天子親載耒耜，措之參於保介之御間，率三公九卿諸侯大夫躬耕帝籍田，天子三推，三公五推，卿諸侯大夫九推。」〔註29〕《淮南子・時則訓》曰：仲春之月，「毋竭川澤，毋漉陂池，毋焚山林，毋作大事，以妨農功」。季春之月，「命司空，時雨將降，下水上騰，循行國邑，周視原野，修利堤防，導通溝瀆，達路除道，從國始，至境止」，「具撲曲筥筐，后妃齋戒，東鄉視桑，省婦使，勸蠶事」。孟夏之月，「立夏之日。天子親率三公九卿大夫以迎歲於南郊」，「毋興土功，毋伐大樹。令野虞，行田原，勸農事，驅獸畜，勿令害穀。天子以彘嘗麥，先薦寢廟」。季夏之月，「土潤溽暑，大雨時行，利以殺草，糞田疇，以肥土疆」。孟秋之月，「是月農始陞穀，天子嘗新，先薦寢廟。命百官，始收斂，完堤坊，謹障塞，以備水潦」。仲秋之月，「是月可以築城郭，建都邑，穿竇窖，修囷倉。乃命有司，趣民收斂畜採，多積聚，勸種宿麥，若或失時，行罪無疑」。季秋之月，「乃命冢宰，農事備收，舉五穀之要，藏帝籍之收於神倉」〔註30〕。《呂氏春秋》的「十二紀紀首」和《淮南子・時則訓》，都是君王、大臣的施政綱領，其中重視農業生產是其極其重要的內容。

農業是國家穩定的根本，是萬民衣食之根本，秦漢雜家重視這個根本。《呂氏春秋・貴當》曰：「齊人有好獵者〔註31〕，曠日持久而不得獸，入則愧其家室，出則愧其知友州里。惟其所以不得之故，則狗惡也。欲得良狗，則家貧無以。於是還疾耕，疾耕則家富，家富則有以求良狗，狗良則數得獸矣，田獵之獲常過人矣。非獨獵也，百事也盡然。霸王有不先耕而成霸王者，古今無有。此賢者不肖之所以殊也。」〔註32〕《呂氏春秋》通過齊人打獵的故事旨在說明農耕、農業是基礎，是其他行業的活動得以順利展開的前提和保障。「非獨獵也，百事也盡然」，農業是一切活動的基礎，不能吃飯和穿衣，其他的活動都沒有保障。其中，成就霸業被特別強調，《呂氏春秋》指出「霸王有不先耕而成霸王者，古今無有」。《呂氏春秋》雖然強調以農為本，但是並不主張十分嚴

〔註29〕陳奇猷：《呂氏春秋新校釋》，上海：上海古籍出版社，2002年，第2頁。
〔註30〕每月引文依次分別見劉文典《淮南鴻烈集解》，北京：中華書局，1989年，第163、165～166、167～168、172、175、176、178頁。
〔註31〕「齊人」，原作「君」，今從畢沅改，許維遹《呂氏春秋集釋》，北京：中華書局，2009年，第657頁。
〔註32〕陳奇猷：《呂氏春秋新校釋》，上海：上海古籍出版社，2002年，第1638頁。

屬地壓制工商業。《上農》曰：「農攻粟，工攻器，賈攻貨。」〔註33〕《呂氏春秋》主張以農為本，同時，農業又要與工商業按照一定的比例協調發展。

《淮南子・齊俗訓》曰：「神農之法曰：『丈夫丁壯而不耕，天下有受其饑者。婦人當年而不織，天下有受其寒者。』故身自耕，妻親織，以為天下先。其導民也，不貴難得之貨，不器無用之物。是故其耕不強者，無以養生；其織不強者，無以揜形；有餘不足，各歸其身。衣食饒溢，姦邪不生，安樂無事而天下均平。」〔註34〕《淮南子・齊俗訓》又曰：「夫乘奇技、偽邪施者，自足乎一世之間；守正修理、不苟得者，不免乎飢寒之患；而欲民之去末反本，是由發其原而壅其流也。夫雕琢刻鏤，傷農事者也；錦繡纂組，害女工者也。農事廢，女工傷，則饑之本而寒之原也。夫飢寒並至，能不犯法幹誅者，古今之未聞也。」〔註35〕男耕女織是天下衣食充足的根本，男不耕作則天下有飢餓，女不紡織則天下有嚴寒。男女棄本就末，則飢寒並至，作奸犯科者眾，故《淮南子》提倡萬民「去末反本」。

《呂氏春秋》全書的最後四篇是：《上農》《任地》《辯土》《審時》。《上農》，「上農」就是「尚農」，說的就是要重視農業。《上農》對為什麼要重視農業和怎樣來重視農業這二個問題進行了很好地論述。

1. 重農原因

為什麼要重視農業呢？《上農》從以下二個方面進行了論述：

第一，重視農業、使民務農有利於鞏固統治、穩定社會。

《上農》曰：「古先聖王之所以導其民者，先務於農。民農非徒為地利也，貴其志也。民農則樸，樸則易用，易用則邊境安，主位尊。民農則重，重則少私義，少私義則公法立，力專一。民農則其產復，其產復則重徙，重徙則死處而無二慮。舍本而事末則不令，不令則不可以守，不可以戰。民舍本而事末則其產約，其產約則輕遷徙，輕遷徙，則國家有患，皆有遠志，無有居心。民舍本而事末則好智，好智則多詐，多詐則巧法令，以是為非，以非為是。」〔註36〕使民務農當然可以生產更多的東西，有利於國家的富裕，但是，《上農》指出「民農非徒為地利也，貴其志也」，即如夏緯瑛先生所說，使民務農不僅

〔註33〕陳奇猷：《呂氏春秋新校釋》，上海：上海古籍出版社，2002 年，第 1720 頁。
〔註34〕劉文典：《淮南鴻烈集解》，北京：中華書局，1989 年，第 374～375 頁。
〔註35〕劉文典：《淮南鴻烈集解》，北京：中華書局，1989 年，第 376 頁。
〔註36〕陳奇猷：《呂氏春秋新校釋》，上海：上海古籍出版社，2002 年，第 1718～1719 頁。

僅是為了獲得土地生產之利，還想通過控制「農民之志」來達到其政治上的目的〔註37〕。

使民務農，民眾的思想就會保持淳樸，思想淳樸就會容易驅使，容易驅使，邊境才能保證安全，君主的地位才不會動搖。使民務農，民眾的作風就會保持慎重，作風慎重就很少在私底下發表議論，私底下少發表議論，法令才能確立，用力才能統一。否則，「民舍本而事末」，就會喜好巧智，喜好巧智，民眾的內心就會增加詭計和姦詐，這樣，民眾就會在國家的法律上耍巧使詐，混淆是非，最終給社會造成混亂，危及君主的統治。出於這樣的考慮，《上農》重視農業、主張使民務農。

使民務農，民眾的經濟收入就會增大，同時，農民經濟收入的來源是土地，一旦離開屬於自己的土地，經濟來源就斷了。這樣，農民就害怕遷徙，害怕遷徙就會一輩子死守故土而不會考慮離開。否則，「民舍本而事末」，民眾的經濟收入就會減少，同時，「事末」的工商業者的經濟收入不依賴土地，這樣工商業者就可以隨時遷徙，國家一旦遭遇危難，民眾就會有離開的想法，而沒有安居之心，最終的結果是有國而無民，國將不國。出於這樣的考慮，《上農》重視農業、主張使民務農。

第二，重視農業、以農為本是出於教化的需要。

《上農》曰：「后稷曰：『所以務耕織者，以為本教也。』是故天子親率諸侯耕帝籍田，大夫士皆有功業。是故當時之務，農不見於國，以教民尊地產也。后妃率九嬪蠶於郊，桑於公田。是以春秋冬夏皆有麻枲絲繭之功，以力婦教也。是故丈夫不織而衣，婦人不耕而食，男女貿功，以長生，此聖人之制也。」〔註38〕「所以務耕織者，以為本教也」，即之所以重視務農、提倡男耕女織，是因為它是教化的根本。中國古代有禮教、樂教等教化方式，農家則將「農教」視為教化的根本。施行「農教」，最高統治者要起到示範帶頭作用。天子親耕帝籍田、后妃親自採桑養蠶都是在施行「農教」。

「農教」如此重要，所以被寫入具有「帝王行為規範」性質的《十二紀》「月令」之中。《孟春》曰：「是月也，天子乃以元日祈穀於上帝。乃擇元辰，天子親載耒耜，措之參於保介之御間，率三公九卿諸侯大夫躬耕帝籍田，天子三推，三公五推，卿諸侯大夫九推。」又曰：「是月也，天氣下降，地氣上

〔註37〕夏緯瑛：《呂氏春秋上農等四篇校釋》，北京：農業出版社，1979 年，第 1 頁。
〔註38〕陳奇猷：《呂氏春秋新校釋》，上海：上海古籍出版社，2002 年，第 1719 頁。

騰，天地和同，草木繁動。王布農事：命田舍東郊，皆修封疆，審端徑術，善相丘陵阪險原隰，土地所宜，五穀所殖，以教道民，以躬親之。田事既飭，先定準直，農乃不惑。」〔註39〕《季春》：「是月也……后妃齋戒，親東鄉躬桑，禁婦女無觀。省婦使，勸蠶事，蠶事既登，分繭稱絲效功，以共郊廟之服，無有敢墮。」〔註40〕這裡說得很明白，天子親耕，「以教道民」；后妃躬桑，以「勸蠶事」，都是為了達到教化的目的。

2. 重農措施

怎樣來重視農業呢？《上農》從以下二個方面進行了論述：

第一，不害農時，以保證充足的勞動時間。

《上農》曰：「故當時之務，不興土功，不作師徒，庶人不冠弁、娶妻、嫁女、享祀，不酒醴聚眾，農不上聞，不敢私籍於庸，為害於時也。然後制野禁……野禁有五：地未辟易，不操麻，不出糞。齒年未長，不敢為園圃。量力不足，不敢渠地而耕。農不敢行賈，不敢為異事。為害於時也。然後制四時之禁：山不敢伐材下木，澤人不敢灰僇，繯網罝罦不敢出於門，眾罟不敢入於淵，澤非舟虞，不敢緣名，為害其時也。」〔註41〕農忙之時，不能大興土木，不能發動戰爭，除非冠弁、娶妻、嫁女、享祀不能聚眾飲酒，官府不允許不能私自雇人代耕，為的是不害農時；「野禁」規定，田地沒有整治好不能操麻、不能出糞，年齡不夠老不能在園圃之中勞動，力量不足不能擴大耕地面積，農民不能經商、不能幹別的事情，為的是不害農時；「四時之禁」規定，季節不到，不能上山伐木，不能在水邊燒灰割草，不能把捕獵鳥獸的網帶出家門，不能下水捕魚，不是管船的官員不能行船，為的是不害農時。不害農時，才能促進農業的發展。

侵奪農時，將會有諸多災禍，《上農》曰：「時事不共，是謂大凶。奪之以土功，是謂稽，不絕憂唯，必喪其粃。奪之以水事，是謂籥，喪以繼樂，四鄰來虛。奪之以兵事，是謂厲，禍因胥歲，不舉銍艾。數奪民時，大饑乃來。」〔註42〕行事違背農時，叫作「大凶」，大興土木來侵奪農時，必定顆粒無收；興修水利來侵奪農時，鄰國就會來掠奪；發動戰爭來侵奪農時，根本就用不

〔註39〕陳奇猷：《呂氏春秋新校釋》，上海：上海古籍出版社，2002年，第2頁。
〔註40〕陳奇猷：《呂氏春秋新校釋》，上海：上海古籍出版社，2002年，第124頁。
〔註41〕陳奇猷：《呂氏春秋新校釋》，上海：上海古籍出版社，2002 年，第 1719～1720 頁。
〔註42〕陳奇猷：《呂氏春秋新校釋》，上海：上海古籍出版社，2002年，第1720頁。

著鐮刀來收割。連續不斷地侵奪農時，大的饑荒就會到來。

第二，不荒勞力，以保證足夠的勞動者。

《上農》曰：「非老不休，非疾不息，非死不捨。上田，夫食九人。下田，夫食五人。可以益，不可以損。一人治之，十人食之，六畜皆在其中矣……苟非同姓，農不出御，女不外嫁，以安農也……若民不力田，墨乃家畜，國家難治，三疑乃極，是謂背本反則，失毀其國……野有寢耒，或談或歌，旦則有昏，喪粟甚多。」〔註43〕為了保證有足夠的勞動力，《上農》提出以下舉措：首先，規定勞動制度，農民不是老到不能勞動就不能停止耕作，不是生病就不能休息，不到死亡之日就不能捨棄農業。其次，制定生產目標，耕種上等田，每個農民必須至少能供養九個人；耕種下等田，每個農民必須至少能供養五個人，供養的人數只可以增多不可以減少。再次，規定婚嫁原則，除非是同姓的原因，男子不能娶妻於外地，女子也不能嫁到外地，這有利於保證當地農民的數量不會減少。最後，制定懲罰制度，如果農民不竭盡全力、不全身心地去耕作，就沒收其家產。這些措施確實有利於保證足夠的勞動者，從而促進農業的發展，同時，這些措施也揭示了統治階級對農民剝削的殘酷。

三、節用富國安民

（一）節用思想之發展

《淮南子·要略》曰：「墨子學儒者之業，受孔子之術，以為其禮煩擾而不說，厚葬靡財而貧民，〔久〕服傷生而害事，故背周道而用夏政。禹之時，天下大水，禹身執藁垂，以為民先，剔河而道九岐，鑿江而通九路，闢五湖而定東海。當此之時，燒不暇撌，濡不給扢，死陵者葬陵，死澤者葬澤，故節財、薄葬、閒服生焉。」〔註44〕墨學針對糾正儒學之弊端而產生，儒家的厚葬、久喪具有「靡財」「傷生」等弊端，所以，墨家主張節葬、節喪〔註45〕。據此言之，節葬、節喪學說當是墨子最早的學說主張。鄭傑文先生考證指出：「節葬節喪學說，應該是墨子最早的學說主張。」〔註46〕此說可信。

〔註43〕陳奇猷：《呂氏春秋新校釋》，上海：上海古籍出版社，2002 年，第 1719～1720 頁。

〔註44〕劉文典：《淮南鴻烈集解》，北京：中華書局，1989 年，第 709～710 頁。

〔註45〕鄭傑文等：《墨學對中國社會發展的影響》，濟南：山東人民出版社，2011 年，第 88～92 頁。

〔註46〕鄭傑文：《中國墨學通史》，北京：人民出版社，2006 年，第 23 頁。

　　「節用」是墨家十分重要的思想。《呂氏春秋·不二》曰「墨翟貴廉」〔註47〕，「廉」，王蘧常曰「孫詒讓疑『廉』即『兼』之借字（《墨子閒詁後語》），梁任公年丈則以為『兼』之偽（《尸子廣澤篇呂氏春秋不二篇合釋》）」，陳奇猷曰「『廉』字似不誤。『廉』蓋即『礛』字……墨子貴廉，謂墨子貴砥礪」〔註48〕。我們認為「廉」字不誤，但不是「砥礪」的意思，而是「節儉」的意思，如鄭傑文先生考證所說：「《韓非子·五蠹》『斬敵者受賞，而高慈、惠之行；拔城者受爵祿，而信廉、愛之說』，韓非舉此二矛盾言行以說理。『高慈、惠之行』，為儒家所倡；『信廉、愛之說』，為墨家主張。『廉』與『愛』對舉，廉即為儉，指墨家的節用學說。自孟子批墨家兼愛而倡儒家仁愛，墨家之『兼愛說』名聲顯矣；自荀子批墨家因節用而非樂以倡儒家禮樂，墨家之『節用說』名聲亦顯矣。」〔註49〕《呂氏春秋·不二》所說「墨翟貴廉」，指的就是墨家的節用學說。墨家既主張兼愛，又主張節用，兼愛、節用是墨家學說之中堅，故而既有《尸子·廣澤》篇之「墨子貴兼」說，又有《呂氏春秋·不二》篇之「墨翟貴廉」說。

　　墨家的節葬節喪、非樂等主張都是出於節用的考慮。墨子生活的時代社會盛行的是厚葬久喪，《墨子·節葬下》曰：「今王公大人之為葬埋……必大棺中棺，革闠三操，璧玉即具，戈劍鼎鼓壺濫、文繡素練、大鞅萬領、與馬女樂皆具……此為輟民之事，靡民之財，不可勝計也，其為毋用若此矣。」〔註50〕厚葬久喪「靡民之財」，「輟民之事」，如《墨子·節葬下》所說：「細計厚葬為多埋賦之財者也，計久喪為久禁從事者也。財以成者，扶而埋之，後得生者而久禁之，以此求富，此譬猶禁耕而求獲也，富之說無可得焉。」〔註51〕墨子所說很有道理，厚葬埋葬了已有的財富，久喪使人身體虛弱、精神恍惚又不能創造新的財富。厚葬久喪其實是將生人創造的財富埋葬給死人，同時又不利於生人再創造新的財富，必將導致社會財富的減少，甚至枯竭。這種做法對死人毫無益處而對生人有極大的壞處，所以，墨子主張節葬節喪，《墨子·節葬下》曰「子墨子制為葬埋之法曰：棺三寸，足以朽骨；衣三領，足以朽肉；掘地之深，下無菹漏，氣無發洩於上，壟足以期其所，則止矣。哭往哭

〔註47〕陳奇猷：《呂氏春秋新校釋》，上海：上海古籍出版社，2002 年，第 1134 頁。
〔註48〕陳奇猷：《呂氏春秋新校釋》，上海：上海古籍出版社，2002 年，第 1136 頁。
〔註49〕鄭傑文：《中國墨學通史》，北京：人民出版社，2006 年，第 160 頁。
〔註50〕孫詒讓：《墨子閒詁》，北京：中華書局，2001 年，第 185～186 頁。
〔註51〕孫詒讓：《墨子閒詁》，北京：中華書局，2001 年，第 175～176 頁。

來，反眾事乎衣食之財，俾乎祭祀，以致孝於親。」〔註52〕

統治者沉迷於音樂會給百姓增加負擔，《墨子·非樂上》曰：「昔者齊康公興樂萬，萬人不可衣短褐，不可食糠糟，曰：『食飲不美，面目顏色不足視也；衣服不美，身體從容醜羸，不足觀也。』是以食必粱肉，衣必文繡。此掌不從事乎衣食之財，而掌食乎人者也。是故子墨子曰：今王公大人惟毋為樂，虧奪民衣食之財以拊樂如此之也。是故子墨子曰：為樂非也。」〔註53〕齊康公興萬人之樂，為了追求完美的效果，萬人「食必粱肉，衣必文繡」，這勢必使統治者加重對百姓的盤剝。為了滿足一個人的淫樂欲望而如此勞民傷財，這是墨子極力反對的。又《墨子·非樂上》曰：「子墨子之所以非樂者，非以大鐘鳴鼓、琴瑟竽笙之聲以為不樂也，非以刻鏤華文章之色以為不美也，非以犓豢煎炙之味以為不甘也，非以高臺厚榭邃野之居以為不安也。雖身知其安也，口知其甘也，目知其美也，耳知其樂也，然上考之不中聖王之事，下度之不中萬民之利，是故子墨子曰：為樂非也。」〔註54〕墨子「非樂」不是因為墨子以為鍾鼓、琴瑟、竽笙之聲不能給人帶來快樂，而是因為其上不中聖王之事，下不中萬民之利。

任繼愈先生說：「墨子從『國家人民之大利』的立場提出了節用的原則，至於非樂、非命和節葬的主張，實質上是『節用』原則的應用，是防止貴族浪費的具體措施。」〔註55〕此說甚是。墨子的節葬、節喪、非樂主張都是其節用思想的表現，都是為了「天下之大利」，如《墨子·節用上》載墨子所說「去無用之費，聖王之道，天下之大利也」〔註56〕。

儒家雖然重視「禮」，講究排場，但是，孔子也曾提倡「節用」，《論語·學而》：「子曰：道千乘之國，敬事而信，節用而愛人，使民以時。」〔註57〕

荀子講治國也提倡「節用」。《荀子·富國》曰：「足國之道，節用裕民而善臧其餘。節用以禮，裕民以政。彼裕民，故多餘。裕民則民富，民富則田肥以易，田肥以易則出實百倍。上以法取焉，而下以禮節用之，餘若丘山，不時焚燒，無所臧之，夫君子奚患乎無餘？故知節用裕民，則必有仁義聖良之名，

〔註52〕孫詒讓：《墨子閒詁》，北京：中華書局，2001年，第189～190頁。
〔註53〕孫詒讓：《墨子閒詁》，北京：中華書局，2001年，第255～257頁。
〔註54〕孫詒讓：《墨子閒詁》，北京：中華書局，2001年，第251頁。
〔註55〕任繼愈：《墨子與墨家》（增訂版），北京：商務印書館，1998年，第44頁。
〔註56〕孫詒讓：《墨子閒詁》，北京：中華書局，2001年，第163頁。
〔註57〕邢昺：《論語注疏》，《十三經注疏》，北京：中華書局，1980年，第2457頁。

而且有富厚丘山之積矣。此無它故焉，生於節用裕民也。不知節用裕民則民貧，民貧則田瘠以穢，田瘠以穢則出實不半，上雖好取侵奪，猶將寡獲也，而或以無禮節用之，則必有貪利糾譑之名，而且有空虛窮乏之實矣。此無它故焉，不知節用裕民也。康誥曰：『弘覆乎天，若德裕乃身。』此之謂也。」〔註58〕荀子的治國思想也提倡「節用」，荀子認為「節用裕民而善臧其餘」是富國之道。「彼裕民，故多餘。裕民則民富」，章詩同《荀子簡注》斷句為：「彼裕民故多餘，裕民則民富」〔註59〕，並對「彼裕民」之「裕民」注曰：「裕民，疑當作『節用』，才與上文符合。」〔註60〕我們認為此說有理，即節用所以多餘，有餘才好富國。

（二）節用利國利民

秦漢雜家提倡節儉，反對鋪張浪費。《淮南子・主術訓》曰：「人主租斂於民也，必先計歲收，量民積聚，知飢饉有餘不足之數，然後取車輿衣食供養其欲。高臺層榭，接屋連閣，非不麗也，然民有掘穴狹廬所以託身者，明主弗樂也。肥醲甘脆，非不美也，然民有糟糠菽粟不接於口者，則明主弗甘也。匡床蒻席，非不寧也，然民有處邊城，犯危難，澤死暴骸者，明主弗安也。故古之君人者，其慘怛於民也，國有饑者，食不重味；民有寒者，而冬不被裘。」〔註61〕「人主租斂於民也，必先計歲收，量民積聚，知飢饉有餘不足之數，然後取車輿衣食供養其欲」。這和墨家不損民利的節用標準一樣。

《淮南子・齊俗訓》曰：「夫三年之喪，是強人所不及也，而以偽輔情也。三月之服，是絕哀而迫切之性也。夫儒、墨不原人情之終始，而務以行相反之制，五縗之服。悲哀抱於情，葬薶稱於養，不強人之所不能為，不絕人之所能已，度量不失於適，誹譽無所由生。古者，非不知繁升降槃還之禮也，蹀《采齊》、《肆夏》之容也，以為曠日煩民而無所用，故制禮足以佐實喻意而已矣。古者，非不能陳鍾鼓，盛管簫，揚干戚，奮羽旄，以為費財亂政，制樂足以合歡宣意而已，喜不羨於音。非不能竭國麋民，虛府殫財，含珠鱗施，綸組節束，追送死也，以為窮民絕業而無益於槁骨腐肉也，故葬薶足以收斂蓋藏而已。昔舜葬蒼梧，市不變其肆；禹葬會稽之山，農不易其畝；明乎生死之分，通乎侈

〔註58〕王先謙：《荀子集解》，北京：中華書局，1988年，第177～178頁。
〔註59〕章詩同：《荀子簡注》，上海：上海人民出版社，1974年，第93頁。
〔註60〕章詩同：《荀子簡注》，上海：上海人民出版社，1974年，第94頁。
〔註61〕劉文典：《淮南鴻烈集解》，北京：中華書局，1989年，第305～306頁。

儉之適者也。亂國則不然，言與行相悖，情與貌相反，禮飾以煩，樂憂以淫，崇死以害生，久喪以招行，是以風俗濁於世，而誹譽萌於朝，是故聖人廢而不用也。」〔註62〕《淮南子》批判儒、墨二家不能根據人性情之實際情形，而制定截然相反的制度。古者，「悲哀抱於情，葬薶稱於養，不強人之所不能為，不絕人之所能已」，故「制禮足以佐實喻意而已」，「制樂足以合歡宣意而已」，「葬薶足以收斂蓋藏而已」，絕不鋪張浪費。像舜葬蒼梧，市不變其肆；禹葬會稽，農不易其畝，是所謂「明乎生死之分，通乎侈儉之適者也」。

《呂氏春秋》從節葬、節喪、安死等方面來討論節用。《呂氏春秋》有《節喪》篇專門探討節葬節喪問題。《節喪》曰：「世俗之行喪，載之以大輴，羽旄旌旗、如雲僂翣以督之，珠玉以佩之，黼黻文章以飭之，引綍者左右萬人以行之，以軍制立之然後可。以此觀世，則美矣侈矣；以此為死，則不可也。」〔註63〕當時的喪葬風俗是掩埋財物極多、送葬場面極大，《呂氏春秋》指出「以此觀世，則美矣侈矣；以此為死，則不可也」。墨家主張節葬節喪，《呂氏春秋》也主張節葬節喪，二者的目的雖然都是為了「節用」，但是，二者的論證角度是不同的。墨家直接從「節用」的角度來論證，指出節葬節喪可以為生者節省財富；《呂氏春秋》則是從「安死」的角度來論證，指出節葬節喪可以使死者安眠地下而不被拋屍野外。

《呂氏春秋》有《安死》篇，《安死》曰：「堯葬於谷林，通樹之；舜葬於紀市，不變其肆；禹葬於會稽，不變人徒；是故先王以儉節葬死也，非愛其費也，非惡其勞也，以為死者慮也。先王之所惡，惟死者之辱也。發則必辱，儉則不發，故先王之葬，必儉、必合、必同。」〔註64〕《呂氏春秋》指出堯、舜、禹皆「以儉節葬死」，不是因為愛惜費用、厭惡勞民而是為了替死者考慮。先王所厭惡和擔心的是死者受到侮辱，死者的墳墓遭到挖掘則死者必定受到侮辱。如果簡簡單單地、節儉地埋葬死者，那麼死者的墳墓就不會遭到挖掘，所以，先王都節葬節喪。又《節喪》曰：「葬也者，藏也，慈親孝子之所慎也。慎之者，以生人之心慮。以生人之心為死者慮也，莫如無動，莫如無發。無發無動，莫如無有可利，則此之謂重閉。」〔註65〕《呂氏春秋》認為「葬」的

〔註62〕劉文典：《淮南鴻烈集解》，北京：中華書局，1989年，第356～357頁。
〔註63〕陳奇猷：《呂氏春秋新校釋》，上海：上海古籍出版社，2002年，第532頁。
〔註64〕陳奇猷：《呂氏春秋新校釋》，上海：上海古籍出版社，2002年，第543頁。
〔註65〕陳奇猷：《呂氏春秋新校釋》，上海：上海古籍出版社，2002年，第531頁。

意思就是「閉藏」。閉藏起來，為死者考慮，「莫如無動，莫如無發」。怎樣才能保證「無發無動」呢？方法就是「莫如無有可利」，即節葬節喪。《節喪》《安死》二篇之間的邏輯是：節喪是為了安死，安死所以要節喪，最終實現節用。《呂氏春秋》的節葬節喪看似主觀上是為了「安死」，其實，「安死」只是《呂氏春秋》所選擇的一個容易被人接受的角度。墨家直接從「節用」的角度來倡導節葬節喪，但是，墨家這樣的說教並沒有阻止統治者將大量的社會財富繼續埋葬於地下。呂不韋看到墨家直接從「節用」角度的說教並不能促使統治者節葬節喪，所以《呂氏春秋》從「安死」的角度來進行說教。當時的人們普遍認為人死為鬼，如果墳墓被挖掘，屍骨必受凌辱，死者作為鬼必不得安寧。節葬節喪就能保證墳墓不被挖掘，死者才會得到安寧。由此看來，《呂氏春秋》從「安死」角度來論證節葬節喪不失為一條易被接受的途徑。看似為「安死」，其實為「節用」，這是《呂氏春秋》宣講節葬節喪的獨特之處。

《淮南子・要略》曰：「墨子學儒者之業，受孔子之術，以為其禮煩擾而不說，厚葬靡財而貧民，〔久〕服傷生而害事，故背周道而用夏政。禹之時，天下大水，禹身執虆垂，以為民先，剔河而道九岐，鑿江而通九路，闢五湖而定東海。當此之時，燒不暇撌，濡不給扢，死陵者葬陵，死澤者葬澤，故節財、薄葬、閒服生焉。」〔註66〕在此《淮南子》道出了墨學產生的起因和墨學尚節用的特徵，可謂有識。

《淮南子》繼承了墨家的「節用」學說，並有所發展。《淮南子》提出「節用之本，在於反性」。《淮南子・泰族訓》曰：「故為治之本，務在寧民；寧民之本，在於足用；足用之本，在於勿奪時；勿奪時之本，在於省事；省事之本，在於節用；節用之本，在於反性。未有能搖其本而靜其末，濁其源而清其流者也。故知性之情者，不務性之所無以為；知命之情者，不憂命之所無奈何。故不高宮室者，非愛木也；不大鐘鼎者，非愛金也。直行性命之情，而制度可以為萬民儀。今目悅五色，口嚼滋味，耳淫五聲，七竅交爭以害其性，日引邪欲而澆其身夫調，身弗能治，奈天下何？故自養得其節，則養民得其心矣。」〔註67〕為治之本，務在寧民，寧民之本，在於足用，最終歸結為「節

〔註66〕劉文典：《淮南鴻烈集解》，北京：中華書局，1989 年，第 709～710 頁。
〔註67〕劉文典：《淮南鴻烈集解》，北京：中華書局，1989 年，第 686 頁。

用」，節用之本，在於反性。節用的根本在於回歸人之本性，宮室不在高，鍾鼎不在大，能滿足人性之所需足矣。不廣其宮室，不大其鍾鼎，不鋪張浪費，「直行性命之情，而制度可以為萬民儀」，就足夠了。

《淮南子》又將「節用」和「清靜無為」結合起來。《淮南子·主術訓》曰：「慧不足以大寧，智不足以安危，與其譽堯而毀桀也，不如掩聰明而反修其道也。清靜無為，則天與之時；廉儉守節，則地生之財；處愚稱德，則聖人為之謀。是故下者萬物歸之，虛者天下遺之。」〔註68〕「清靜無為，則天與之時；廉儉守節，則地生之財」。《淮南子》認為清靜無為、廉儉守節是天時地利、和諧生財之道。這也是黃老思想的重要內容。黃老思想以「無為而治」為思想特色，清靜無為、廉儉守節、輕繇薄賦、與民休息是其題中之義。

《淮南子·主術訓》曰：「君人之道，處靜以修身，儉約以率下。靜則下不擾矣，儉則民不怨矣。下擾則政亂，民怨則德薄。政亂則賢者不為謀，德薄則勇者不為死。是故人主好鷙鳥猛獸，珍怪奇物，狡躁康荒，不愛民力，馳騁田獵，出入不時，如此則百官務亂，事勤財匱，萬民愁苦，生業不修矣。人主好高臺深池，雕琢刻鏤，黼黻文章，絺紵綺繡，寶玩珠玉，則賦斂無度，而萬民力竭矣。堯之有天下也，非貪萬民之富而安人主之位也，以為百姓力征，強凌弱，眾暴寡，於是堯乃身服節儉之行，而有相愛之仁，以和輯之。是故茅茨不翦，采椽不斫，大路不畫，越席不緣，太羹不和，粢食不糳，巡狩行教，勤勞天下，周流五岳，豈其奉養不足樂哉？」〔註69〕說的正是這種「無為而治」的黃老思想。其實這種思想在《墨子》中已經開始萌芽。《墨子·節用上》曰：「聖王為政，其發令興事、使民用財也，無不加用而為者，是故用財不費，民德不勞，其興利多矣。」〔註70〕「用財不費，民德不勞」說的就是與民休息、無為而治的思想。

四、義兵愛民救民

（一）義兵思想之發展

兵家是先秦諸子百家之一家，十分重要。《漢書·藝文志》曰：「兵家者，蓋出古司馬之職，王官之武備也。《洪範》八政，八曰師。孔子曰為國者『足

〔註68〕劉文典：《淮南鴻烈集解》，北京：中華書局，1989年，第282～283頁。
〔註69〕劉文典：《淮南鴻烈集解》，北京：中華書局，1989年，第289～290頁。
〔註70〕孫詒讓：《墨子閒詁》，北京：中華書局，2001年，第159頁。

食足兵』，『以不教民戰，是謂棄之』，明兵之重也。《易》曰『古者弦木為弧，剡木為矢，弧矢之利，以威天下』，其用上矣。後世燿金為刃，割革為甲，器械甚備。下及湯武受命，以師克亂而濟百姓，動之以仁義，行之以禮讓，《司馬法》是其遺事也。自春秋至於戰國，出奇設伏，變詐之兵並作。漢興，張良、韓信序次兵法，凡百八十二家，刪取要用，定著三十五家。諸呂用事而盜取之。武帝時，軍政楊僕捃摭遺逸，紀奏兵錄，猶未能備。至於孝成，命任宏論次兵書為四種。」〔註71〕據此知西漢曾對兵書整理過三次：高祖時，張良、韓信整理兵書定為三十五家；武帝時，楊僕補輯遺漏的兵書，「紀奏兵錄」，但是仍然不完備；孝成帝時，劉向整理天下圖書，命任宏整理兵書部分，任宏將兵書分為四種。先秦時代流傳下來至今保留完整的兵書只有《孫子》《吳子》《司馬法》《孫臏兵法》《六韜》《尉繚子》六部。

　　兵家自古主張先德後兵。《孫子・謀攻》曰：「孫子曰：凡用兵之法：全國為上，破國次之；全軍為上，破軍次之；全旅為上，破旅次之；全卒為上，破卒次之；全伍為上，破伍次之。是故百戰百勝，非善之善者也；不戰而屈人之兵，善之善者也。故上兵伐謀，其次伐交，其次伐兵，其下攻城。攻城之法，為不得已。」〔註72〕孫子指出用兵百戰百勝的人不是用兵用得最好的人，不發動戰爭而能令對方之兵屈服的人才是用兵用得最好的人，攻城打仗是不得已的用兵之法。這種「先德後兵」思想在先秦的幾部兵書之中基本都能找到，《吳子・圖國》曰「凡制國治軍，必教之以禮，勵之以義，使有恥也」，〔註73〕《司馬法・仁本》曰「戰道：不違時，不歷民病，所以愛吾民也。不加喪，不因凶，所以愛夫其民也；冬夏不興師，所以兼愛民也。故國雖大，好戰必亡；天下雖安，忘戰必危。天下既平，天下大愷，春蒐秋獮；諸侯春振旅，秋治兵。所以不忘戰也」〔註74〕，《六韜・文韜・文師》曰「天下非一人之天下，乃天下之天下也。同天下之利者則得天下，擅天下之利者則失天下。天有時，地有財，能與人共之者仁也。仁之所在，天下歸之。與人同憂同樂，同好同惡，義也。義之所在，天下赴之。凡人惡死而樂生，好德而歸利，能生利者道也，道之所在，天下歸之」〔註75〕。

〔註71〕班固：《漢書》，北京：中華書局，1962 年，第 1762～1763 頁。
〔註72〕楊丙安：《十一家注孫子校理》，北京：中華書局，1999 年，第 44～48 頁。
〔註73〕傅紹傑：《吳子今注今譯》，臺北：臺灣商務印書館，1978 年，第 54 頁。
〔註74〕劉仲平：《司馬法今注今譯》，臺北：臺灣商務印書館，1977 年，第 1 頁。
〔註75〕徐培根：《太公六韜今注今譯》，臺北：臺灣商務印書館，1977 年，第 41 頁。

　　義兵相伴隨的還有偃兵、非攻兩種思想。

　　偃兵思想，古已有之。《左傳》，襄公二十七年（前546），載：「宋向戌善於趙文子，又善於令尹子木，欲弭諸侯之兵以為名。如晉，告趙孟。趙孟謀於諸大夫。韓宣子曰：『兵，民之殘也，財用之蠹，小國之大災也。將或弭之，雖曰不可，必將許之。弗許，楚將許之，以召諸侯，則我失為盟主矣。』晉人許之。如楚，楚亦許之。如齊，齊人難之。陳文子曰：『晉、楚許之，我焉得已？且人曰弭兵，而我弗許，則固攜吾民矣，將焉用之？』齊人許之。告於秦，秦亦許之。皆告於小國，為會於宋。」〔註76〕弱小的宋國處於強大的晉、楚之間，晉、楚爭霸必然會使宋國遭受損失，於是向戌為了維護宋國的利益，故提出「弭兵」的主張。向戌的「弭兵」即偃兵。

　　宋鈃、尹文也有偃兵思想，《莊子·天下》概括他們說：「見侮不辱，救民之鬥，禁攻寢兵，救世之戰。」〔註77〕宋鈃有勸說秦、楚「寢兵」的舉動，《孟子·告子下》載：「宋牼將之楚，孟子遇於石丘，曰：『先生將何之？』曰：『吾聞秦、楚構兵，我將見楚王，說而罷之；楚王不悅，我將見秦王，說而罷之。二王我將有所遇焉。』曰：『軻也請無問其詳，願聞其指。說之將何如？』曰：『我將言其不利也。』」〔註78〕宋牼，即宋鈃〔註79〕，秦、楚構兵，宋鈃將去楚國說服楚王「寢兵」，楚王如果不聽，又將去秦國說服秦王「寢兵」。

　　惠施、公孫龍主張偃兵。惠施主張偃兵，《韓非子·內儲說上七術》曰：「張儀欲以秦、韓與魏之勢伐齊荊，而惠施欲以齊、荊偃兵。」〔註80〕公孫龍主張偃兵，《呂氏春秋·應言》曰：「公孫龍說燕昭王以偃兵。昭王曰：『甚善。寡人願與客計之。』公孫龍曰：『竊意大王之弗為也。』王曰：『何故？』公孫龍曰：『日者大王欲破齊，諸天下之士，其欲破齊者，大王盡養之；知齊

〔註76〕孔穎達：《春秋左傳正義》，《十三經注疏》，北京：中華書局，1980年，第1995頁。

〔註77〕郭慶藩：《莊子集釋》，北京：中華書局，1961年，第1082頁。

〔註78〕舊題孫奭：《孟子注疏》，《十三經注疏》，北京：中華書局，1980年，第2756頁。

〔註79〕《孟子正義》曰：「案荀卿《非十二子》云：『不知壹天下，建國家之權稱，曾不足以容辨異、懸君臣，然而其持之有故，其言之成理，足以欺惑愚眾，是宋鈃也。』楊倞云：『宋鈃，宋人，與孟子、尹文子、彭蒙、慎到同時。』《孟子》作『宋牼』，『牼』與『鈃』同，口莖反，是也。」（舊題孫奭：《孟子注疏》，《十三經注疏》，北京：中華書局，1980年，第2757頁。）

〔註80〕王先慎：《韓非子集解》，北京：中華書局，1998年，第219頁。

之險阻要塞君臣之際者，大王盡養之；雖知而弗欲破者，大王猶若弗養；其卒果破齊以為功。今大王曰「我甚取偃兵」。諸侯之士，在大王之本朝者，盡善用兵者也，臣是以知大王之弗為也。』王無以應。」〔註81〕又《呂氏春秋・審應》曰：「趙惠王謂公孫龍曰：『寡人事偃兵十餘年矣而不成，兵不可偃乎？』公孫龍對曰：『偃兵之意，兼愛天下之心也。兼愛天下，不可以虛名為也，必有其實。今藺、離石入秦，而王縞素布總；東攻齊得城，而王加膳置酒。秦得地而王布總，齊亡地而王加膳，所非兼愛之心也。此偃兵之所以不成也。』」〔註82〕公孫龍勸說燕昭王、趙惠王偃兵，燕、趙二王口頭上都說願意偃兵，然而事實上內無兼愛之意、外用善戰之人，故事偃兵多年而不成。

「非攻」是墨家的主張，與「偃兵」有區別。墨家主張「非攻」，卻不主張「偃兵」。墨家反對侵略性的主動攻擊，卻主張建設堅實鞏固的國防，積極準備打防禦性的戰爭。墨家擅長守城，號稱「墨守」，有獨特的守城謀略和兵器，今本《墨子・備城門》以下十一篇專講墨家守城的方法和兵器。墨子還親自阻止楚國攻打宋國，在與公輸班的攻守鬥法之中展示了墨家高超的守城技術。

墨家目睹戰爭給天下百姓帶來的災難和痛苦，出於兼愛天下百姓之心，主張非攻。《墨子・非攻上》曰：「今有一人，入人園圃，竊其桃李，眾聞則非之，上為政者得則罰之。此何也？以虧人自利也。至攘人犬豕雞豚者，其不義又甚入人園圃竊桃李。是何故也？以虧人愈多，其不仁茲甚，罪益厚。至入人欄廄，取人馬牛者，其不仁義又甚攘人犬豕雞豚。此何故也？以其虧人愈多。苟虧人愈多，其不仁茲甚，罪益厚。至殺不辜人也，扡其衣裘，取戈劍者，其不義又甚入人欄廄、取人馬牛。此何故也？以其虧人愈多。苟虧人愈多，其不仁茲甚矣，罪益厚。當此，天下之君子皆知而非之，謂之不義。今至大為攻國，則弗知非，從而譽之，謂之義。此可謂知義與不義之別乎？殺一人謂之不義，必有一死罪矣。若以此說往，殺十人十重不義，必有十死罪矣；殺百人百重不義，必有百死罪矣。當此，天下之君子皆知而非之，謂之不義。今至大為不義攻國，則弗知非，從而譽之，謂之義。情不知其不義也，故書其言以遺後世。」〔註83〕君子知道批評竊人桃李者、攘人犬豕雞豚者、取人馬

〔註81〕陳奇猷：《呂氏春秋新校釋》，上海：上海古籍出版社，2002 年，第 1220 頁。
〔註82〕陳奇猷：《呂氏春秋新校釋》，上海：上海古籍出版社，2002 年，第 1152 頁。
〔註83〕孫詒讓：《墨子閒詁》，北京：中華書局，2001 年，第 128～129 頁。

牛者、殺不辜之人者，卻不批評大國攻打小國的舉動。這樣的君子知小非而不明大義，混淆了「義」與「不義」的區別，是極大的荒謬。墨子認為六者之中最應該反對、批判的就是攻人之國。

對墨子「非攻」主張的評價，我們認為任繼愈先生的評價是公允的，任繼愈先生說：「墨子的『非攻』的主張，是有事實根據的，是墨子學說中的精華部分，但墨子把『非攻』這一正義主張，安放在『兼愛』和『天志』這樣的主觀願望的基礎上卻是錯誤的。墨子『非攻』的主張，誠然表達了當時人民群眾的主觀要求，但由於墨子受當時歷史條件的限制，還遠說不上從社會發展的整體利益來認識戰爭的意義。墨子固然也曾用『攻』和『誅』來劃分正義和非正義的戰爭，但他把正義的標準安放在『天』的意志上，認為只有不敬鬼神的暴君，觸犯了『天』的意志，才成了被討伐的對象。這樣，就把戰爭的正義或非正義的標準歸結到不可捉摸的『上帝』或『鬼神』的意志方面去，人類也就不能掌握了。這種不正確的觀點是必須加以指出的。」〔註84〕

墨子的兼愛思想要求消除戰爭，所以墨子「非攻」，《墨子·魯問》載墨子曰「國家務奪侵凌，則語之兼愛、非攻」，如梁啟超先生所說：「他（墨子）要從社會心理上施一番救濟；所以提倡『兼愛』。再從『兼愛』的根本觀念上，建設『非攻』主義。」〔註85〕「非攻」體現的依然是「兼愛」思想。《呂氏春秋·審應》載公孫龍為趙惠王說偃兵之意曰：「偃兵之意，兼愛天下之心也。兼愛天下，不可以虛名為也，必有其實。今藺、離石入秦，而王縞素布總；東攻齊得城，而王加膳置酒。秦得地而王布總，齊亡地而王加膳，所非兼愛之心也。此偃兵之所以不成也。」〔註86〕據陳奇猷先生考證，戰國時主張偃兵者有公孫龍、惠施、惠盎、宋銒、尹文，並認為他們的偃兵思想和墨家有一定聯繫〔註87〕。公孫龍說「偃兵之意，兼愛天下之心也」，據此可以看出偃兵思想與墨家的兼愛確有聯繫。「偃兵」與墨家的「非攻」有著共同的思想基礎——兼愛，但是，「偃兵」與「非攻」又有不同，如陳奇猷先生所說：「墨子言兼愛，故非攻，但主張堅守以御攻，是兵仍不可廢。至於偃兵之說，以為既廢軍

〔註84〕任繼愈：《墨子與墨家》（增訂版），北京：商務印書館，1998年，第41～42頁。
〔註85〕梁啟超：《墨子學案》，上海：商務印書館，1923年，第6頁。
〔註86〕陳奇猷：《呂氏春秋新校釋》，上海：上海古籍出版社，2002年，第1152頁。
〔註87〕《呂氏春秋·順說》注〔一〕，陳奇猷《呂氏春秋新校釋》，上海：上海古籍出版社，2002年，第915頁。

備，當無攻戰，自無堅守之必要。故偃兵之說較墨子非攻更進一步，然其出發點皆係兼愛天下之意。」〔註88〕然而，《呂氏春秋》不取「非攻」「偃兵」之說，並對二者進行了批判，《振亂》曰「今之世，學者多非乎攻伐。非攻伐而取救守，取救守則鄉之所謂長有道而息無道、賞有義而罰不義之術不行矣」〔註89〕，《蕩兵》曰「今世之以偃兵疾說者，終身用兵而不自知悖，故說雖強，談雖辨，文學雖博，猶不見聽。故古之聖王有義兵而無有偃兵」〔註90〕。

秦漢雜家明白戰亂時期的統一天下、和平時期的保家衛國都缺少不了戰爭，公孫龍、惠施、惠盎、宋鈃、尹文等人的偃兵學說和墨家的非攻學說都是很不合時宜的。然而，秦漢雜家又反對殘忍的殺戮、大肆的屠城，而是提倡「義兵」。

（二）義兵救國救民

秦漢雜家繼承了兵家的「先德後兵」思想。《呂氏春秋·期賢》曰：「嘗聞君子之用兵，莫見其形，其功已成，其此之謂也。野人之用兵也，鼓聲則似雷，號呼則動地，塵氣充天，流矢如雨，扶傷輿死，履腸涉血，無罪之民其死者量於澤矣，而國之存亡、主之死生猶不可知也，其離仁義亦遠矣。」〔註91〕所謂「君子之用兵，莫見其形，其功已成」，即君子用兵勝於無形，兵未動而勝局已定、事功已成，也就是《孫子》所說的「不戰而屈人之兵」。「野人」用兵則相反，鑼鼓喧天，呼號動地，屍橫遍野，血流成河，無罪之民死者不計其數，這樣來用兵離仁義就差得遠了。《論威》曰：「凡兵，天下之兇器也；勇，天下之凶德也。舉兇器，行兇德，猶不得已也。舉兇器必殺，殺，所以生之也；行兇德必威，威，所以懾之也。敵懾民生，此義兵之所以隆也。故古之至兵，才民未合，而威已諭矣，敵已服矣，豈必用枹鼓干戈哉？故善論威者，於其未發也，於其未通也，窅窅乎冥冥，莫知其情，此之謂至威之誠。」〔註92〕《呂氏春秋》認為兵是天下之兇器，不得已而用之，也就是《孫子》所說的「攻城之法，為不得已」。《呂氏春秋》指出用兵一定要有威懾力，兵有威懾

〔註88〕《呂氏春秋·審應》注〔二六〕，陳奇猷《呂氏春秋新校釋》，上海：上海古籍出版社，2002年，第1161頁。
〔註89〕陳奇猷：《呂氏春秋新校釋》，上海：上海古籍出版社，2002年，第399頁。
〔註90〕陳奇猷：《呂氏春秋新校釋》，上海：上海古籍出版社，2002年，第389頁。
〔註91〕陳奇猷：《呂氏春秋新校釋》，上海：上海古籍出版社，2002年，第1458頁。
〔註92〕陳奇猷：《呂氏春秋新校釋》，上海：上海古籍出版社，2002年，第435～436頁。

力，不用交戰敵人就已經屈服了，又何必要動用枹鼓干戈呢？又《先己》曰：
「五帝先道而后德，故德莫盛焉；三王先教而後殺，故事莫功焉；五伯先事
而後兵，故兵莫強焉。當今之世，巧謀並行，詐術遞用，攻戰不休，亡國辱主
愈眾，所事者末也。」〔註93〕五帝、三王、五霸的先後順序是一種從優到差
的排列順序：最優，五帝，先道后德；其次，三王，先教後殺；最後，五霸，
先事後兵。三者之中，用兵者是最差的，即《呂氏春秋》主張用德為憂、用兵
為次。所以，《呂氏春秋》批判「攻戰不休」之君主是「事末」而已。

　　《淮南子·兵略訓》曰：「刑，兵之極也，至於無刑，可謂極之矣。是故
大兵無創，與鬼神通，五兵不厲，天下莫之敢當。建鼓不出庫，諸侯莫不慴悷
沮膽其處。故廟戰者帝，神化者王。所謂廟戰者，法天道也；神化者，法四時
也。修政於境內而遠方慕其德，制勝於未戰而諸侯服其威，內政治也。」〔註
94〕《淮南子·兵略訓》曰：「凡用兵者，必先自廟戰：主孰賢？將孰能？民孰
附？國孰治？蓄積孰多？士卒孰精？甲兵孰利？器備孰便？故運籌於廟堂之
上，而決勝乎千里之外矣。」〔註95〕《淮南子·兵略訓》曰：「故得道之兵，
車不發軔，騎不被鞍，鼓不振塵，旗不解卷，甲不離矢，刃不嘗血，朝不易
位，賈不去肆，農不離野，招義而責之，大國必朝，小城必下。因民之欲，乘
民之力而為之，去殘除賊也。」〔註96〕《淮南子》指出凡用兵，必先自廟戰，
「廟戰」法天道，「修政於境內而遠方慕其德，制勝於未戰而諸侯服其威」，
戰鼓不出府庫，而諸侯皆膽顫心驚，心悅誠服。得道之兵，不必動用戰車、戰
馬、戰鼓、軍旗、盔甲、兵刃，士、農、工、商各行其事，就可以使大國朝拜、
小城臣服，就可以「去殘除賊」。

　　《淮南子·兵略訓》曰：「兵有三詆：治國家，理境內，行仁義，布德惠，
立正法，塞邪隧，群臣親附，百姓和輯，上下一心，君臣同力，諸侯服其威而
四方懷其德，修政廟堂之上而折衝千里之外，拱揖指撝而天下響應，此用兵
之上也。地廣民眾，主賢將忠，國富兵強，約束信，號令明，兩軍相當，鼓錞
相望，未至兵交接刃而敵人奔亡，此用兵之次也。知土地之宜，習險隘之利，
明奇正之變，察行陳解續之數，維枹綰而鼓之，白刃合，流矢接，涉血屬腸，

〔註93〕陳奇猷：《呂氏春秋新校釋》，上海：上海古籍出版社，2002年，第147頁。
〔註94〕劉文典：《淮南鴻烈集解》，北京：中華書局，1989年，第493頁。
〔註95〕劉文典：《淮南鴻烈集解》，北京：中華書局，1989年，第500頁。
〔註96〕劉文典：《淮南鴻烈集解》，北京：中華書局，1989年，第494頁。

興死扶傷，流血千里，暴骸盈場，乃以決勝，此用兵之下也。」〔註 97〕《淮南子》將用兵分為三個層次，即用兵之上、用兵之中、用兵之下。用兵之上者，君臣同心，施行仁義，廣布德惠，設立正法，堵塞邪隧，「諸侯服其威而四方懷其德，修政廟堂之上而折衝千里之外」，即不戰而天下臣服；用兵之中者，地廣民眾，國富兵強，主賢將忠，紀律嚴明，兩軍對陣，「未至兵交接刃而敵人奔亡」，即兩軍對陣不戰而屈人之兵；用兵之下者，懂得天時地利之數，知曉用兵之法，戰鼓雷動，短兵相接，橫屍遍野，流血千里，凱旋而歸，即拼死戰鬥取得勝利。很顯然，《淮南子》提倡先德後兵。

秦漢雜家主張有義兵而無有偃兵，《呂氏春秋・蕩兵》曰：「古聖王有義兵而無有偃兵。兵之所自來者上矣，與始有民俱。凡兵也者，威也，威也者，力也。民之有威力，性也。性者所受於天也，非人之所能為也，武者不能革，而工者不能移。兵所自來者久矣，黃、炎故用水火矣，共工氏固次作難矣，五帝固相與爭矣。遞興廢，勝者用事。人曰『蚩尤作兵』，蚩尤非作兵也，利其械矣。未有蚩尤之時，民固剝林木以戰矣，勝者為長。長則猶不足治之，故立君。君又不足以治之，故立天子。天子之立也出於君，君之立也出於長，長之立也出於爭。爭鬥之所自來者久矣，不可禁，不可止，故古之賢王有義兵而無有偃兵。」〔註 98〕因為有威、有力是人的天性，即用兵是人的天性，不是人為所能改變的，「武者不能革，而工者不能移」，所以《呂氏春秋》認為兵不可偃。兵的歷史非常悠久，人們一般認為是蚩尤製造了兵器。《呂氏春秋》認為在蚩尤之前就已經有了爭鬥，自從有了人就有了爭鬥。在遠古，人們拿著木棍來戰鬥的時候，兵就已經存在了。人類爭鬥的歷史十分漫長，並且人類的爭鬥是不可禁止的、還會繼續下去，所以《呂氏春秋》提出「古之賢王有義兵而無有偃兵」的觀點。

《淮南子・本經訓》曰：「用兵有術矣，而義為本。」〔註 99〕《淮南子・兵略訓》曰：「兵之所由來者遠矣！黃帝嘗與炎帝戰矣，顓頊嘗與共工爭矣。故黃帝戰於涿鹿之野，堯戰於丹水之浦，舜伐有苗，啟攻有扈。自五帝而弗能偃也，又況衰世乎！夫兵者，所以禁暴討亂也。炎帝為火災，故黃帝擒之；共工為水害，故顓頊誅之。教之以道，導之以德而不聽，則臨之以威武。臨之

〔註 97〕劉文典：《淮南鴻烈集解》，北京：中華書局，1989 年，第 495 頁。
〔註 98〕陳奇猷：《呂氏春秋新校釋》，上海：上海古籍出版社，2002 年，第 388 頁。
〔註 99〕劉文典：《淮南鴻烈集解》，北京：中華書局，1989 年，第 268 頁。

威武而不從，則制之以兵革。故聖人之用兵也，若櫛髮耨苗，所去者小，而所利者多。殺無罪之民，而養無義之君，害莫大焉；殫天下之財，而澹一人之欲，禍莫深焉。」〔註100〕自古以來就有「兵」的存在，黃帝、顓頊、堯、舜、啟，都曾用兵，自五帝以來就不能偃兵。兵者，所以禁暴討亂也，聖人用兵，所去者小而所利者多，此兵即為「義兵」。《淮南子》主張無有偃兵而有義兵。

　　《呂氏春秋》指出雖然有戰爭就必有家破人亡、甚至有國破君亡，但是不能因此就偃兵。《蕩兵》曰：「夫有以饐死者，欲禁天下之食，悖；有以乘舟死者，欲禁天下之船，悖；有以用兵喪其國者，欲偃天下之兵，悖。夫兵不可偃也，譬之若水火然，善用之則為福，不能用之則為禍；若用藥者然，得良藥則活人，得惡藥則殺人。義兵之為天下良藥也亦大矣。」〔註101〕因為有吃飯噎死的就想拒絕吃飯，是荒謬的；因為有乘船淹死的就想銷毀天下所有的船，是荒謬的；因為有用兵喪失國家的就想偃天下之兵，是荒謬的。兵不可偃，好比水火，會用的謀得幸福，不會用的招來災禍；又好比藥，良藥活人，惡藥殺人。《呂氏春秋》認為義兵就是救治天下之良藥。

　　又《蕩兵》曰：「且兵之所自來者遠矣，未嘗少選不用，貴賤長少賢者不肖相與同，有巨有微而已矣。察兵之微：在心而未發，兵也；疾視，兵也；作色，兵也；傲言，兵也；援推，兵也；連反，兵也；侈鬥，兵也；三軍攻戰，兵也。此八者皆兵也，微巨之爭也。今世之以偃兵疾說者，終身用兵而不自知悖，故說雖強，談雖辨，文學雖博，猶不見聽。故古之聖王有義兵而無有偃兵。兵誠義，以誅暴君而振苦民，民之說也，若孝子之見慈親也，若饑者之見美食也；民之號呼而走之，若強弩之射於深溪也，若積大水而失其甕堤也。中主猶若不能有其民，而況於暴君乎？」〔註102〕《呂氏春秋》認為戰爭起源於人的天性，顯然這樣的觀點是站不住腳的。《呂氏春秋》又把「在心而未發」「疾視」「作色」「傲言」「援推」「連反」等看作戰爭，這也是荒謬的。不過，《呂氏春秋》這麼做無非是為了論證「義兵」的合理性。《呂氏春秋》批評提倡偃兵的人終生都在用兵而不自知，並認為因為他們身上存在這樣的悖論，所以他們「說雖強，談雖辨，文學雖博，猶不見聽」。義兵誅伐殘暴的君主、

〔註100〕劉文典：《淮南鴻烈集解》，北京：中華書局，1989 年，第 489～490 頁。
〔註101〕陳奇猷：《呂氏春秋新校釋》，上海：上海古籍出版社，2002 年，第 388～389 頁。
〔註102〕陳奇猷：《呂氏春秋新校釋》，上海：上海古籍出版社，2002 年，第 389 頁。

解救苦難的百姓，百姓喜歡義兵就像孝子望見雙親、饑者望見美食，百姓歸順義兵就像強弩射於深溪、大水奔流入海般勢不可擋，所以，《呂氏春秋》主張「有義兵而無有偃兵」。

　　《淮南子・兵略訓》曰：「故霸王之兵，以論慮之，以策圖之，以義扶之，非以亡存也，將以存亡也。故聞敵國之君有加虐於民者，則舉兵而臨其境，責之以不義，剌之以過行。兵至其郊，乃令軍師曰：『毋伐樹木！毋抉墳墓！毋蘗五穀！毋焚積聚！毋捕民虜！毋收六畜！』乃發號司令曰：『其國之君，傲天侮鬼，決獄不辜，殺戮無罪，此天下之所以誅也，民之所以仇也。兵之來也，以廢不義而復有德也。有逆天之道，帥民之賊者，身死族滅！以家聽者，祿以家。以里聽者，賞以里。以鄉聽者，封以鄉。以縣聽者，侯以縣。』克國不及其民，廢其君而易其政，尊其秀士而顯其賢良，振其孤寡，恤其貧窮，出其囹圄，賞其有功。百姓開門而待之，淅米而儲之，唯恐其不來也。此湯、武之所以致王，而齊桓之所以成霸也。故君為無道，民之思兵也，若旱而望雨，渴而求飲，夫有誰與交兵接刃乎！故義兵之至也，至於不戰而止。」〔註103〕義兵懲惡揚善，除暴安良，救民於水火之中。君為無道，民思義兵，若旱而望雨，渴而求飲，故義兵至，至於不戰而止。

　　《呂氏春秋・振亂》曰：「當今之世，濁甚矣，黔首之苦，不可以加矣。天子既絕，賢者廢伏，世主恣行，與民相離，黔首無所告愬。世有賢主秀士，宜察此論也，則其兵為義矣。天下之民，且死者也而生，且辱者也而榮，且苦者也而逸。世主恣行，則中人將逃其君、去其親，又況於不肖者乎？故義兵至，則世主不能有其民矣，人親不能禁其子矣。」〔註104〕如《呂氏春秋》所描述的，當時的社會是一個十分混亂的社會，百姓的痛苦已經到了無可復加的程度。天下沒有天子，諸侯國之間混戰不止，百姓無處訴說自己的苦難。在這樣的局勢下，天下需要的是一個強大的正義之師來統一天下，來盡早結束戰亂，來穩定社會，來安撫黎民。義兵可以使天下的百姓將受死者獲得新生、將受辱者獲得光榮、將受苦者獲得安逸，天下需要的就是這樣的義兵。

　　秦漢雜家提倡義兵，伴隨著對「非攻」思想的批判。《呂氏春秋》取「義兵」而批判「非攻」，《振亂》曰：「凡為天下之民長也，慮莫如長有道而息無

〔註103〕劉文典：《淮南鴻烈集解》，北京：中華書局，1989年，第491～492頁。
〔註104〕陳奇猷：《呂氏春秋新校釋》，上海：上海古籍出版社，2002年，第398～399頁。

道，賞有義而罰不義。今之世，學者多非乎攻伐。非攻伐而取救守，取救守則鄉之所謂長有道而息無道、賞有義而罰不義之術不行矣。天下之長民，其利害在察此論也。攻伐之與救守一實也，而取捨人異，以辨說去之，終無所定論。固不知，悖也；知而欺心，誣也。誣悖之士，雖辨無用矣。是非其所取而取其所非也，是利之而反害之也，安之而反危之也。為天下之長患、致黔首之大害者，若說為深。夫以利天下之民為心者，不可以不熟察此論也。夫攻伐之事，未有不攻無道而罰不義也。攻無道而伐不義，則福莫大焉，黔首利莫厚焉。禁之者，是息有道而伐有義也，是窮湯、武之事而遂桀、紂之過也。」〔註105〕《呂氏春秋》認為作為天下的君主出於對百姓長遠的考慮，莫如行「長有道而息無道、賞有義而罰不義」之術，然而，「非攻」主張卻對此不利。墨家反對攻伐（「非攻」）而採取「救守」，《呂氏春秋》認為如果採取「救守」，那麼「長有道而息無道、賞有義而罰不義」之術就得不到實行。《呂氏春秋》認為「攻伐」和「救守」實質上是一回事，然而人們取捨不一，無所定論。《呂氏春秋》指出攻伐之事，無一不是在攻伐無道、懲罰不義，這樣，君主獲福是最大的，百姓獲利是最厚的。然而，墨家主張非攻，禁止攻伐，就是在捨棄有道、征伐有義，就是在阻止商湯、周武的功業，促成夏桀、商紂的罪過。

墨家的「非攻」與「救守」緊密相連，《呂氏春秋》取「義兵」而又批判「救守」。《呂氏春秋·禁塞》：「夫救守之心，未有不守無道而救不義也。守無道而救不義，則禍莫大焉，為天下之民害莫深焉。凡救守者，太上以說，其次以兵。以說則承從多群，日夜思之，事心任精，起則誦之，臥則夢之，自今單唇乾肺，費神傷魂，上稱三皇五帝之業以愉其意，下稱五伯名士之謀以信其事，早朝晏罷，以告制兵者，行說語眾，以明其道。道畢說單而不行，則必反之兵矣。反之於兵，則必鬥爭，之情，必且殺人，是殺無罪之民以興無道與不義者也。無道不義者存，是長天下之害，而止天下之利，雖欲幸而勝，禍且始長。」〔註106〕與「攻伐之事」相反，救守之心，無一不是在守護無道、拯救不義，這樣，君主得禍是最大的，百姓受害是最深的。宣揚救守的人，首先用言辭勸說，其次動用武力。用言辭勸說方面，招集群徒，日思夜想，起床就陳述它，臥床就夢見它，上稱三皇五帝的偉大功業來取悅別人，下稱五伯、名士的謀略來證明自己的學說，早出晚歸，向領兵的將帥宣講自己的學說，向

〔註105〕陳奇猷：《呂氏春秋新校釋》，上海：上海古籍出版社，2002年，第399頁。
〔註106〕陳奇猷：《呂氏春秋新校釋》，上海：上海古籍出版社，2002年，第406頁。

民眾說明自己的道理，最終導致自己唇焦肺燥、神魂損傷；動用武力方面，必定發動戰爭，必定殘殺人民，就是殺害無辜的人民來扶持無道、不義的君主。總之，《呂氏春秋》認為主張救守的危害是十分嚴重的，如《禁塞》末尾所說「救守之說出，則不肖者益幸也，賢者益疑矣。故大亂天下者，在於不論其義而疾取救守」〔註107〕。

「非攻」不可取，「救守」不可取，只有「義兵」可取。《禁塞》曰：「先王之法曰『為善者賞，為不善者罰』，古之道也，不可易。今不別其義與不義，而疾取救守，不義莫大焉，害天下之民者莫甚焉。故取攻伐者不可，非攻伐不可，取救守不可，非救守不可，取惟義兵為可。兵苟義，攻伐亦可，救守亦可。兵不義，攻伐不可，救守不可。」〔註108〕攻伐、救守取捨的依據是看「兵」義還是不義，如果兵義，那麼攻伐、救守皆可；如果兵不義，那麼攻伐、救守皆不可，也就是「取攻伐者不可，非攻伐不可，取救守不可，非救守不可，取惟義兵為可」。

偃兵、非攻（包括救守）、義兵三者之間的關係，我們認為劉元彥先生的概括可作參考，劉元彥先生說：「從『偃兵』到『非攻救守』到『義兵』，是我國先秦時期對於戰爭問題探討的幾個環節，它是春秋到戰國末的歷史發展的反映；從思想史的角度看，又是邏輯發展的必然。概括的說，『偃兵』，作為邏輯的第一個環節，反映了當時人們希望和平、反對兼併戰爭的願望；同時它把這個善良願望引向幻想，把『偃兵』的希望，完全寄託在發動兼併戰爭的人的身上。它在事實面前破產了。墨家的『非攻救守』，作為邏輯的第二個環節，吸取了教訓，不再把『偃兵』的希望寄託在各諸侯國統治者的『盟誓』上。墨子及其徒屬，一面勸說想兼併別國的人不要發動戰爭，一面結成有實力的武裝團體作為後盾，使兼併者不敢輕易發動戰爭。這種做法，雖然收到一些效果，但仍然沒有能夠制止兼併戰爭的進行。其原因，是由於『非攻救守』說企圖在維持分裂割據的狀況下達到『偃兵』，這與歷史的要求是相反的，仍然是一種空想。『非攻救守』說失敗了，為『義兵』說提供了正面和反面的教訓。在戰國末期的情況下，歷史的進程為《呂氏春秋》提供了統一中國的現實可能性，同時，也使它有可能較為透徹地認識『非攻救守』說。所以，『義兵』說一方面強調烈反對維護分裂割據狀況的『非攻救

〔註107〕陳奇猷：《呂氏春秋新校釋》，上海：上海古籍出版社，2002年，第407頁。
〔註108〕陳奇猷：《呂氏春秋新校釋》，上海：上海古籍出版社，2002年，第406頁。

守』之說；另一面，又吸收和發揮了『非攻救守』說中含有的『以戰止戰』的因素，和以『義』作為衡量是非標準的精神，反對『偃兵』，提出以『義兵』統一中國的方案。」〔註109〕

戰亂時期國家用兵殘酷不仁，屠殺無辜，屠城之事屢見不鮮。秦漢雜家提倡的「義兵」則不然，《呂氏春秋·懷寵》曰：「兵入於敵之境，則民知所庇矣，黔首知不死矣。至於國邑之郊，不虐五穀，不掘墳墓，不伐樹木，不燒積聚，不焚室屋，不取六畜。得民虜奉而題歸之，以彰好惡；信與民期，以奪敵資。若此而猶有憂恨冒疾遂過不聽者，雖行武焉亦可矣。」〔註110〕「義兵」進入敵國，絕不燒殺搶掠，只誅殺當誅之人，絕不濫殺無辜之「民」，所以，「義兵」一來，「民」就找到了庇護、知道自己不會無辜而死了。從這個意義上說，「義兵」是保「民」之命的「以民為本」。

（三）義兵之助：用兵之法

秦漢雜家的代表作《呂氏春秋》《淮南子》都不是兵書，雖然如此，但是作為「義兵之助」的具體的用兵策略也是秦漢雜家關注的對象。《淮南子·要略》曰：「《兵略》者，所以明戰勝攻取之數，形機之勢，詐譎之變，體因循之道，操持後之論也。所以知戰陣分爭之非道不行也，知攻取堅守之非德不強也。誠明其意，進退左右無所失擊危，乘勢以為資，清靜以為常，避實就虛，若驅群羊。此所以言兵也。」〔註111〕

兵法，講究巧、詐、權、謀，需要充分考慮天時地利、兵甲器械、將軍元帥、軍法紀律四個方面。這四個方面，用《呂氏春秋·簡選》的話說就是：「凡兵勢險阻，欲其便也；兵甲器械，欲其利也；選練角材，欲其精也；統率士民，欲其教也。此四者，義兵之助也。」〔註112〕秦漢雜家從以下四個方面探討了「義兵之助」：兵勢險阻、兵甲器械、選練角材、統率士民。

第一，兵勢險阻方面。

兵勢險阻方面，《呂氏春秋》認為兵要「貴因」，《決勝》曰：「凡兵，貴其因也。因也者，因敵之險以為己固，因敵之謀以為己事。能審因而加勝，則不可窮矣。勝不可窮之謂神，神則能不可勝也。夫兵，貴不可勝。不可勝在己，

〔註109〕劉元彥：《〈呂氏春秋〉論「義兵」》，《哲學研究》1963年第3期。
〔註110〕陳奇猷：《呂氏春秋新校釋》，上海：上海古籍出版社，2002年，第417頁。
〔註111〕劉文典：《淮南鴻烈集解》，北京：中華書局，1989年，第704頁。
〔註112〕陳奇猷：《呂氏春秋新校釋》，上海：上海古籍出版社，2002年，第446頁。

可勝在彼。聖人必在己者，不必在彼者，故執不可勝之術以遇不勝之敵，若此則兵無失矣。凡兵之勝，敵之失也。勝失之兵，必隱必微，必積必搏。隱則勝闡矣，微則勝顯矣，積則勝散矣，搏則勝離矣。諸搏攫柢噬之獸，其用齒角爪牙也，必託於卑微隱蔽，此所以成勝。」〔註113〕「因」的意思就是依順、憑藉。兵貴因，就是借助利用敵人險要的地勢將其變為對自己有利的地勢，就是借助利用敵人的計謀來完成自己的事情，也就是「因敵制勝」。《決勝》說「凡兵之勝，敵之失也」，即打仗能夠取得勝利那都是因為敵人犯有過失。如果想要戰勝存在弊端的軍隊，那麼就要充分利用敵人的弊端，因敵制勝：利用隱蔽、潛藏的方法來戰勝公開的、顯露在外的敵人，利用蓄積力量、集中兵力的方法來戰勝力量微弱、兵力分散的敵人。

　　「因敵制勝」是外因，更重要的是內因，這一點《呂氏春秋》並沒有忘記。《決勝》說「夫兵，貴不可勝。不可勝在己，可勝在彼」，即打仗想要立於不敗之地關鍵還在於自己，這繼承的是《孫子‧形篇》「善戰者，先為不可勝，以待敵之可勝。不可勝在己，可勝在敵」〔註114〕的思想。

　　《淮南子‧兵略訓》曰：「兵有三勢，有二權。有氣勢，有地勢，有因勢。將充勇而輕敵，卒果敢而樂戰，三軍之眾，百萬之師，志厲青雲，氣如飄風，聲如雷霆，誠積逾而威加敵人，此謂氣勢。硤路津關，大山名塞，龍蛇蟠，卻笠居，羊腸道，發笱門，一人守隘，而千人弗敢過也，此謂地勢。因其勞倦怠亂、饑渴凍喝，推其捪捪，擠其揭揭，此謂因勢。善用間諜，審錯規慮，設蔚施伏，隱匿其形，出於不意，敵人之兵無所適備，此謂知權。陳卒正，前行選，進退俱，什伍搏，前後不相撚，左右不相干，受刃者少，傷敵者眾，此謂事權。權勢必形，吏卒專精，選良用才，官得其人，計定謀決，明於死生，舉措得失，莫不振驚。故攻不待沖隆雲梯而城拔，戰不至交兵接刃而敵破，明於必勝之攻也。」〔註115〕兵有三勢，有氣勢，有地勢，有因勢。有氣勢，就是全軍將士，士氣高昂，有凌雲之勢；有地勢，就是要充分利用硤路、津關、大山、名塞這些天然的險阻屏障；有因勢，就是運用「因」思想，利用對己有利的因素打敗敵人，即「因敵制勝」。又有二權，知權和事權，勢、權結合，必能取得勝利。

〔註113〕陳奇猷：《呂氏春秋新校釋》，上海：上海古籍出版社，2002年，第458頁。
〔註114〕楊丙安：《十一家注孫子校理》，北京：中華書局，1999年，第69頁。
〔註115〕劉文典：《淮南鴻烈集解》，北京：中華書局，1989年，第504～505頁。

　　《淮南子‧兵略訓》曰：「兵之所隱議者天道也，所圖畫者地形也，所明言者人事也，所以決勝者鈐勢也。故上將之用兵也，上得天道，下得地利，中得人心，乃行之以機，發之以勢，是以無破軍敗兵。及至中將，上不知天道，下不知地利，專用人與勢，雖未必能萬全，勝鈐必多矣。下將之用兵也，博聞而自亂，多知而自疑，居則恐懼，發則猶豫，是以動為人禽矣。」〔註116〕《淮南子‧兵略訓》曰：「故用兵之道，示之以柔而迎之以剛，示之以弱而乘之以強，為之以歙而應之以張，將欲西而示之以東，先忤而後合，前冥而後明，若鬼之無跡，若水之無創。故所鄉非所之也，所見非所謀也，舉措動靜，莫能識也，若雷之擊，不可為備。所用不復，故勝可百全。與玄明通，莫知其門，是謂至神。」〔註117〕兵法講究巧、詐、權、謀，需要考慮天道、地形、人事，能否考慮並運用好這些因素，是上將、中將、下將用兵的區別所在。所謂「兵不厭詐」，向敵軍提供虛假信息是戰場上經常使用的方法，諸如「示之以柔而迎之以剛，示之以弱而乘之以強，為之以歙而應之以張，將欲西而示之以東」，即所謂的「所鄉非所之，所見非所謀」。

　　《淮南子‧兵略訓》曰：「兵貴謀之不測也，形之陷匿也，出於不意，不可以設備也。謀見則窮，形見則制。故善用兵者，上隱之天，下隱之地，中隱之人。隱之天者，無不制也。何謂隱之天？大寒甚暑，疾風暴雨，大霧冥晦，因此而為變者也。何謂隱之地？山陵邱阜，林叢險陰，可以伏匿而不見形者也。何謂隱之人？蔽之於前，望之於後，出奇行陳之間，發如雷霆，疾如風雨，擘巨旗，止鳴鼓，而出入無形，莫知其端緒者也。故前後正齊，四方如繩，出入解續，不相越凌，翼輕邊利，或前或後，離合散聚，不失行伍，此善修行陳者也。明於奇正贉、陰陽、刑德、五行、望氣、候星、龜策、禨祥，此善為天道者也。設規慮，施蔚伏，見用水火，出珍怪，鼓譟軍，所以營其耳也；曳梢肆柴，揚塵起堨，所以營其目者，此善為詐佯者也。鐏鉞牢重，固植而難恐，勢利不能誘，死亡不能動，此善為充榦者也。剽疾輕悍，勇敢輕敵，疾若滅沒，此善用輕出奇者也。相地形，處次舍，治壁壘，審煙斥，居高陵，舍出處，此善為地形者也。因其饑渴凍喝，勞倦怠亂，恐懼窘步，乘之以選卒，擊之以宵夜，此善因時應變者也。易則用車，險則用騎，涉水多弓，隘則用弩，晝則多旌，夜則多火，晦冥多鼓，此善為設施者也。凡此八者，不可一

〔註116〕劉文典：《淮南鴻烈集解》，北京：中華書局，1989年，第508頁。
〔註117〕劉文典：《淮南鴻烈集解》，北京：中華書局，1989年，第512頁。

無也，然而非兵之貴者也。」〔註118〕

　　所謂「兵貴謀之不測也，形之陷匿也，出於不意，不可以設備也」，說的依然是「兵不厭詐」，即將真實的意圖和行動「隱藏」以來，是所謂「善用兵者，上隱之天，下隱之地，中隱之人」。善修行陳者、善為天道者、善為詐佯者、善為充幹者、善用輕出奇者、善為地形者、善因時應變者、善為設施者，此八者，皆是行軍打仗過程中實施巧、詐、權、謀所不可缺少的。此八者，雖然「不可一無」，但是，並非「兵之貴者」。「兵之貴者」乃是「義」，天下需要的是「義兵」。此八者，不過是「義兵之助」。

　　第二，兵甲器械方面。

　　兵甲器械方面，《呂氏春秋》主張「兵械銛利」，《簡選》曰：「世有言曰：『驅市人而戰之，可以勝人之厚祿教卒；老弱罷民，可以勝人之精士練材；離散係系，可以勝人之行陳整齊；鋤櫌白梃，可以勝人之長銚利兵。』此不通乎兵者之論。今有利劍於此，以刺則不中，以擊則不及，與惡劍無擇，為是鬥因用惡劍則不可。簡選精良，兵械銛利，發之則不時，縱之則不當，與惡卒無擇，為是戰因用惡卒則不可。王子慶忌、陳年猶欲劍之利也。簡選精良，兵械銛利，令能將將之，古者有以王者、有以霸者矣，湯、武、齊桓、晉文、吳闔廬是矣。」〔註119〕《簡選》所批評的「不通乎兵者之論」，當是針對孟子而言。《孟子·梁惠王上》載孟子曰：「王如施仁政於民，省刑罰，薄稅斂，深耕易耨。壯者以暇日修其孝悌忠信，入以事其父兄，出以事其長上，可使制梃以撻秦、楚之堅甲利兵矣。」〔註120〕孟子認為君主只要施行仁政，百姓把木棒作為兵器就可以戰勝秦、楚兩國的堅甲利兵。孟子的觀點顯然過分誇大了仁政的作用而忽視了精良兵器、優秀兵卒的重要意義，是不現實的，所以，遭到了批評，被《呂氏春秋》斥為「不通乎兵者之論」。

　　《呂氏春秋》認為精良的兵器和優秀的兵卒對於戰爭的勝利是非常重要的。今有利劍一把，如果用它來刺卻刺不中敵人，用它來擊卻擊不中目標，那麼在此利劍與惡劍沒有什麼區別，但是因為這個原因在決鬥時就不用利劍而用惡劍卻是不可以的。擁有精良兵器的優秀兵卒，如果發動他們總不合時

〔註118〕劉文典：《淮南鴻烈集解》，北京：中華書局，1989年，第516～517頁。
〔註119〕陳奇猷：《呂氏春秋新校釋》，上海：上海古籍出版社，2002年，第445頁。
〔註120〕舊題孫奭：《孟子注疏》，《十三經注疏》，北京：中華書局，1980年，第2667頁。

機，運用他們總不恰當，那麼在此優秀的兵卒與劣等的兵卒（「惡卒」）沒有什麼區別，但是因為這個原因在戰爭中就使用劣等的兵卒卻是不可以的。王子慶忌、陳年都是古代的勇士，像他們這樣的勇士都還希望擁有鋒利的寶劍，可見精良的兵器是多麼重要。

《淮南子·脩務訓》亦曰：「今有良馬，不待策錣而行；駑馬，雖兩錣之不能進；為此不用策錣而御，則愚矣。夫怯夫操利劍，擊則不能斷，刺則不能入；及至勇武，攘捲一擣，則摺肋傷幹；為此棄干將、鏌邪而以手戰，則悖矣。」〔註121〕在此同樣強調器械精良之重要。

第三，選練角材方面。

「角材」，據陳奇猷先生考證，「角材者指將帥言也」〔註122〕。「選練角材」，是針對將帥而言的。將帥是一軍之領導，將帥的素質至關重要。《淮南子·兵略訓》曰：「是故將軍之心，滔滔如春，曠曠如夏，湫漻如秋，典凝如冬，因形而與之化，隨時而與之移。」〔註123〕將軍要具有四時之心，「因形而與之化，隨時而與之移」。

《淮南子·兵略訓》曰：「夫兵之所以佐勝者眾，而所以必勝者寡。甲堅兵利，車固馬良，畜積給足，士卒殷軫，此軍之大資也，而勝亡焉。明於星辰日月之運，刑德奇賌之數，背鄉左右之便，此戰之助也，而全亡焉。良將之所以必勝者，恒有不原之智，不道之道，難以眾同也。夫論除謹，動靜時，吏卒辨，兵甲治，此司馬之官也〔註124〕。正行伍，連什伯，明鼓旗，此尉之官也。前後知險易，見敵知難易，發斥不忘遺，此候之官也。隧路亟，行輜治，賦丈均，處軍輯，井灶通，此司空之官也。收藏於後，遷舍不離，無淫輿，無遺輜，此輿之官也。凡此五官之於將也，猶身之有股肱手足也，必擇其人，技能其才，使官勝其任，人能其事。告之以政，申之以令，使之若虎豹之有爪牙，飛鳥之有六翮，莫不為用。然皆佐勝之具也，非所以必勝也。」〔註125〕俗話說「一個好漢三個幫」，良將亦是如此，同樣需要優秀的軍官。司馬之官、尉之官、候之官、司空之官、輿之官，皆是將軍的好幫手。

〔註121〕劉文典：《淮南鴻烈集解》，北京：中華書局，1989年，第640頁。

〔註122〕《呂氏春秋·簡選》注〔三五〕，陳奇猷《呂氏春秋新校釋》，上海：上海古籍出版社，2002年，第455頁。

〔註123〕劉文典：《淮南鴻烈集解》，北京：中華書局，1989年，第511頁。

〔註124〕「此司馬之官也」，原脫，從王念孫說補。

〔註125〕劉文典：《淮南鴻烈集解》，北京：中華書局，1989年，第495～497頁。

然而，他們不過是「佐勝之具」，「非所以必勝也」。其所以必勝者，乃是兵為「義兵」。

《淮南子・兵略訓》曰：「將者必有三隧、四義、五行、十守。所謂三隧者，上知天道，下習地形，中察人情。所謂四義者，便國不負兵，為主不顧身，見難不畏死，決疑不闕罪。所謂五行者，柔而不可卷也，剛而不可折也，仁而不可犯也，信而不可欺也，勇而不可陵也。所謂十守者，神清而不可濁也，謀遠而不可慕也，操固而不可遷也，知明而不可蔽也，不貪於貨，不淫於物，不嚂於辯，不推於方，不可喜也，不可怒也。是謂至於，窈窈冥冥，孰知其情！發必中銓，言必合數，動必順時，解必中揍，通動靜之機，明開塞之節，審舉措之利害，若合符節；疾如彍弩，勢如發矢，一龍一蛇，動無常體，莫見其所中，莫知其所窮，攻則不可守，守則不可攻。」〔註126〕將者必須具備優秀的素質，所謂「三隧、四義、五行、十守」，就是一個優秀的將軍應該具備的基本素質。這樣的將軍領兵打仗，才能做到攻無不勝，戰無不克。

《呂氏春秋》認為將帥領兵一定要懂得「兵貴神速」的道理，《論威》曰：「凡兵欲急疾捷先。欲急疾捷先之道，在於知緩徐遲後而急疾捷先之分也。急疾捷先，此所以決義兵之勝也。」〔註127〕將帥用兵貴「急疾捷先」，即行動迅疾，先發制人。急疾捷先是相對於緩徐遲後而言的，明白了緩徐遲後，也就知道了什麼叫急疾捷先。急疾捷先，是決定義兵取得勝利的重要因素。《孫子・作戰》曰：「故兵貴勝，不貴久。故知兵之將，生民之司命，國家安危之主也。」〔註128〕《呂氏春秋》的兵貴「急疾捷先」思想繼承的是《孫子・作戰》「兵貴勝，不貴久」的速戰思想。又《貴卒》曰：「力貴突，智貴卒。得之同則速為上，勝之同則濕為下。所為貴驥者，為其一日千里也，旬日取之，與駑駘同。所為貴鏃矢者，為其應聲而至，終日而至，則與無至同。」〔註129〕「急疾捷先」思想表現在力、智方面就是「力貴突，智貴卒」，即出兵要突如其來，貴在神速；計謀要令人猝不及防，出人意料。

第四，統率士民方面。

〔註126〕劉文典：《淮南鴻烈集解》，北京：中華書局，1989年，第514～515頁。
〔註127〕陳奇猷：《呂氏春秋新校釋》，上海：上海古籍出版社，2002年，第436頁。
〔註128〕楊丙安：《十一家注孫子校理》，北京：中華書局，1999年，第39頁。
〔註129〕陳奇猷：《呂氏春秋新校釋》，上海：上海古籍出版社，2002年，第1483頁。

「統率士民，欲其教也」，據陳奇猷先生說，「『欲其教也』，謂欲其有訓練、聽戒令也」〔註130〕，即統率士民方面，要有嚴明的紀律。

《呂氏春秋‧懷寵》曰：「兵入於敵之境，則民知所庇矣，黔首知不死矣。至於國邑之郊，不虐五穀，不掘墳墓，不伐樹木，不燒積聚，不焚室屋，不取六畜。得民虜奉而題歸之，以彰好惡；信與民期，以奪敵資。若此而猶有憂恨冒疾遂過不聽者，雖行武焉亦可矣。」〔註131〕紀律嚴明的義兵一進入敵國的邊境，敵國的百姓就知道庇護者到了，不會輕易慘死了。義兵要擁有嚴明的紀律：在敵國之內，不准糟蹋地裏的五穀莊稼，不准挖掘墳墓，不准砍伐樹木，不准燒毀蓄積的財物糧草，不准焚燒房屋，不准掠奪六畜，虜獲百姓要把他們送回去，要與百姓講究誠信，不欺騙百姓。面對擁有如此嚴明紀律的義兵，敵國百姓如果還有頑固不化、堅決不歸順的人，那麼這時再對他們動用武力也是可以的。

攻克敵國之後，更是不得胡來，一樣有嚴明的紀律要遵守。《呂氏春秋‧懷寵》又曰：「克其國不及其民，獨誅所誅而已矣。舉其秀士而封侯之，選其賢良而尊顯之，求其孤寡而振恤之，見其長老而敬禮之。皆益其祿，加其級。論其罪人而救出之；分府庫之金，散倉廩之粟，以鎮撫其眾，不私其財；問其叢社大祠，民之所不欲廢者而復興之，曲加其祀禮。是以賢者榮其名，而長老說其禮，民懷其德。」〔註132〕攻克敵國，只能誅殺應當誅殺的統治者，不准濫殺無辜的百姓。要推舉秀士、選拔賢良、振恤孤寡、敬禮長老。不准私自佔有財物，要與百姓一起分享。

《淮南子‧兵略訓》曰：「故古之善將者，必以其身先之，暑不張蓋，寒不被裘，所以程寒暑也；險隘不乘，上陵必下，所以齊勞佚也；軍食孰然後敢食，軍井通然後敢飲，所以同饑渴也；合戰必立矢射之所及，以共安危也。故良將之用兵也，常以積德擊積怨，以積愛擊積憎，何故而不勝！主之所求於民者二：求民為之勞也，欲民為之死也。民之所望於主者三：饑者能食之，勞者能息之，有功者能德之。民之償其二積，而上失其三望，國雖大，人雖眾，兵猶且弱也。若苦者必得其樂，勞者必得其利，斬首之功必全，死事之後必

〔註130〕《呂氏春秋‧簡選》注〔三六〕，陳奇猷《呂氏春秋新校釋》，上海：上海古籍出版社，2002年，第455頁。

〔註131〕陳奇猷：《呂氏春秋新校釋》，上海：上海古籍出版社，2002年，第417頁。

〔註132〕陳奇猷：《呂氏春秋新校釋》，上海：上海古籍出版社，2002年，第418頁。

賞，四者既信於民矣，主雖射雲中之鳥，而釣深淵之魚，彈琴瑟，聲鍾竽，敦六博，投高壺，兵猶且強，令猶且行也。是故上足仰，則下可用也；德足慕，則威可立也。」〔註133〕嚴明的紀律，良好的士風，需要將帥以身作則，不搞特殊。將帥與士卒程寒暑、齊勞佚、同饑渴、共安危，所以，將士一心，軍民一心，能夠贏得勝利。

　　秦漢雜家這種基於仁愛而強調紀律嚴明的思想從《司馬法》繼承而來，《司馬法・仁本》曰：「冢宰與百官布令於軍曰：『入罪人之地，無暴神祇，無行田獵，無毀土功，無燔牆屋，無伐林木，無取六畜、禾黍、器械。見其老幼，奉歸勿傷。雖遇壯者，不校勿敵。敵若傷之，醫藥歸之。』既誅有罪，王及諸侯修正其國，舉賢立明，正復厥職。」〔註134〕中華民族「自古言兵不好戰」，《司馬法》的兵家思想很好地體現了仁愛天下的「不好戰」思想。《漢書・藝文志》曰「動之以仁義，行之以禮讓，《司馬法》是其遺事也」〔註135〕，此言不虛。

第二節　德治輔以法治

　　秦國從孝公以來就用商鞅之法治國，商鞅之法固然使秦國實現了富國強兵，但是商鞅之法畢竟是以嚴酷而著稱的。秦、魏二國交戰，商鞅誘殺了自己的故交公子卬，《呂氏春秋・無義》批判商鞅此舉大為不義〔註136〕，《史記・商君列傳》太史公批評商鞅「刻薄」「少恩」〔註137〕。秦王政也是「少恩而虎狼心」之人，秦王政繼承的就是商鞅純粹的法家傳統，甚至有過之而無不及，《漢書・刑法》載：「至於秦始皇，兼吞戰國，遂毀先王之法，滅禮誼之官，專任刑罰，躬操文墨，晝斷獄，夜理書，自程決事，日縣石之一。」〔註138〕《史記・秦始皇本紀》載侯生、盧生曰：「始皇為人，天性剛戾自用，起諸侯，併天下，意得欲從，以為自古莫及己。專任獄吏，獄吏得親幸。博士雖七十人，特備員弗用。丞相諸大臣皆受成事，倚辨於上。上樂以刑殺為威，天下畏

〔註133〕劉文典：《淮南鴻烈集解》，北京：中華書局，1989年，第513～514頁。
〔註134〕劉仲平：《司馬法今注今譯》，臺北：臺灣商務印書館，1977年，第2頁。
〔註135〕班固：《漢書》，北京：中華書局，1962年，第1762頁。
〔註136〕陳奇猷：《呂氏春秋新校釋》，上海：上海古籍出版社，2002年，第1501頁。
〔註137〕司馬遷：《史記》，北京：中華書局，1959年，第2237頁。
〔註138〕班固：《漢書》，北京：中華書局，1962年，第1096頁。

罪持祿，莫敢盡忠。」〔註139〕秦始皇「專任刑罰」「專任獄吏」「樂以刑殺為威」，足見秦始皇是一個以嚴刑峻罰治理國家的君王。

秦朝二世而亡的結局證明了單純使用「法治」不能長久。呂不韋看到了單純使用「法治」的弊端，所以，他提出德治為主、法治為輔的治國策略。之後的劉安同樣知曉秦朝二世而亡的沉痛歷史，知曉秦朝單純以法治國的嚴重弊端，故而，劉安編撰《淮南子》也主張德治輔以法治的治國策略。

德治輔以法治思想又包括四個方面：第一，以樂治國思想。音樂具有教化功能，儒家提倡「德治」，向來重視音樂的教化作用，《荀子·樂論》曰：「夫聲樂之入人也深，其化人也速，故先王謹為之文。樂中平則民和而不流，樂肅莊則民齊而不亂。」〔註140〕秦漢雜家提倡「德治」，「樂教」是其實行「德治」的重要方法。《呂氏春秋·適音》曰：「治世之音安以樂，其政平也；亂世之音怨以怒，其政乖也；亡國之音悲以哀，其政險也。凡音樂通乎政而移風平俗者也，俗定而音樂化之矣。故有道之世，觀其音而知其俗矣，觀其政而知其主矣。故先王必託於音樂以論其教。」〔註141〕《淮南子·主術訓》曰：「夫榮啟期一彈，而孔子三日樂，感於和。鄒忌一徽，而威王終夕悲，感於憂。動諸琴瑟，形諸音聲，而能使人為之哀樂。縣法設賞，而不能移風易俗者，其誠心弗施也。寧戚商歌車下，桓公喟然而寤，至精入人深矣！故曰：樂聽其音則知其俗，見其俗則知其化。孔子學鼓琴於師襄，而論文王之志，見微以知明矣。延陵季子聽魯樂而知殷、夏之風，論近以識遠也。作之上古，施及千歲而文不滅，況於並世化民乎！」〔註142〕音樂可以移風易俗，可以深入人心，對人實行教化。

第二，以孝治國思想。「孝」思想是儒家的重要思想，從孔子、有若再到曾參，儒家的「孝」思想發展成熟。儒家認為在家之「孝」可以轉化為在國之「忠」，《孝經·廣揚名章》曰：「君子之事親孝，故忠可移於君；事兄悌，故順可移於長；居家理，故治可移於官。」〔註143〕事親之「孝」可以很自然地「移為」事君之「忠」，事兄之「悌」可以很自然地「移為」事長之「順」，即「孝子」就是「忠臣」。

〔註139〕司馬遷：《史記》，北京：中華書局，1959年，第258頁。
〔註140〕王先謙：《荀子集解》，北京：中華書局，1988年，第380頁。
〔註141〕陳奇猷：《呂氏春秋新校釋》，上海：上海古籍出版社，2002年，第276頁。
〔註142〕劉文典：《淮南鴻烈集解》，北京：中華書局，1989年，第275～276頁。
〔註143〕邢昺：《孝經注疏》，《十三經注疏》，北京：中華書局，1980年，第2558頁。

　　「君」需要「忠臣」，儒家的「孝」思想可以塑造「忠臣」，所以，秦漢雜家重視儒家的「孝」思想，將「孝」作為治國之術。《呂氏春秋・孝行》開篇曰：「凡為天下，治國家，必務本而後末……務本莫貴於孝。人主孝，則名章榮，下服聽，天下譽。人臣孝，則事君忠，處官廉，臨難死。士民孝，則耕芸疾，守戰固，不罷北。夫孝，三皇五帝之本務，而萬事之紀也。夫執一術而百善至、百邪去、天下從者，其惟孝也。」〔註144〕《淮南子・主術訓》亦曰：「入孝於親，出忠於君，無愚智賢不肖皆知其為義也。」〔註145〕以「孝」治國，「君」「臣」「民」可以達到一種和諧的境界，所以，以孝治國是秦漢雜家「德治」思想的重要內容。

　　第三，以愛治國思想。儒墨二家皆講「愛」，儒家講仁愛，墨家講兼愛。《孟子・離婁下》孟子曰：「君子所以異於人者，以其存心也。君子以仁存心，以禮存心。仁者愛人，有禮者敬人。愛人者，人常愛之；敬人者，人常敬之。」〔註146〕「仁者愛人」是孟子之「仁」的高度概括，「仁」就是愛人。然而孟子的「仁愛」有親疏、遠近之別，有差別性。墨家「兼愛」主張人與人之間兼相愛、交相利，「視人之國若視其國，視人之家若視其家，視人之身若視其身」，這樣世間就不會有征伐、不會有偷盜、不會有仇殺，只會有平等的「愛」。

　　秦漢雜家主張以愛治國，《呂氏春秋・愛類》曰：「仁於他物，不仁於人，不得為仁；不仁於他物，獨仁於人，猶若為仁。仁也者，仁乎其類者也。故仁人之於民也，可以便之，無不行也。」〔註147〕《淮南子・主術訓》曰：「遍愛群生而不愛人類，不可謂仁。仁者，愛其類也。」〔註148〕《淮南子・泰族訓》曰：「故仁知，人材之美者也。所謂仁者，愛人也；所謂知者，知人也。愛人則無虐刑矣，知人則無亂政矣。治由文理，則無悖謬之事矣；刑不侵濫，則無暴虐之行矣。上無煩亂之治，下無怨望之心，則百殘除而中和作矣。此三代之所昌。」〔註149〕「仁也者，仁乎其類者也」，提倡的就是一種無差別的「愛」。

〔註144〕陳奇猷：《呂氏春秋新校釋》，上海：上海古籍出版社，2002 年，第 736 頁。
〔註145〕劉文典：《淮南鴻烈集解》，北京：中華書局，1989 年，第 315 頁。
〔註146〕舊題孫奭：《孟子注疏》，《十三經注疏》，北京：中華書局，1980 年，第 2730 頁。
〔註147〕陳奇猷：《呂氏春秋新校釋》，上海：上海古籍出版社，2002 年，第 1472 頁。
〔註148〕劉文典：《淮南鴻烈集解》，北京：中華書局，1989 年，第 314 頁。
〔註149〕劉文典：《淮南鴻烈集解》，北京：中華書局，1989 年，第 698 頁。

　　秦王政「少恩而虎狼心」，只知道實行嚴刑峻罰，不知仁政愛民。呂不韋、劉安知道單純地實行嚴刑峻罰必定不能長久，故提倡以愛治國，以德治國，仁政愛民。以愛治國可以作為以德治國思想的一個重要補充，是「德治」思想的內容。

　　第四，以法治國思想。單純的「法治」，即使用嚴刑峻罰來治國固然存在很大弊端，但是，單純的「德治」也不能萬無一失，只有將「法治」「德治」相結合才能將國家治理好。呂不韋的「德治為主，法治為輔」要比單純的「法治」或者單純的「德治」更為合理、更為實用。《呂氏春秋・用民》曰：「凡用民，太上以義，其次以賞罰。」〔註150〕《淮南子・主術訓》曰：「古聖王至精形於內，而好憎忘於外，出言以副情，發號以明旨，陳之以禮樂，風之以歌謠，業貫萬世而不壅，橫扃四方而不窮，禽獸昆蟲與之陶化，又況於執法施令乎？故太上神化，其次使不得為非，其次賞賢而罰暴。」〔註151〕就是說「德治」是第一位的，「法治」是第二位的。

　　雖然「賞罰」被用來輔助「德治」，但是，呂不韋反對嚴刑厚賞、反對濫施淫威。呂不韋主張「賞」要「義賞」，《呂氏春秋・義賞》曰：「賞罰之柄，此上之所以使也。其所以加者義；則忠信親愛之道彰。久彰而愈長，民之安之若性，此之謂教成。」〔註152〕呂不韋主張「威」要「適威」，《呂氏春秋・適威》曰：「亂國之使其民，不論人之性，不反人之情，煩為教而過不識，數為令而非不從，巨為危而罪不敢，重為任而罰不勝。民進則欲其賞，退則畏其罪。知其能力之不足也，則以為繼矣。以為繼知，則上又從而罪之，是以罪召罪，上下之相讎也，由是起矣。故禮煩則不莊，業煩則無功，令苛則不聽，禁多則不行。」〔註153〕

　　《呂氏春秋・用民》曰：「不得其道，而徒多其威。威愈多，民愈不用。亡國之主，多以多威使其民矣。故威不可無有，而不足專恃。譬之若鹽之於味，凡鹽之用，有所託也，不適則敗託而不可食。威亦然，必有所託，然後可行。惡乎託？託於愛利。愛利之心諭，威乃可行。威太甚則愛利之心息，愛利

〔註150〕陳奇猷：《呂氏春秋新校釋》，上海：上海古籍出版社，2002年，第1279頁。
〔註151〕劉文典：《淮南鴻烈集解》，北京：中華書局，1989年，第276頁。
〔註152〕陳奇猷：《呂氏春秋新校釋》，上海：上海古籍出版社，2002年，第786頁。
〔註153〕陳奇猷：《呂氏春秋新校釋》，上海：上海古籍出版社，2002年，第1290～1291頁。

之心息而徒疾行威，身必咎矣，此殷、夏之所以絕也。」〔註154〕「威不可無有，而不足專恃」是呂不韋對「法治」的態度，是說治國不能沒有「威」但又不能只依靠「威」。即使用「威」，也要有所依託，「託於愛利」。只有心存「仁愛」「愛利」來用「威」，「威」才能發揮它的作用。

一、以樂治國思想

（一）以樂治國思想之發展

　　中國文化自古重視禮樂，「禮樂」思想傳自久遠。《左傳》襄公二十九年載：「吳公子札來聘……請觀於周樂。使工為之歌《周南》、《召南》。曰：『美哉！始基之矣。猶未也，然勤而不怨矣。』為之歌《邶》、《鄘》、《衛》。曰：『美哉淵乎！憂而不困者也。吾聞衛康叔、武公之德如是，是其衛風乎！』為之歌《王》。曰：『美哉！思而不懼，其周之東乎！』為之歌《鄭》。曰：『美哉！其細已甚，民弗堪也。是其先亡乎！』為之歌《齊》。曰：『美哉！泱泱乎大風也哉！表東海者，其大公乎！國未可量也。』為之歌《豳》。曰：『美哉蕩乎！樂而不淫，其周公之東乎！』為之歌《秦》。曰：『此之謂夏聲。夫能夏則大，大之至也。其周之舊乎！』為之歌《魏》。曰：『美哉，渢渢乎！大而婉，險而易行。以德輔此，則明主也。』為之歌《唐》。曰：『思深哉！其有陶唐氏之遺民乎！不然，何其憂之遠也？非令德之後，誰能若是？』為之歌《陳》。曰：『國無主，其能久乎？』自《鄶》以下，無譏焉。為之歌《小雅》。曰：『美哉！思而不貳，怨而不言，其周德之衰乎？猶有先王之遺民焉。』為之歌《大雅》。曰：『廣哉，熙熙乎！曲而有直體，其文王之德乎！』為之歌《頌》。曰：『至矣哉！直而不倨，曲而不屈，邇而不逼，遠而不攜，遷而不淫，復而不厭，哀而不愁，樂而不荒，用而不匱，廣而不宣，施而不費，取而不貪，處而不底，行而不流。五聲和，八風平，節有度，守有序，盛德之所同也。』」〔註155〕

　　魯襄公二十九年（前544），吳季札訪問魯國，觀周樂於魯，這一段就是對吳季札觀周樂的記載。樂工依次演唱了「詩三百」的風、雅、頌各部分，吳

〔註154〕陳奇猷：《呂氏春秋新校釋》，上海：上海古籍出版社，2002年，第1280～1281頁。

〔註155〕孔穎達：《春秋左傳正義》，《十三經注疏》，北京：中華書局，1980年，第2006～2007頁。

季札——進行了點評。吳季札是站在社會和政治的角度，通過聽取各國的音樂來對各國的社會風俗和政治盛衰做出評論，將音樂看作社會和政治的反映。後世《禮記・樂記》所謂「審樂以知政」〔註156〕、《詩大序》所謂「治世之音安以樂，其政和。亂世之音怨以怒，其政乖。亡國之音哀以思，其民困」〔註157〕等思想在吳季札的評論中已經初見端倪。

　　吳季札論「樂」特別強調「和」，吳季札評價《周南》《召南》「勤而不怨」，《邶風》《鄘風》《衛風》「憂而不困」，《王風》「思而不懼」，《豳風》「樂而不淫」，《小雅》「思而不貳，怨而不言」，《頌》「直而不倨，曲而不屈，邇而不逼，遠而不攜，遷而不淫，復而不厭，哀而不愁，樂而不荒，用而不匱，廣而不宣，施而不費，取而不貪，處而不底，行而不流」，這些詞都體現了「和」的特點。最後，吳季札所云「五聲和，八風平，節有度，守有序，盛德之所同也」正是對「樂」要講究中和之美的總結。

　　《國語・晉語八》載：「平公說新聲，師曠曰：『公室其將卑乎！君之萌兆衰矣。夫樂以開山川之風，以耀德於廣遠也。風德以廣之，風山川以遠之，風物以聽之，修詩以詠之，修禮以節之。夫德廣遠而有時節，是以遠服而邇不遷。』」〔註158〕師曠是晉平公（在位時間為前557～前532）的樂師。晉平公喜歡新的音樂，師曠告訴他這是衰世之兆。師曠認為音樂可以「開風耀德」，具有開通風化、宣揚德行的教化作用，但是，「樂」需要「禮」的節制。

　　孔子認為「樂」和「禮」一樣對人具有重要的教化作用。《論語・憲問》曰：「子路問成人。子曰：『若臧武仲之知，公綽之不欲，卞莊子之勇，冉求之藝，文之以禮樂，亦可以為成人矣。』」〔註159〕又《論語・泰伯》孔子曰：「興於《詩》，立於禮，成於樂。」〔註160〕孔子認為「知」「不欲」「勇」「藝」對於「成人」都很重要，但更為重要的是「文之以禮樂」，「立於禮」，「成於樂」。孔子認為在教化方面，「禮」和「樂」相輔相成，「樂」作為「禮」的輔助同樣重要。同時，孔子還認為禮樂具有重要的社會政治作用。《論語・子路》載：「子路曰：『衛君待子而為政，子將奚先？』子曰：『必也正名乎！』

〔註156〕孔穎達：《禮記正義》，《十三經注疏》，北京：中華書局，1980年，第1528頁。

〔註157〕孔穎達：《毛詩正義》，《十三經注疏》，北京：中華書局，1980年，第270頁。

〔註158〕徐元誥：《國語集解》，北京：中華書局，2002年，第426～427頁。

〔註159〕邢昺：《論語注疏》，《十三經注疏》，北京：中華書局，1980年，第2511頁。

〔註160〕邢昺：《論語注疏》，《十三經注疏》，北京：中華書局，1980年，第2487頁。

子路曰：『有是哉，子之迂也！奚其正？』子曰：『野哉，由也！君子於其所
不知，蓋闕如也。名不正，則言不順；言不順，則事不成；事不成，則禮樂
不興；禮樂不興，則刑罰不中；刑罰不中，則民無所錯手足。故君子名之必
可言也，言之必可行也。君子於其言，無所苟而已矣！』」〔註161〕孔子認為
為政要做的第一件事是正名，名正則政事成、禮樂興，禮樂興則刑罰中、民
知「措手足」。孔子認為搞好禮樂是中正刑罰、治理民眾的前提，具有重要
的社會政治作用。

　　《論語・顏淵》曰：「顏淵問仁，子曰：『克己復禮為仁。一日克己復禮，
天下歸仁焉。為仁由己，而由人乎哉？』顏淵曰：『請問其目。』子曰：『非禮
勿視，非禮勿聽，非禮勿言，非禮勿動。』」〔註162〕與西周的「禮樂」思想不
同的是，孔子的「禮樂」思想增加了「仁」。「仁」是孔子思想體系的核心，禮
樂要以「仁」為依據，《論語・八佾》載孔子曰：「人而不仁，如禮何？人而不
仁，如樂何？」〔註163〕

　　從屬於「禮」的「樂」為什麼具有教化的作用？因為「樂」能淨化人的心
靈，給人以美的享受。《論語・述而》曰：「子在齊聞《韶》，三月不知肉味。
曰：『不圖為樂之至於斯也！』」〔註164〕孔子在齊國聽到《韶》樂，驚詫於音
樂的美妙，「三月不知肉味」。《論語・八佾》曰：「子謂《韶》：『盡美矣，又盡
善也。』謂《武》：『盡美矣，未盡善也。』」〔註165〕孔子認為「樂」可以盡善
盡美，能達到感染人的效果，所以具有教化的作用。

　　荀子重視禮樂，批判墨子的「非樂」思想，《荀子・富國》曰：「我以墨子
之『非樂』也則使天下亂。」〔註166〕荀子批判墨子的「非樂」將使天下大亂，
認為人是不能缺少「樂」的。《荀子・樂論》曰：「夫樂者，樂也，人情之所必
不免也，故人不能無樂。樂則必發於聲音，形於動靜，而人之道，聲音、動
靜、性術之變盡是矣。故人不能不樂，樂則不能無形，形而不為道，則不能無
亂。先王惡其亂也，故制《雅》、《頌》之聲以道之，使其聲足以樂而不流，使
其文足以辨而不諰，使其曲直、繁省、廉肉、節奏足以感動人之善心，使夫邪

〔註161〕邢昺：《論語注疏》，《十三經注疏》，北京：中華書局，1980年，第2506頁。
〔註162〕邢昺：《論語注疏》，《十三經注疏》，北京：中華書局，1980年，第2502頁。
〔註163〕邢昺：《論語注疏》，《十三經注疏》，北京：中華書局，1980年，第2466頁。
〔註164〕邢昺：《論語注疏》，《十三經注疏》，北京：中華書局，1980年，第2482頁。
〔註165〕邢昺：《論語注疏》，《十三經注疏》，北京：中華書局，1980年，第2469頁。
〔註166〕王先謙：《荀子集解》，北京：中華書局，1988年，第185頁。

污之氣無由得接焉。是先王立樂之方也，而墨子非之，奈何！」〔註167〕荀子認為「樂者，樂也」，音樂就是人的喜樂，如章詩同所說：「人之所以為人，發之於外的聲音動靜，積之於內的思想感情變化，都表現在音樂之中。」〔註168〕人內心的喜樂行諸音樂（「發於聲音」）、舞蹈（「形於動靜」），如果得不到正確的引導，就會出亂子，所以，先王就制定《雅》《頌》的標準來引導、來規範，使樂之聲音令人快樂而不放縱，使樂之辭章通達而無邪念，使音樂無論曲折還是平直、複雜還是簡單、清音還是濁音，其節奏都能夠感動人之善心而遠離「邪污之氣」。這是先王的立樂之道，墨子「非樂」，所以，荀子批判墨子的「非樂」將使天下亂。

又《荀子‧樂論》曰：「夫聲樂之入人也深，其化人也速，故先王謹為之文。樂中平則民和而不流，樂肅莊則民齊而不亂。民和齊則兵勁城固，敵國不敢嬰也。如是，則百姓莫不安其處，樂其鄉，以至足其上矣。然後名聲於是白，光輝於是大，四海之民莫不願得以為師。是王者之始也。樂姚冶以險，則民流僈鄙賤矣。流僈則亂，鄙賤則爭。亂爭則兵弱城犯，敵國危之。如是，則百姓不安其處，不樂其鄉，不足其上矣。故禮樂廢而邪音起者，危削侮辱之本也。故先王貴禮樂而賤邪音。」〔註169〕荀子認為音樂可以深入地影響人心，具有教化的作用，所以，先王謹慎地對其進行規範。音樂中正平和則民眾和睦相處而不四處流竄，音樂肅靜莊重則民眾齊心向上而不犯上作亂。民眾和睦相處、齊心向上則「兵勁城固」，敵國不敢侵犯。如是，則百姓安居樂業，足以使其上成就功業，是「王者之始」。荀子認為音樂教化非常重要，是王者成就功業的開端，所以，先王十分重視中正平和、肅靜莊重的「禮樂」而輕視「邪音」。否則，「禮樂廢而邪音起」。

荀子重視禮樂，認為「樂」能輔助「禮」來完成教化作用，二者不可分割、相輔相成是一體的。《荀子‧樂論》曰：「樂行而志清，禮修而行成，耳目聰明，血氣和平，移風易俗，天下皆寧，美善相樂」，「且樂也者，和之不可變者也；禮也者，理之不可易者也。樂合同，禮別異。禮樂之統，管乎人心矣。窮本極變，樂之情也；著誠去偽，禮之經也。」〔註170〕樂、禮可以移風易俗，

〔註167〕王先謙：《荀子集解》，北京：中華書局，1988年，第379頁。

〔註168〕章詩同：《荀子‧樂論》注④，章詩同《荀子簡注》，上海：上海人民出版社，1974年，第221頁。

〔註169〕王先謙：《荀子集解》，北京：中華書局，1988年，第380～381頁。

〔註170〕王先謙：《荀子集解》，北京：中華書局，1988年，第382頁。

二者相輔相成，可以使人耳聰目明，血氣和平，從而達到「天下皆寧，美善相
樂」的境界。「樂合同，禮別異」，道出了樂、禮的不同作用，「所謂『樂合同，
禮別異』，禮的作用在於嚴肅等級，樂則能使不同等級的人之間關係和諧融洽」
〔註171〕。同時，禮、樂二者又相輔相成，即所謂「禮樂之統，管乎人心矣」。

　　《禮記‧樂記》也是專門研究音樂理論的，其成書時間學術界至今有不
同意見。王鍔指出：「《樂記》與《荀子‧樂論》、《呂氏春秋‧適音》等有相同
文字，郭沫若、楊公驥、沈文倬、李學勤等已經做過對比，認為是《荀子》、
《呂氏春秋》等抄襲《樂記》，言之有據。」〔註172〕《禮記‧樂記》曰：「音
之起，由人心生也。人心之動，物使之然也。感於物而動，故形於聲。聲相
應，故生變；變成方，謂之音。比音而樂之，及干戚羽旄，謂之樂。樂者，音
之所由生也。其本在人心之感於物也。是故其哀心感者，其聲噍以殺；其樂
心感者，其聲嘽以緩；其喜心感者，其聲發以散；其怒心感者，其聲粗以厲；
其敬心感者，其聲直以廉；其愛心感者，其聲和以柔。六者，非性也，感於物
而後動。是故先王慎所以感之者。故禮以道其志，樂以和其聲，政以一其行，
刑以防其奸。禮樂刑政，其極一也，所以同民心而出治道也。凡音者，生人心
者也。情動於中，故形於聲；聲成文，謂之音。是故治世之音安以樂，其政
和；亂世之音怨以怒，其政乖；亡國之音哀以思，其民困。聲音之道與政通
矣。」〔註173〕關於音樂的產生，《樂記》提出了「物感說」，認為音由心生，
而心又是受到了外物的感發，即所謂「樂者，音之所由生也。其本在人心之
感於物也」。《樂記》也強調禮、樂的相輔相成，「禮樂刑政，其極一也，所以
同民心而出治道也」，又曰：「禮節民心，樂和民聲，政以行之，刑以防之，禮
樂刑政，四達而不悖，則王道備矣。樂者為同，禮者為異。同則相親，異則相
敬，樂勝則流，禮勝則離。合情飾貌者，禮樂之事也。」〔註174〕《樂記》認
為音樂是人心受了外界事物的感發而產生的，所以，《樂記》也重視音樂與社
會、政治的關係，認為「治世之音安以樂，其政和；亂世之音怨以怒，其政

〔註171〕王運熙、顧易生主編：《中國文學批評史新編》（上冊），上海：復旦大學出
　　　　版社，2007年，第25頁。
〔註172〕王鍔：《〈禮記〉成書考》，西北師範大學2004年博士論文，第53頁。
〔註173〕孔穎達：《禮記正義》，《十三經注疏》，北京：中華書局，1980年，第1527
　　　　頁。
〔註174〕孔穎達：《禮記正義》，《十三經注疏》，北京：中華書局，1980年，第1529
　　　　頁。

乖；亡國之音哀以思，其民困。聲音之道與政通矣」。

（二）託於音樂以論其教

秦漢雜家提倡「德治」，重視音樂的教化功能。《呂氏春秋》認為音樂能輔助「德治」，《音初》曰「君子反道以修德，正德以出樂，和樂以成順。樂和而民鄉方矣」〔註175〕，即音樂能夠潛移默化地教化「民」，從而來輔助「德治」。《淮南子·本經訓》亦曰：「古者聖人在上，政教平，仁愛洽，上下同心，君臣輯睦，衣食有餘，家給人足，父慈子孝，兄良弟順，生者不怨，死者不恨，天下和洽，人得其願。夫人相樂，無所發晛，故聖人為之作樂以和節之。」〔註176〕聖人之世，民人相樂，無以宣洩其情感，故聖人作樂疏通之，節制之，教導之。

《呂氏春秋》有8個專篇講「樂」：《大樂》《侈樂》《適音》《古樂》《音律》《音初》《制樂》《明理》。《呂氏春秋》的《十二月紀》把「樂」作為與天子相關的重要事宜，《孟春》曰「是月也，命樂正入學習舞」〔註177〕；《仲春》曰「上丁，命樂正，入舞舍采，天子乃率三公九卿諸侯親往視之。中丁，又命樂正，入學習樂」〔註178〕；《季春》曰「是月之末，擇吉日，大合樂，天子乃率三公九卿諸侯大夫親往視之」〔註179〕；《孟夏》曰「乃命樂師習合禮樂」，「是月也，天子飲酌，用禮樂」〔註180〕；《仲夏》曰「是月也，命樂師，修鞀鞞鼓，均琴瑟管簫，執干戚戈羽，調竽笙塤簻，飭鍾磬柷敔。命有司，為民祈祀山川百原，大雩帝，用盛樂」〔註181〕；《季冬》曰「命樂師，大合吹而罷」〔註182〕。

《呂氏春秋·適音》曰：「凡樂，天地之和，陰陽之調也。始生人者天也，人無事焉。天使人有欲，人弗得不求。天使人有惡，人弗得不闢。欲與惡所受於天也，人不得興焉，不可變，不可易。世之學者，有非樂者矣，安

〔註175〕陳奇猷：《呂氏春秋新校釋》，上海：上海古籍出版社，2002年，第339頁。
〔註176〕劉文典：《淮南鴻烈集解》，北京：中華書局，1989年，第266頁。
〔註177〕陳奇猷：《呂氏春秋新校釋》，上海：上海古籍出版社，2002年，第2頁。
〔註178〕陳奇猷：《呂氏春秋新校釋》，上海：上海古籍出版社，2002年，第65頁。
〔註179〕陳奇猷：《呂氏春秋新校釋》，上海：上海古籍出版社，2002年，第124頁。
〔註180〕陳奇猷：《呂氏春秋新校釋》，上海：上海古籍出版社，2002年，第188、189頁。
〔註181〕陳奇猷：《呂氏春秋新校釋》，上海：上海古籍出版社，2002年，第244頁。
〔註182〕陳奇猷：《呂氏春秋新校釋》，上海：上海古籍出版社，2002年，第622頁。

由出哉？」〔註183〕《呂氏春秋》認為音樂乃是人天生的情感欲望的自然表達，是天地、陰陽的調和，「不可變，不可易」，然墨子「非樂」，故《呂氏春秋》批判之。

《呂氏春秋·適音》曰：「治世之音安以樂，其政平也；亂世之音怨以怒，其政乖也；亡國之音悲以哀，其政險也。凡音樂通乎政而移風平俗者也，俗定而音樂化之矣。故有道之世，觀其音而知其俗矣，觀其政而知其主矣。故先王必託於音樂以論其教。」〔註184〕《呂氏春秋》也很重視音樂與社會、政治的關係，認為「治世之音安以樂，其政平也；亂世之音怨以怒，其政乖也；亡國之音悲以哀，其政險也」。這與《禮記·樂記》所謂「治世之音安以樂，其政和；亂世之音怨以怒，其政乖；亡國之音哀以思，其民困」表達的是一個意思。《呂氏春秋》認為音樂通於政治、風俗，所以，通過考察音樂可以得到很多重要信息，《呂氏春秋·音初》曰：「凡音者，產乎人心者也。感於心則蕩乎音，音成於外而化乎內，是故聞其聲而知其風，察其風而知其志，觀其志而知其德。盛衰、賢不肖、君子小人皆形於樂，不可隱匿，故曰樂之為觀也深矣。」〔註185〕「樂之為觀也深」，所以，「先王必託於音樂以論其教」。

《淮南子·主術訓》曰：「夫榮啟期一彈，而孔子三日樂，感於和。鄒忌一徽，而威王終夕悲，感於憂。動諸琴瑟，形諸音聲，而能使人為之哀樂。縣法設賞，而不能移風易俗者，其誠心弗施也。甯戚商歌車下，桓公喟然而寤，至精入人深矣！故曰：樂聽其音則知其俗，見其俗則知其化。孔子學鼓琴於師襄，而論文王之志，見微以知明矣。延陵季子聽魯樂而知殷、夏之風，論近以識遠也。作之上古，施及千歲而文不滅，況於並世化民乎！」〔註186〕《淮南子·泰族訓》曰：「神農之初作琴也，以歸神杜淫，反其天心；及其衰也，流而不反，淫而好色，至於亡國〔註187〕。夔之初作樂也，皆合六律而調五音，以通八風；及其衰也，以沉湎淫康，不顧政治，至於滅亡。」〔註188〕《淮南子·泰族訓》曰：「今夫《雅》、《頌》之聲，皆發於詞，本於情，故君臣以睦，

〔註183〕陳奇猷：《呂氏春秋新校釋》，上海：上海古籍出版社，2002年，第259頁。
〔註184〕陳奇猷：《呂氏春秋新校釋》，上海：上海古籍出版社，2002年，第276頁。
〔註185〕陳奇猷：《呂氏春秋新校釋》，上海：上海古籍出版社，2002年，第338頁。
〔註186〕劉文典：《淮南鴻烈集解》，北京：中華書局，1989年，第275～276頁。
〔註187〕「以歸」至「亡國」二五字，原作「以歸神及其淫也反其天心」，據王念孫說改。
〔註188〕劉文典：《淮南鴻烈集解》，北京：中華書局，1989年，第672～673頁。

父子以親。故《韶》、《夏》之樂也，聲浸乎金石，潤乎草木。今取怨思之聲，施之於絃管，聞其音者，不淫則悲，淫則亂男女之辯，悲則感怨思之氣，豈所謂樂哉！趙王遷流於房陵，思故鄉，作為《山水》之謳，聞者莫不殞涕。荊軻西刺秦王，高漸離、宋意為擊筑，而歌於易水之上，聞者莫不瞋目裂眥，髮植穿冠。因以此聲為樂而入宗廟，豈古之所謂樂哉！故弁冕輅輿，可服而不可好也；大羹之和，可食而不可嗜也；朱弦漏越，一唱而三歎，可聽而不可快也。故無聲者，正其可聽者也；其無味者，正其足味者也。吠聲清於耳，兼味快於口，非其貴也。故事不本於道德者，不可以為儀；言不合乎先王者，不可以為道；音不調乎《雅》、《頌》者，不可以為樂。」〔註189〕

音樂可以深入人心，感人至深，使人為之哀樂，可以移風易俗，故曰：樂聽其音則知其俗，見其俗則知其化。音樂具有傳承性，作於上古的音樂流傳千年而依然能夠動人，更別說用作於今天的音樂來教化今天的人民了。然而，音樂也有衰敗的時候，神農「歸神杜淫，反其天心」之琴樂，衰敗而為「流而不反，淫而好色，至於亡國」之樂；夔「合六律而調五音，以通八風」之樂，衰敗而為「沉湎淫康，不顧政治，至於滅亡」之樂。故君王選擇音樂一定要謹慎，因為並不是所有的音樂都可以進入宗廟。雅頌之樂，本乎情發而為聲，可以使君臣和睦，父子親愛，故曰「音不調乎《雅》、《頌》者，不可以為樂」。

《呂氏春秋·長見》曰：「晉平公鑄為大鐘，使工聽之，皆以為調矣。師曠曰：『不調，請更鑄之。』平公曰：『工皆以為調矣。』師曠曰：『後世有知音者，將知鐘之不調也，臣竊為君恥之。』至於師涓，而果知鐘之不調也。是師曠欲善調鐘，以為後世之知音者也。」〔註190〕《淮南子·脩務訓》亦載：「昔晉平公令官為鐘，鐘成而示師曠，師曠曰：『鐘音不調。』平公曰：『寡人以示工，工皆以為調。而以為不調，何也？』師曠曰：『使後世無知音者則已，若有知音者，必知鐘之不調。』故師曠之欲善調鐘也，以為後之有知音者也。」〔註191〕《國語·晉語八》載：「平公說新聲，師曠曰：『公室其將卑乎！君之萌兆衰矣。夫樂以開山川之風，以耀德於廣遠也。風德以廣之，風山川以遠

〔註189〕劉文典：《淮南鴻烈集解》，北京：中華書局，1989年，第693頁。
〔註190〕陳奇猷：《呂氏春秋新校釋》，上海：上海古籍出版社，2002年，第611～612頁。
〔註191〕劉文典：《淮南鴻烈集解》，北京：中華書局，1989年，第658頁。

之，風物以聽之，修詩以詠之，修禮以節之。夫德廣遠而有時節，是以遠服而邇不遷。』」〔註192〕晉平公鑄造大鐘，樂工皆以為鐘聲合調，而師曠獨以為不調。師曠這麼做有其用意，晉平公喜歡鄭衛新聲而不愛雅樂，鑄造大鐘來演奏，師曠認為晉平公這麼做是衰亡之兆，故竭盡全力來阻止。

《淮南子·泛論訓》曰：「禹之時，以五音聽治，懸鐘鼓磬鐸，置鞀，以待四方之士。為號曰：『教寡人以道者擊鼓，諭寡人以義者擊鐘，告寡人以事者振鐸，語寡人以憂者擊磬，有獄訟者搖鞀。』當此之時，一饋而十起，一沐而三捉發，以勞天下之民，此而不能達善效忠者，則才不足也。」〔註193〕大禹有天下，以五音聽治，授道者擊鼓，諭義者擊鐘，告事者振鐸，語憂者擊磬，有獄訟者搖鞀。

（三）以音律寓治意

秦漢雜家將治國之道寓含於音律之中，《淮南子·泰族訓》曰：「別清濁五音六律相生之數，以立君臣之義而成國。」〔註194〕「音律」之「律」產生的當很早，《呂氏春秋·古樂》曰：「昔黃帝令伶倫作為律。伶倫自大夏之西，乃之阮隃之陰，取竹於嶰溪之谷，以生空竅厚鈞者、斷兩節間、其長三寸九分而吹之，以為黃鐘之宮，吹曰『舍少』。次制十二筒，以之阮隃之下，聽鳳皇之鳴，以別十二律。其雄鳴為六，雌鳴亦六，以比黃鐘之宮，適合。黃鐘之宮，皆可以生之，故曰黃鐘之宮，律呂之本。黃帝又命伶倫與榮將鑄十二鐘，以和五音，以施《英韶》，以仲春之月，乙卯之日，日在奎，始奏之，命之曰《咸池》。」〔註195〕據此知「音律」乃黃帝令伶倫所作，雖未必完全可信，但「音律」的產生時代當很早。伶倫取竹、斷竹而吹之以定黃鐘之宮。為什麼先定黃鐘之宮？因為黃鐘之宮是音律的根本，是標準音，即《呂氏春秋·適音》所說：「黃鐘之宮，音之本也，清濁之衷也。」〔註196〕黃鐘之宮乃音之高低的標準，所以，伶倫次制十二筒以黃鐘之宮作為比對的標準來區別十二律，定六陽律、六陰律。

如果說黃帝令伶倫作音樂十二律還帶有神話傳說的性質，那麼周景王（在

〔註192〕徐元誥：《國語集解》，北京：中華書局，2002年，第426～427頁。
〔註193〕劉文典：《淮南鴻烈集解》，北京：中華書局，1989年，第437頁。
〔註194〕劉文典：《淮南鴻烈集解》，北京：中華書局，1989年，第671頁。
〔註195〕陳奇猷：《呂氏春秋新校釋》，上海：上海古籍出版社，2002年，第288頁。
〔註196〕陳奇猷：《呂氏春秋新校釋》，上海：上海古籍出版社，2002年，第276頁。

位時間為前544～前520）的樂官伶州鳩對音律的論說則是更為可信的音律理論。《國語‧周語下》載：「王將鑄無射，問律于伶州鳩。對曰：『律所以立均出度也。古之神瞽，考中聲而量之以制，度律均鐘，百官軌儀，紀之以三，平之以六，成於十二，天之道也。夫六，中之色也，故名之曰黃鐘，所以宣養六氣九德也。由是第之。二曰大蔟，所以金奏讚揚〔陽〕出滯也。三曰姑洗，所以修潔百物，考神納賓也。四曰蕤賓，所以安靖神人，獻酬交酢也。五曰夷則，所以詠歌九則，平民無貳也。六曰無射，所以宣布哲人之令德，示民軌儀也。為之六間，以揚沈伏，而黜散越也。元間大呂，助宣物也。二間夾鐘，出四隙之細也。三間仲呂，宣中氣也。四間林鐘，和展百事，俾莫不任肅純恪也。五間南呂，贊陽秀物也。六間應鐘，均利器用，俾應復也。』」〔註197〕伶州鳩指出十二律的名稱為：黃鐘、大蔟、姑洗、蕤賓、夷則、無射、大呂、夾鐘、仲呂、林鐘、南呂、應鐘。伶州鳩還對十二律的名稱進行了解釋，李純一先生認為：「伶州鳩對十二律的解釋，不但帶有不少神秘主義成分，還帶有望文生訓的隨意性，即按照每一律名的字意義進行曲解或附會。例如他把黃鐘說成是『中之色』，把蕤賓說成是『所以安靖神人，獻酬交酢也』。這顯然是一種牽強附會，不足為訓。生當春秋晚期的周王室樂官伶州鳩之所以如此，當是由於十二律出現很早，其命名的真實緣由他已經不知其究竟了。」〔註198〕雖然如此，伶州鳩也是較早對音樂十二律做出論述的人，代表了春秋晚期的人對音樂十二律的理解。

　　《淮南子》也嘗試對十二律作解釋，《淮南子‧天文訓》曰：「帝張四維，運之以斗，月徙一辰，復反其所。正月指寅，十二月指丑，一歲而匝，終而復始。指寅，則萬物螾螾也，律受太蔟。太蔟者，蔟而未出也。指卯，卯則茂茂然，律受夾鐘。夾鐘者，種始莢也。指辰，辰則振之也，律受姑洗。姑洗者，陳去而新來也。指巳，巳則生已定也，律受仲呂。仲呂者，中充大也。指午，午者，忤也，律受蕤賓。蕤賓者，安而服也。指未，未，昧也，律受林鐘。林鐘者，引而止也。指申，申者，呻之也，律受夷則。夷則者，易其則也，德以去矣。指酉，酉者，飽也，律受南呂。南呂者，任包大也。指戌，戌者，滅也，律受無射。無射，入無厭也。指亥，亥者，閡也，律受應鐘。應鐘者，應其鐘

〔註197〕徐元誥：《國語集解》，北京：中華書局，2002年，第113～121頁。
〔註198〕李純一：《先秦音樂史》（修訂版），北京：人民音樂出版社，2005年，第152頁。

也。指子，子者，茲也，律受黃鐘。黃鐘者，鐘已黃矣。指丑，丑者，紐也，律受大呂。大呂者，旅旅而去也。」〔註199〕

《呂氏春秋》有《音律》一篇專講音樂的十二律問題。〔註200〕《音律》曰：「黃鐘生林鐘，林鐘生太蔟，太蔟生南呂，南呂生姑洗，姑洗生應鐘，應鐘生蕤賓，蕤賓生大呂，大呂生夷則，夷則生夾鐘，夾鐘生無射，無射生仲呂。三分所生，益之一分以上生；三分所生，去其一分以下生。黃鐘、大呂、太蔟、夾鐘、姑洗、仲呂、蕤賓為上，林鐘、夷則、南呂、無射、應鐘為下。」〔註201〕本段講十二律相生的次序和相生的方法。《呂氏春秋》是最早用「三分損益法」來求取十二律的，在中國古代音樂史上具有重要的參考價值。

《淮南子》也是「以三參物」來測量十二律之數。《淮南子·天文訓》曰：「以三參物，三三如九，故黃鐘之律九寸而宮音調。因而九之，九九八十一，故黃鐘之數立焉。黃者，土德之色；鐘者，氣之所種也。日冬至德氣為土，土色黃，故曰黃鐘。律之數六，分為雌雄，故曰十二鐘，以副十二月。十二各以三成，故置一而十一，三之，為積分十七萬七千一百四十七，黃種大數立焉。凡十二律，黃鐘為宮，太蔟為商，姑洗為角，林鐘為徵，南呂為羽。物以三成，音以五立，三與五如八，故卵生者八竅。律之初生也，寫鳳之音，故音以八生。黃鐘為宮，宮者，音之君也，故黃鐘位子，其數八十一，主十月，下生林鐘。林鐘之數五十四，主六月，上生太蔟，太蔟之數七十二，主正月，下生南呂。南呂之數四十八，主八月，上生姑洗。姑洗之數六十四，主三月，下生應鐘。應鐘之數四十二，主十月，上生蕤賓。蕤賓之數五十七，主五月，上生大呂。大呂之數七十六，主十二月，下生夷則。夷則之數五十一，主七月，上生夾鐘。夾鐘之數六十八，主二月。下生無射。無射之數四十五，主九月，上生仲呂。仲呂之數六十，主四月，極不生。徵生宮，宮生商，商生羽，羽生角，角生姑洗，姑洗生應鐘，比於正音，故為和。應鐘生蕤賓，不比正音，故為繆。日冬至，音比林鐘，浸以濁。日夏至，音比黃鐘，浸以清。以十二律應

〔註199〕劉文典：《淮南鴻烈集解》，北京：中華書局，1989年，第110～112頁。
〔註200〕牟鍾鑒先生給予《呂氏春秋》的《音律》篇以很高的評價：「《音律》篇細論黃鍾、林鍾、太蔟、南呂、姑洗、應鍾、蕤賓、大呂、夷則、夾鍾、無射、仲呂等十二律相生之說，其說與《說苑》、《御覽》異，與《晉書》同，而在年代上最早，是中國樂理的鼻祖。」（牟鍾鑒：《〈呂氏春秋〉與〈淮南子〉思想研究》，濟南：齊魯書社，1987年，第100頁。）
〔註201〕陳奇猷：《呂氏春秋新校釋》，上海：上海古籍出版社，2002年，第328頁。

二十四時之變，甲子，仲呂之徵也；丙子，夾鐘之羽也；戊子，黃鐘之宮也；庚子，無射之商也；壬子，夷則之角也。」〔註202〕

《呂氏春秋》將十二律與十二月配合在一起，《音律》曰：「大聖至理之世，天地之氣，合而生風，日至則月鐘其風，以生十二律。仲冬日短至，則生黃鐘。季冬生大呂。孟春生太蔟。仲春生夾鐘。季春生姑洗。孟夏生仲呂。仲夏日長至，則生蕤賓。季夏生林鐘。孟秋生夷則。仲秋生南呂。季秋生無射。孟冬生應鐘。天地之風氣正，則十二律定矣。黃鐘之月，土事無作，慎無發蓋，以固天閉地，陽氣且泄。大呂之月，數將幾終，歲且更起，而農民，無有所使。太蔟之月，陽氣始生，草木繁動，令農發土，無或失時。夾鐘之月，寬裕和平，行德去刑，無或作事，以害群生。姑洗之月，達道通路，溝瀆修利，申之此令，嘉氣趣至。仲呂之月，無聚大眾，巡勸農事，草木方長，無攜民心。蕤賓之月，陽氣在上，安壯養俠，本朝不靜，草木早槁。林鐘之月，草木盛滿，陰將始刑，無發大事，以將陽氣。夷則之月，修法飭刑，選士厲兵，詰誅不義，以懷遠方。南呂之月，蟄蟲入穴，趣農收聚，無敢懈怠，以多為務。無射之月，疾斷有罪，當法勿赦，無留獄訟，以亟以故。應鐘之月，陰陽不通，閉而為冬，修別喪紀，審民所終。」〔註203〕

「大聖至理之世，天地之氣，合而生風，日至則月鐘其風，以生十二律」，隨著日月的運行，天地之氣所生之風產生了十二律，「天地之風氣正，則十二律定矣」，指出十二律與時曆有重大的關係。以十一月為歲首，《呂氏春秋》將十二月與十二律相配：黃鐘之月是十一月，大呂之月是十二月，太蔟之月是一月，夾鐘之月是二月，姑洗之月是三月，仲呂之月是四月，蕤賓之月是五月，林鐘之月是六月，夷則之月是七月，南呂之月是八月，無射之月是九月，應鐘之月是十月。

與音律相配的十二個月每個月都規定了君臣應該做的事和不能做的事，可以看作「《十二紀》紀首」的縮略版，是精簡版四時教令，包涵治國大意。每個月事宜的安排大致是按照春生、夏長、秋收、冬藏的意思來闡發，春季，即太蔟之月、夾鐘之月、姑洗之月，「陽氣始生，草木繁動」，所以，開始勸農耕作，勿誤農時，「行德去刑」，凡是妨害「群生」的事都不要做；夏季，即仲

〔註202〕劉文典：《淮南鴻烈集解》，北京：中華書局，1989年，第112～115頁。
〔註203〕陳奇猷：《呂氏春秋新校釋》，上海：上海古籍出版社，2002年，第328～329頁。

呂之月、蕤賓之月、林鐘之月，「陽氣在上」，「草木方長」，所以，勸告農民勤於農事，培養壯丁俠士，「無發大事，以將陽氣」；秋季，即夷則之月、南呂之月、無射之月，陰氣用刑，「蟄蟲入穴」，所以，「趣農收聚」，開始用兵誅伐不義，開始用刑清理獄訟；冬季，即應鐘之月、黃鐘之月、大呂之月，「陰陽不通，閉而為冬」，所以，適宜做的事情不外「閉藏」之意。

《淮南子》則更進一步，「以十二律應二十四時之變」，將二十四節氣與十二律聯繫起來，同樣將「四時教令」寓於其中。《淮南子‧天文訓》曰：「兩維之間，九十一度十六分度之五而升，日行一度，十五日為一節，以生二十四時之變。斗指子則冬至，音比黃鐘；加十五日指癸則小寒，音比應鐘；加十五日指丑則大寒，音比無射；加十五日指報德之維，則越陰在地，故曰距日冬至四十六日而立春，陽氣凍解，音比南呂；加十五日指寅則雨水，音比夷則；加十五日指甲則雷驚蟄，音比林鐘；加十五日指卯中繩，故曰春分則雷行，音比蕤賓；加十五日指乙則清明風至，音比仲呂；加十五日指辰則穀雨，音比姑洗；加十五日指常羊之維則春分盡，故曰有四十六日而立夏，大風濟，音比夾鐘；加十五日指巳則小滿，音比太蔟；加十五日指丙則芒種，音比大呂；加十五日指午則陽氣極，故曰有四十六日而夏至，音比黃鐘；加十五日指丁則小暑，音比大呂；加十五日指未則大暑，音比太蔟；加十五日指背陽之維則夏分盡，故曰有四十六日而立秋，涼風至，音比夾鐘；加十五日而指申則處暑，音比姑洗；加十五日指庚則白露降，音比仲呂；加十五日指西中繩，故曰秋分雷戒，蟄蟲北鄉，音比蕤賓；加十五日指辛則寒露，音比林鐘；加十五日指戌則霜降，音比夷則；加十五日指蹄通之維則秋分盡，故曰有四十六日而立冬，草木畢死，音比南呂；加十五日指亥則小雪，音比無射；加十五日指壬則大雪，音比應鐘；加十五日指子。故曰：陽生於子，陰生於午。陽生於子，故十一月日冬至，鵲始加巢，人氣鐘首。陰生於午，故五月為小刑，薺麥亭歷枯，冬生草木必死。」〔註204〕

「律曆之數，天地之道」，故律曆可生「度量輕重」，關係國計民生。《淮南子‧天文訓》曰「古之為度量輕重，生乎天道。黃鐘之律修九寸，物以三生，三九二十七，故幅廣二尺七寸。音以八相生，故人修八尺，尋自倍，故八尺而為尋。有形則有聲，音之數五，以五乘八，五八四十，故四丈而為匹。匹者，中人之度也。一匹而為制。秋分蔈定，蔈定而禾熟。律之數十二，故十二

〔註204〕劉文典：《淮南鴻烈集解》，北京：中華書局，1989年，第98～102頁。

虆而當一粟，十二粟而當一寸。律以當辰，音以當日，日之數十，故十寸而為尺，十尺而為丈。其以為量，十二粟而當一分，十二分而當一銖，十二銖而當半兩。衡有左右，因倍之，故二十四銖為一兩。天有四時，以成一歲，因而四之，四四十六，故十六兩而為勧。三月而為一時，三十日而為一月，故三十勧為一鈞。四時而為一歲，故四鈞為一石。其以為音也，一律而生五音，十二律而為六十音，因而六之，六六三十六，故三百六十音以當一歲之日。故律曆之數，天地之道也。下生者倍，以三除之；上生者四，以三除之。」〔註205〕

二、以孝治國思想

（一）以孝治國思想之發展

中國自古以來一直都重視「孝」，推崇孝子，「孝」在中國文化之中發揮了極為重要的作用。

春秋時期，孔子就很重視「孝」。何謂「孝」？《論語‧學而》載孔子曰：「父在觀其志，父沒觀其行，三年無改於父之道，可謂孝矣。」〔註206〕孔安國注曰：「父在，子不得自專，故觀其志而已。父沒，乃觀其行。」又曰：「孝子在喪，哀慕猶若父存，無所改於父之道。」〔註207〕孔子很重視「孝」的實踐意義，從一個人對待父母的實際行動來判斷是否為「孝」，在「父沒」後的三年時間裏，「無所改於父之道」，才可以稱為「孝」。

孔子重視「孝」的實踐意義，《論語‧為政》載：「孟懿子問孝，子曰：『無違。』樊遲御，子告之曰：『孟孫問孝於我，我對曰，無違。』樊遲曰：『何謂也？』子曰：『生，事之以禮。死，葬之以禮，祭之以禮。』」〔註208〕孟懿子向孔子問孝，孔子告訴他在父母活著的時候應該「事之以禮」，死了以後應該「葬之以禮，祭之以禮」。《論語‧為政》載：「孟武伯問孝，子曰：『父母唯其疾之憂。』」《正義》曰：「此章言孝子不妄為非也。武伯，懿子之仲孫彘也，問於夫子為孝之道。夫子答之曰：『子事父母，唯其疾病然後可使父母憂之，疾病之外，不得妄為非法，貽憂於父母也。』」〔註209〕妄為非法，給父母帶來憂愁，是為不孝，所以孔子強調行孝不能妄為非法。《論語‧為政》載：

〔註205〕劉文典：《淮南鴻烈集解》，北京：中華書局，1989年，第115～117頁。
〔註206〕邢昺：《論語注疏》，《十三經注疏》，北京：中華書局，1980年，第2458頁。
〔註207〕邢昺：《論語注疏》，《十三經注疏》，北京：中華書局，1980年，第2458頁。
〔註208〕邢昺：《論語注疏》，《十三經注疏》，北京：中華書局，1980年，第2462頁。
〔註209〕邢昺：《論語注疏》，《十三經注疏》，北京：中華書局，1980年，第2462頁。

「子游問孝，子曰：『今之孝者，是謂能養。至於犬馬，皆能有養。不敬，何以別乎？』」〔註210〕孔子認為孝不止於能以飲食供養父母，還必須心懷敬意，這是人區別於犬馬之處，才是真正的孝。《論語·為政》載：「子夏問孝，子曰：『色難。有事，弟子服其勞；有酒食，先生饌，曾是以為孝乎？』《正義》曰：「此章言為孝必須承順父母顏色也。」〔註211〕孔子告訴子夏能分擔父母的體力勞動的痛苦、有酒食能讓父母先吃，這還不是真正的孝，真正的孝必須承順父母的顏色，使父母在精神上感到愉悅。在別人「問孝」時，孔子的回答偏重在實踐之中應該怎麼做、不應該做什麼。

以下幾事，孔子也是從實踐層面來論述「孝」。《論語·里仁》載孔子曰：「事父母幾諫，見志不從，又敬不違，勞而不怨。」《正義》曰：「父母有過，當微納善言以諫於父母也。『見志不從，又敬不違』者，見父母志有不從己諫之色，則又當恭敬，不敢違父母意而遂己之諫也。『勞而不怨』者，父母使己以勞辱之事，己當盡力服其勤，不得怨父母也。」〔註212〕父母有過，諫而不聽，子女應當「敬不違，勞而不怨」。《論語·里仁》載孔子曰：「父母在，不遠遊，遊必有方。」《正義》曰：「方，猶常也。父母既存，或時思欲見己，故不遠遊，遊必有常所，欲使父母呼己得即知其處也。設若告云詣甲，則不得更詣乙，恐父母呼己於甲處不見，則使父母憂也。」〔註213〕即父母健在，子女不遠遊，遊必有常處。《論語·里仁》載孔子曰：「父母之年，不可不知也，一則以喜，一則以懼。」《正義》曰：「言孝子當知父母之年也。其意有二：一則以父母年多，見其壽考則喜也；一則以父母年老，形必衰弱，見其衰老則憂懼也。」〔註214〕為人之子，應該知道父母的年齡。《論語·先進》載孔子曰：「孝哉，閔子騫！人不間於其父母昆弟之言。」〔註215〕孔子稱讚閔子騫事父母，順兄弟，盡善盡美，正是從閔子騫的實際表現來稱讚他。如此種種，我們可以看出孔子「孝」的思想其實是一種實踐指導原則，即在現實之中如何對待父母才是孝，在孝的規範下，什麼可以做，什麼不可以做。孔子的「孝」思想重在實踐，重在履行，從範圍來說是針對一個家庭而言，如羅新慧所說

〔註210〕邢昺：《論語注疏》，《十三經注疏》，北京：中華書局，1980 年，第 2462 頁。

〔註211〕邢昺：《論語注疏》，《十三經注疏》，北京：中華書局，1980 年，第 2462 頁。

〔註212〕邢昺：《論語注疏》，《十三經注疏》，北京：中華書局，1980 年，第 2471 頁。

〔註213〕邢昺：《論語注疏》，《十三經注疏》，北京：中華書局，1980 年，第 2471 頁。

〔註214〕邢昺：《論語注疏》，《十三經注疏》，北京：中華書局，1980 年，第 2472 頁。

〔註215〕邢昺：《論語注疏》，《十三經注疏》，北京：中華書局，1980 年，第 2498 頁。

「孔子的孝道理論在實際上仍然主要是一種家庭倫理。」〔註216〕

孔子之後，孔門弟子對「孝」思想繼承發展最多者是曾參。在孔子和曾參之間，有若的「孝」思想值得一提。有若的「孝」思想繼承於孔子而又有所發展。《論語‧學而》載有若曰：「其為人也孝悌，而好犯上者，鮮矣。不好犯上，而好作亂者，未之有也。君子務本，本立而道生。孝悌也者，其為仁之本與！」〔註217〕《正義》曰：「此章言孝悌之行也。弟子有若曰：『其為人也，孝於父母，順於兄長，而好陵犯凡在己上者，少矣。』言孝悌之人，性必恭順，故好欲犯其上者少也。既不好犯上，而好欲作亂為悖逆之行者，必無，故云『未之有也』。是故君子務修孝悌，以為道之基本。基本既立，而後道德生焉。恐人未知其本何謂，故又言：『孝悌也者，其為仁之本歟？』禮尚謙退，不敢質言，故云『與』也。」〔註218〕有若的「孝」思想不是指家庭之中子女所實踐的孝，不是行孝時具體的指導規範。有若認為孝悌之人必然恭敬和順，「不好犯上」，也就不會作亂。在有若這裡，孝與「上」即與君、國聯繫在了一起，成了統治者束縛作亂者的思想武器，成了維護社會穩定的工具，是「仁之本」。

其實，孔子已經將「孝」與「忠」「政」聯繫在了一起。《論語‧為政》載：「季康子問：『使民敬、忠以勸，如之何？』子曰：『臨之以莊則敬，孝慈則忠，舉善而教不能則勸。』」〔註219〕君上能孝於親，下能慈於民，則民忠。《論語‧為政》載：「或謂孔子曰：『子奚不為政？』子曰：『《書》云：「孝乎惟孝，友于兄弟，施於有政。」是亦為政，奚其為為政？』」〔註220〕孔子認為「孝」「友」也是為政之道，與為政同。有若「孝」的思想當是發源於此，而又對此有了發展和補充。

曾參的「孝」思想對後世影響最大。曾參的「孝」思想主要保存於《孝經》和《大戴禮記》之中。《孝經》的作者、成書年代歷來有爭議。孔子作《孝經》之說，不能成立，前人考之甚詳。我們同意《孝經》是曾參的學生編定的說法，伏俊連先生考證說：「最直接的理由是《孝經》全為孔子同曾參的對話，而對曾參全部稱『子』。在孔子的學生中，曾參以孝道著稱。《莊子‧外物

〔註216〕羅新慧：《曾子與〈孝經〉──儒家孝道理論的歷史變遷》，《史學月刊》1995年第5期。
〔註217〕邢昺：《論語注疏》，《十三經注疏》，北京：中華書局，1980年，第2457頁。
〔註218〕邢昺：《論語注疏》，《十三經注疏》，北京：中華書局，1980年，第2457頁。
〔註219〕邢昺：《論語注疏》，《十三經注疏》，北京：中華書局，1980年，第2463頁。
〔註220〕邢昺：《論語注疏》，《十三經注疏》，北京：中華書局，1980年，第2463頁。

篇》中說：『人親莫不欲其子之孝，而孝未必愛，故孝己憂而曾參悲』，孝己是殷高宗之子，遭後母之難，憂苦而死。莊子所舉孝己與曾參是古代最孝之人，曾參平生傳述的是孔子學說中的『孝道』，今本《大戴禮記》、《禮記》中保留了許多篇曾參論孝的文字，《孝經》當與此同類，而時代更早。」〔註221〕《孝經》是曾參的學生所編定，那麼《孝經》當成書於春秋、戰國之際，我們贊同《孝經》成書於春秋、戰國之際的說法〔註222〕。

　　《論語》之中就有曾參論「孝」的記載。《論語·子張》載曾子曰：「吾聞諸夫子：孟莊子之孝也，其他可能也；其不改父之臣與父之政，是難能也。」〔註223〕這與孔子「三年無改於父之道，可謂孝矣」一脈相承。又《論語·泰伯》載：「曾子有疾，召門弟子曰：『啟予足，啟予手。《詩》云：「戰戰兢兢，如臨深淵，如履薄冰。」而今而後，吾知免夫。小子！』」《正義》曰：「此章言曾子之孝，不敢毀傷也。『曾子有疾，召門弟子曰：啟予足，啟予手』者，啟，開也。曾子以為受身體於父母，不敢毀傷，故有疾恐死，召其門弟子，使開衾而視之，以明無毀傷也。」〔註224〕曾參有疾，讓弟子檢查自己身體完好無損的舉動，是曾參「身體髮膚，受之父母，不敢毀傷」的「孝」思想的外在體現。曾參小心謹慎的愛惜自己的身體，「戰戰兢兢，如臨深淵，如履薄冰」，這是對父母恩賜的珍惜和尊重。這是曾參「孝」思想的一個重要方面。這一方面，孔子、有若皆沒有論及，是曾參的創造。

　　曾參的這一思想在《孝經》之中得到了繼承和發揮。《孝經》是曾參的學生編定成書，雖然書中稱孔子曰，但是記載的其實是曾參的思想。《孝經·開宗明義章》曰：「身體髮膚，受之父母，不敢毀傷，孝之始也。」〔註225〕愛惜自己的身體髮膚，是行孝最基本的要求，是「孝之始」。《大戴禮記·曾子大孝》亦載：「曾子曰：『身者，親之遺體也。行親之遺體，敢不敬乎！故居處不莊，非孝也；事君不忠，非孝也；涖官不敬，非孝也；朋友不信，非孝也；戰陳無勇，非孝也。五者不遂，災及乎身，敢不敬乎！』」〔註226〕

〔註221〕伏俊連：《〈孝經〉的作者及其成書時代》，《孔子研究》1994年第2期。
〔註222〕舒大剛《〈孝經〉名義考──兼及〈孝經〉的成書時代》，《西華大學學報》2004年第1期。
〔註223〕邢昺：《論語注疏》，《十三經注疏》，北京：中華書局，1980年，第2532頁。
〔註224〕邢昺：《論語注疏》，《十三經注疏》，北京：中華書局，1980年，第2486頁。
〔註225〕邢昺：《孝經注疏》，《十三經注疏》，北京：中華書局，1980年，第2545頁。
〔註226〕王聘珍：《大戴禮記解詁》，北京：中華書局，1983年，第82～83頁。

　　曾參將孝分為「孝之始」和「孝之終」,《孝經・開宗明義章》曰:「立身行道,揚名於後世,以顯父母,孝之終也。」〔註227〕「孝之始」主要在己,不毀傷身體髮膚,愛惜自己;「孝之終」也在己,但主要在人。孝忠君主,才能揚名後世,才能「顯父母」,才能實現「孝之終」。曾參在「孝之始」和「孝之終」之間設置了一個極為重要的環節,那就是「中於事君」,《孝經・開宗明義章》曰:「夫孝始於事親,中於事君,終於立身。」〔註228〕因為只有做好「事君」這一中間環節,才能「立身行道,揚名於後世,以顯父母」,實現「孝之終」,所以「中於事君」就變得非常重要。故而,「以孝事君」就自然而然地成了曾參「孝」思想極為重要的內容。

　　《孝經・廣揚名章》曰:「君子之事親孝,故忠可移於君;事兄悌,故順可移於長;居家理,故治可移於官。是以行成於內,而名立於後世矣。」《正義》曰:「此夫子廣述揚名之義。言君子之事親能孝者,故資孝為忠,可移孝行以事君也。事兄能悌者,故資悌為順,可移悌行以事長也。居家能理者,故資治為政,可移於績以施於官也。是以君子居能以此善行成之於內,則令名立於身沒之後也。」〔註229〕在此,曾參將事「親」的「孝」、事「兄」的「悌」、居「家」的「理」依次分別移於「君」「長」「官」,表現為對「君」的「忠」、對「長」的「順」、對「官」的「治」。曾參將原來存在於「親」「兄」「家」這一家庭範圍內的「孝」推廣至「君」「長」「官」這一君、國、天下的範圍。曾參將「孝」與事君、安國、為政緊密連在了一起,「以孝事君」是曾參「孝」思想的最大特點。

　　曾參對「士之孝」的論述就很好地體現了「以孝事君」的特點。《孝經・士章》曰:「資於事父以事母,而愛同;資於事父以事君,而敬同。故母取其愛,而君取其敬,兼之者父也。故以孝事君則忠,以敬事長則順。忠順不失,以事其上,然後能保其祿位,而守其祭祀。蓋士之孝也。」《正義》曰:「言士始陞公朝,離親入仕,故此敘事父之愛敬,宜均事母與事君,以明割恩從義也。」〔註230〕「始陞公朝,離親入仕」,士活動的場所變了,由「家庭」變成了「公朝」,士侍奉的對象變了,由「雙親」變成了「君長」,但是「孝」同樣

〔註227〕邢昺:《孝經注疏》,《十三經注疏》,北京:中華書局,1980年,第2545頁。
〔註228〕邢昺:《孝經注疏》,《十三經注疏》,北京:中華書局,1980年,第2545頁。
〔註229〕邢昺:《孝經注疏》,《十三經注疏》,北京:中華書局,1980年,第2558頁。
〔註230〕邢昺:《孝經注疏》,《十三經注疏》,北京:中華書局,1980年,第2548頁。

適用，「以孝事君則忠，以敬事長則順。忠順不失，以事其上，然後能保其祿位，而守其祭祀」。這就是「士之孝」。

郭店楚簡中的儒家文獻《唐虞之道》一篇也有「以孝事君」的內容，或是曾參後學所作。《唐虞之道》曰：「古者虞舜篤事瞽盲，乃戴其孝；忠事帝堯，乃戴其臣。愛親尊賢，虞舜其人也。」〔註231〕又曰：「古者堯之與舜也：聞舜孝，知其能養天下之老也；聞舜弟，知其能事天下之長也；聞舜慈乎弟〔象□□，知其能〕為民主也。故其為瞽盲子也，甚孝；及其為堯臣也，甚忠；堯禪天下而授之，南面而王天下，而甚君。故堯之禪乎舜也，如此也。」〔註232〕堯「聞舜孝，知其能養天下之老也；聞舜弟，知其能事天下之長也；聞舜慈乎弟〔象□□，知其能〕為民主也」，堯根據舜在「家」之孝悌來斷定舜在「國」必忠誠，其理論依據就是「以孝事君」思想，即《孝經》所說「君子之事親孝，故忠可移於君」。在此，《唐虞之道》與《孝經》不同的是，《唐虞之道》「孝」的發展過程是：「孝」→「忠」→「君」，即舜因在「家」之孝、悌、慈不僅可以轉化為在「國」之忠「臣」，而且可以成為「天下」之明「君」，也就是「甚孝」「甚忠」「甚君」的過程；《孝經》「孝」的發展過程是：「孝」→「忠」，即孝子轉化為忠「臣」，而孝子決不允許成為明「君」，即「君」只能是一家的世襲。

曾參「以孝事君」的思想是從孔子、有若發展而來。孔子將「孝」與「為政」聯繫在一起，《論語・為政》曰：「或謂孔子曰：『子奚不為政？』子曰：『《書》云：「孝乎惟孝，友于兄弟，施於有政。」是亦為政，奚其為為政？』」〔註233〕有若在孔子的基礎上又有所發展，進一步將「孝」與「上」（即君、國）結合在一起，《論語・學而》曰：「有子曰：『其為人也孝悌，而好犯上者，鮮矣。不好犯上，而好作亂者，未之有也。君子務本，本立而道生。孝悌也者，其為仁之本與！』」〔註234〕最終豐富發展為曾參的「以孝事君」思想。

（二）以孝事君

《淮南子・泰族訓》曰：「王喬、赤松去塵埃之間，離群慝之紛，吸陰陽

〔註231〕李零：《郭店楚簡校讀記》（增訂本），北京：中國人民大學出版社，2007年，第124頁。

〔註232〕李零：《郭店楚簡校讀記》（增訂本），北京：中國人民大學出版社，2007年，第124頁。

〔註233〕邢昺：《論語注疏》，《十三經注疏》，北京：中華書局，1980年，第2463頁。

〔註234〕邢昺：《論語注疏》，《十三經注疏》，北京：中華書局，1980年，第2457頁。

之和，食天地之精，呼而出故，吸而入新，蹀虛輕舉，乘雲遊霧，可謂養性矣，而未可謂孝子也。周公誅管叔、蔡叔，以平國弭亂，可謂忠臣也，而未可謂弟也。湯放桀，武王伐紂，以為天下去殘除賊，可謂惠君，而未可謂忠臣矣。樂羊攻中山，未能下，中山烹其子，而食之以示威，可謂良將，而未可謂慈父也。」〔註235〕王喬、赤松能修身養性，卻稱不上孝子；周公稱得上忠臣，卻稱不上悌弟；湯武稱得上賢君，卻稱不上忠臣；樂羊稱得上良將，卻稱不上慈父。古語有言「忠孝不能兩全」，這從一方面過分強調了在家之「孝」與在國之「忠」之間的矛盾，然而，卻忽略了孝與忠之間的統一性。儒家認為孝子可以自然轉化為忠臣，孝子即是忠臣，可以「以孝事君」。

秦漢雜家講究以「孝」治國。《呂氏春秋》八覽之中，《有始覽》為第一，《孝行覽》為第二，可見《呂氏春秋》對「孝」之重視。《呂氏春秋》重視「孝」思想的最重要原因是《呂氏春秋》認為「孝」是治理天下之「術」，認為能以「孝」治國就是抓住了治國之根本。

《呂氏春秋·孝行》開篇曰：「凡為天下，治國家，必務本而後末。所謂本者，非耕耘種殖之謂，務其人也。務其人，非貧而富之，寡而眾之，務其本也。務本莫貴於孝。人主孝，則名章榮，下服聽，天下譽。人臣孝，則事君忠，處官廉，臨難死。士民孝，則耕芸疾，守戰固，不罷北。夫孝，三皇五帝之本務，而萬事之紀也。夫執一術而百善至、百邪去、天下從者，其惟孝也。」〔註236〕《呂氏春秋》認為管理天下、治理國家必須務本，「務本莫貴於孝」，《呂氏春秋》認為「孝」是三皇五帝之本務、天地萬事之綱紀。人主孝，則名聲彰顯、臣民服從、天下讚譽；人臣孝，則忠誠事君、清廉為官、從容死難；士民孝，則辛勤耕耘不疲憊、努力打仗不敗逃。否則，就是不孝，如《呂氏春秋·孝行》引曾參所說：「居處不莊，非孝也。事君不忠，非孝也。蒞官不敬，非孝也。朋友不篤，非孝也。戰陳無勇，非孝也。五行不遂，災及乎親，敢不敬乎？」〔註237〕「孝」就是治理天下之法寶、管理國家之法術，即所謂「執一術而百善至、百邪去、天下從者，其惟孝也」。《淮南子·主術訓》亦曰：「入孝於親，出忠於君，無愚智賢不肖皆知其為義也。」〔註238〕

〔註235〕劉文典：《淮南鴻烈集解》，北京：中華書局，1989年，第676頁。
〔註236〕陳奇猷：《呂氏春秋新校釋》，上海：上海古籍出版社，2002年，第736頁。
〔註237〕陳奇猷：《呂氏春秋新校釋》，上海：上海古籍出版社，2002年，第736～737頁。
〔註238〕劉文典：《淮南鴻烈集解》，北京：中華書局，1989年，第315頁。

　　在具體的以孝治理天下方面，《呂氏春秋・孝行》引曾參曰：「先王之所以治天下者五：貴德，貴貴，貴老，敬長，慈幼。此五者，先王之所以定天下也。所謂貴德，為其近於聖也。所謂貴貴，為其近於君也。所謂貴老，為其近於親也。所謂敬長，為其近於兄也。所謂慈幼，為其近於弟也。」〔註239〕所謂貴德、貴貴、貴老、敬長、慈幼，是把「德」「君」「家」連在一起來治理天下。其中，聖人的「德」處於最高地位是治理天下的核心思想，即主張以德治國；治理天下的核心人物是君；治理天下所依靠的基礎力量是以「家」為單位的「民」。針對「家」而言的所謂「貴老、敬長、慈幼」指的就是孝悌。民孝則忠君，君主利用以「孝」為基礎的聖人的「德」來治理天下，則天下「定」。這就是《呂氏春秋》以「孝」治國的具體設想，屬於「德治」的一個重要方面。

　　《呂氏春秋》主張以「孝」事君、以「孝」治國，「孝」與「忠」是一體的，在家為「孝」，在國為「忠」，能在家盡孝才能為國盡忠。「孝」與「忠」是連接「家」與「國」的紐帶，「家」之孝子就是「國」之忠臣。《呂氏春秋・勸學》曰：「先王之教，莫榮於孝，莫顯於忠。忠孝，人君人親之所甚欲也。顯榮，人子人臣之所甚願也。」〔註240〕《呂氏春秋》治理天下需要的就是既「孝」又「忠」之人臣。《呂氏春秋・高義》曰：「荊昭王之時，有士焉，曰石渚。其為人也，公直無私，王使為政廷。有殺人者，石渚追之，則其父也。還車而反，立於廷曰：『殺人者，僕之父也。以父行法，不忍；阿有罪，廢國法，不可。失法伏罪，人臣之義也。』於是乎伏斧鑕，請死於王。王曰：『追而不及，豈必伏罪哉？子復事矣。』石渚辭曰：『不私其親，不可謂孝子。事君枉法，不可謂忠臣。君令赦之，上之惠也。不敢廢法，臣之行也。』不去斧鑕，歿頭乎王廷。正法枉必死，父犯法而不忍，王赦之而不肯，石渚之為人臣也，可謂忠且孝矣。」〔註241〕在此《呂氏春秋》的價值觀已經與儒家的價值觀有所不同，《論語・子路》載：「葉公語孔子曰：『吾黨有直躬者，其父攘羊，而子證之。』孔子曰：『吾黨之直者異於是。父為子隱，子為父隱，直在其中矣。』」〔註242〕孔子提倡的是「父為子隱，子為父隱」之「直」，《呂氏春秋》讚賞的

〔註239〕陳奇猷：《呂氏春秋新校釋》，上海：上海古籍出版社，2002年，第737頁。
〔註240〕陳奇猷：《呂氏春秋新校釋》，上海：上海古籍出版社，2002年，第198頁。
〔註241〕陳奇猷：《呂氏春秋新校釋》，上海：上海古籍出版社，2002年，第1256頁。
〔註242〕邢昺：《論語注疏》，《十三經注疏》，北京：中華書局，1980年，第2507頁。

「忠且孝」之人不同於此，這是秦漢雜家之新變。

在國，君是君，君也是父，為臣民之父。君慈則臣民孝，君慈愛臣民，臣民則孝忠於君。《淮南子·兵略訓》曰：「是故上視下如子，則下視上如父；上視下如弟，則下視上如兄。上視下如子，則必王四海；下視上如父，則必正天下。上親下如弟，則不難為之死；下視上如兄，則不難為之亡。是故父子兄弟之寇，不可與鬥者，積恩先施也。」〔註243〕上視下如子，則下視上如父；上視下如弟，則下視上如兄，如此，則王四海，正天下。故不可輕易與具有父子兄弟般君臣關係的國家展開鬥爭。又《淮南子·脩務訓》曰：「堯立孝慈仁愛，使民如子弟。西教沃民，東至黑齒，北撫幽都，南道交趾。放讙兜於崇山，竄三苗於三危，流共工於幽州，殛鯀於羽山。」〔註244〕堯使民如子弟，視民如子弟，以孝治國，則臣民孝忠於堯，故其疆域廣闊，盛世太平。

三、以愛治國思想

（一）以愛治國思想之淵源

以愛治國思想來源有二：一是儒家之仁愛，一是墨家之兼愛。

儒家主張仁愛，《論語·學而》：「子曰：道千乘之國，敬事而信，節用而愛人，使民以時。」〔註245〕《論語·學而》：「子曰：弟子入則孝，出則悌，謹而信，泛愛眾，而親仁，行有餘力，則以學文。」〔註246〕《論語·陽貨》：「君子學道則愛人；小人學道則易使也。」〔註247〕

《孟子·離婁下》孟子曰：「君子所以異於人者，以其存心也。君子以仁存心，以禮存心。仁者愛人，有禮者敬人。愛人者，人常愛之；敬人者，人常敬之。」〔註248〕「仁者愛人」是孟子之「仁」的高度概括，「仁」就是愛人。孟子的「仁」有親疏、遠近之別，有差別性。《孟子·盡心上》曰：「君子之於物也，愛之而弗仁；於民也，仁之而弗親。親親而仁民，仁民而愛物。」〔註249〕

〔註243〕劉文典：《淮南鴻烈集解》，北京：中華書局，1989年，第513頁。
〔註244〕劉文典：《淮南鴻烈集解》，北京：中華書局，1989年，第630頁。
〔註245〕邢昺：《論語注疏》，《十三經注疏》，北京：中華書局，1980年，第2457頁。
〔註246〕邢昺：《論語注疏》，《十三經注疏》，北京：中華書局，1980年，第2458頁。
〔註247〕邢昺：《論語注疏》，《十三經注疏》，北京：中華書局，1980年，第2524頁。
〔註248〕舊題孫奭：《孟子注疏》，《十三經注疏》，北京：中華書局，1980年，第2730頁。
〔註249〕舊題孫奭：《孟子注疏》，《十三經注疏》，北京：中華書局，1980年，第2771頁。

孟子的「仁」分為三個層次：親、仁、愛，即孟子的「愛人」是有區別的。「親親而仁民，仁民而愛物」，「親親」「仁民」「愛物」是一個有先後、有差別的過程。「親親」，愛自己的父母雙親，是第一位的，《孟子・離婁上》曰：「仁之實，事親是也。」〔註250〕《孟子・告子下》曰：「親親，仁也。」〔註251〕在「親親」的基礎上來「仁民」，《孟子・梁惠王上》曰：「老吾老以及人之老，幼吾幼以及人之幼。」〔註252〕說的就是這種由親及疏，由近及遠的「仁民」過程。在「仁民」的基礎上再來「愛物」，「愛屋及烏」。孟子的「仁」具有差別性，愛人講究親疏、遠近，所以孟子批判墨家的「兼愛」思想，《孟子・滕文公下》曰：「天下之言，不歸楊則歸墨。楊氏為我，是無君也；墨氏兼愛，是無父也。無父無君，是禽獸也。」〔註253〕孟子批判墨家的兼愛消除了「父」與其他人的區別。

《荀子・富國》曰：「兼足天下之道在明分。掩地表畝，刺中殖穀，多糞肥田，是農夫眾庶之事也。守時力民，進事長功，和齊百姓，使人不偷，是將率之事也。高者不旱，下者不水，寒暑和節而五穀以時孰，是天下之事也。若夫兼而覆之，兼而愛之，兼而制之，歲雖凶敗水旱，使百姓無凍餒之患，則是聖君賢相之事也。墨子之言，昭昭然為天下憂不足。夫不足，非天下之公患也，特墨子之私憂過計也。」〔註254〕荀子在此也批判墨家的兼愛，雖然如此，但是荀子還是提倡仁愛的。

《荀子・不苟》曰：「有通士者，有公士者，有直士者，有愨士者，有小人者。上則能尊君，下則能愛民，物至而應，事起而辨，若是，則可謂通士矣。」〔註255〕荀子把人分為通士、公士、直士、愨士、小人五種，而通士為上，「愛民」是通士的一個重要特徵。《荀子・王制》曰：「傳曰：『君者，舟也；庶人者，水也。水則載舟，水則覆舟。』此之謂也。故君人者欲安則莫若

〔註250〕舊題孫奭：《孟子注疏》，《十三經注疏》，北京：中華書局，1980年，第2723頁。

〔註251〕舊題孫奭：《孟子注疏》，《十三經注疏》，北京：中華書局，1980年，第2756頁。

〔註252〕舊題孫奭：《孟子注疏》，《十三經注疏》，北京：中華書局，1980年，第2670頁。

〔註253〕舊題孫奭：《孟子注疏》，《十三經注疏》，北京：中華書局，1980年，第2714頁。

〔註254〕王先謙：《荀子集解》，北京：中華書局，1988年，第183～184頁。

〔註255〕王先謙：《荀子集解》，北京：中華書局，1988年，第49頁。

平政愛民矣，欲榮則莫若隆禮敬士矣，欲立功名則莫若尚賢使能矣，是人君之大節也。」〔註256〕人君之大節，國家安定為先，若要安定，莫若平政愛民，故仁政愛民，是人君三大節之首節。

《荀子·富國》曰：「故先王明禮義以壹之，致忠信以愛之，尚賢使能以次之，爵服慶賞以申重之，時其事，輕其任，以調齊之，潢然兼覆之，養長之，如保赤子。若是，故姦邪不作，盜賊不起，而化善者勸勉矣。是何邪？則其道易，其塞固，其政令一，其防表明。故曰：上一則下一矣，上二則下二矣。闢之若中木，枝葉必類本。此之謂也。不利而利之，不如利而後利之之利也；不愛而用之，不如愛而後用之之功也。利而後利之，不如利而不利者之利也；愛而後用之，不如愛而不用者之功也。利而不利也，愛而不用也者，取天下也。利而後利之，愛而後用之者，保社稷也。不利而利之，不愛而用之者，危國家也。」〔註257〕在此，荀子闡述了愛、利，以及愛利之關係。

《荀子·君道》曰：「故有社稷者而不能愛民，不能利民，而求民之親愛己，不可得也。民不親不愛，而求為己用，為己死，不可得也。」〔註258〕又曰：「故君人者愛民而安，好士而榮，兩者無一焉而亡。」〔註259〕愛利是相互的，統治者愛利民眾，則民眾愛利統治者。統治者不親民愛民，則民不親君愛君，民不親不愛，就不能為君所用，就不能為君而死。

兼愛，是墨子積極倡導的重要思想，是墨家舉起的一面鮮豔的思想旗幟。《尸子·廣澤》曰：「墨子貴兼。」〔註260〕梁啟超先生認為「兼愛」是墨學的根本觀念，梁啟超說：「墨學所標綱領，雖有十條，其實只從一個根本觀念出來，就是兼愛。孟子說：『墨子兼愛，摩頂放踵利天下為之。』這兩句話實可以包括全部《墨子》。『非攻』是從兼愛衍出來，最易明白，不用多說了。『節用』、『節葬』、『非樂』，也出於兼愛。因為墨子所謂愛是以實利為標準；他以為有一部分人奢侈快樂，便損了別部分人的利了；所以反對他。『天志』、『明鬼』，是借宗教的迷信來推行兼愛主義。『非命』，因為人人信有命便不肯做事不肯愛人了；所以反對他。」〔註261〕據梁啟超所說，「兼愛」確實可以稱為墨學的根本觀念。

〔註256〕王先謙：《荀子集解》，北京：中華書局，1988年，第152～153頁。
〔註257〕王先謙：《荀子集解》，北京：中華書局，1988年，第191～192頁。
〔註258〕王先謙：《荀子集解》，北京：中華書局，1988年，第234頁。
〔註259〕王先謙：《荀子集解》，北京：中華書局，1988年，第236頁。
〔註260〕尸佼著，汪繼培輯：《尸子》，上海：上海古籍出版社，1989年，第12頁。
〔註261〕梁啟超：《墨子學案》，上海：商務印書館，1923年，第15～16頁。

《墨子·兼愛下》曰「兼即仁矣，義矣」，[註262]《墨子·經說下》曰「仁，仁愛也。義，利也」，[註263] 據此言之，「兼」包括仁愛、義利兩層意思，也就是兼相愛、交相利。梁啟超先生指出：「墨子講兼愛，常用『兼相愛交相利』六字連講，必合起來，他的意思才明。兼相愛是理論，交相利是實行這理論的方法。兼相愛是托爾斯泰的利他主義，交相利是科爾璞特金的互助主義。」[註264] 即墨子所講的「兼愛」包括愛、利兩個方面的內容。

墨子為什麼提倡「兼愛」？《墨子·兼愛上》曰：「聖人以治天下為事者也，不可不察亂之所自起。當察亂何自起？起不相愛。臣子之不孝君父，所謂亂也。子自愛不愛父，故虧父而自利；弟自愛不愛兄，故虧兄而自利；臣自愛不愛君，故虧君而自利，此所謂亂也。雖父之不慈子，兄之不慈弟，君之不慈臣，此亦天下之所謂亂也。父自愛也不愛子，故虧子而自利；兄自愛也不愛弟，故虧弟而自利；君自愛也不愛臣，故虧臣而自利。是何也？皆起不相愛。雖至天下之為盜賊者亦然，盜愛其室，不愛其異室，故竊異室以利其室；賊愛其身，不愛人，故賊人以利其身。此何也？皆起不相愛。雖至大夫之相亂家、諸侯之相攻國者，亦然。大夫各愛其家，不愛異家，故亂異家以利其家；諸侯各愛其國，不愛異國，故攻異國以利其國，天下之亂物具此而已矣。察此何自起？皆起不相愛。」[註265] 墨子指出天下之亂皆起於「不相愛」。之所以會出現君臣、父子、兄弟互虧，盜賊亂室，大夫亂家，諸侯亂國這樣混亂的現象，是因為君臣、父子、兄弟、盜賊、大夫、諸侯皆自愛、自利而不愛人、不利人。墨子認為天下混亂的根源是人與人之間不相愛，為了消除天下混亂的根源，墨子提倡兼愛。

墨子認為人與人之間的愛惡是相互的，《墨子·兼愛中》曰：「愛人者，人必從而愛之；利人者，人必從而利之；惡人者，人必從而惡之；害人者，人必從而害之。」[註266] 你愛別人、給別人帶來福利，別人也會愛你、給你帶來福利；你厭惡別人、給別人帶來傷害，別人也會厭惡你、給你帶來傷害。墨子主張人與人之間要兼相愛、交相利，而不是互相厭惡、互相傷害。

如何實現兼相愛、交相利呢？《墨子·兼愛中》曰：「然則兼相愛、交相

〔註262〕孫詒讓：《墨子閒詁》，北京：中華書局，2001年，第120頁。
〔註263〕孫詒讓：《墨子閒詁》，北京：中華書局，2001年，第391頁。
〔註264〕梁啟超：《墨子學案》，上海：商務印書館，1923年，第16頁。
〔註265〕孫詒讓：《墨子閒詁》，北京：中華書局，2001年，第99～100頁。
〔註266〕孫詒讓：《墨子閒詁》，北京：中華書局，2001年，第104頁。

利之法將奈何哉？子墨子言：視人之國若視其國，視人之家若視其家，視人之身若視其身。是故諸侯相愛則不野戰，家主相愛則不相篡，人與人相愛則不相賊，君臣相愛則惠忠，父子相愛則慈孝，兄弟相愛則和調。天下之人皆相愛，強不執弱，眾不劫寡，富不侮貧，貴不敖賤，詐不欺愚。凡天下禍篡怨恨可使毋起者，以相愛生也，是以仁者譽之。」〔註267〕墨子指出兼相愛、交相利的方法是平等對待、一視同仁，看待別人的國家就像看待自己的國家一樣，看待別人的家室就像看待自己的家室一樣，看待別人的身體就像看待自己的身體一樣。這樣，諸侯之間兼愛就不會再有戰爭，家主之間兼愛就不會相互篡奪，人與人之間兼愛就不會互相賊害，君臣之間兼愛就會君惠臣忠，父子之間兼愛就會父慈子孝，兄弟之間兼愛就會和睦相處、關係協調。平等地看待自己與別人，愛自己就是愛別人，愛別人也是愛自己，這就是墨子兼相愛、交相利的方法。

　　《墨子‧兼愛上》曰：「視人之室若其室，誰竊？視人身若其身，誰賊？故盜賊亡有。猶有大夫之相亂家、諸侯之相攻國者乎？視人家若其家，誰亂？視人國若其國，誰攻？故大夫之相亂家、諸侯之相攻國者亡有。若使天下兼相愛，國與國不相攻，家與家不相亂，盜賊無有。」〔註268〕墨子的兼愛是不分貴賤、尊卑、遠近、親疏的無差別的愛。兼愛，關鍵在「兼」，與「兼」相對的是「別」，何謂「兼」、「別」？梁啟超先生說：「承認私有權的叫做『別』，不承認私有權的叫做『兼』。」〔註269〕兼愛，是無差別的愛，愛別人就是愛自己；別愛，是有差別的愛，愛自己而不愛別人。墨子認為「別非而兼是」，《墨子‧兼愛下》曰「分名乎天下惡人而賊人者，兼與？別與？即必曰別也。然即之交別者，果生天下之大害者與？是故別非也」〔註270〕，「分名乎天下愛人而利人者，別與？兼與？即必曰兼也。然即之交兼者，果生天下之大利者與？是故子墨子曰兼是也」〔註271〕。

　　《墨子‧兼愛下》把「士」分為「別士」「兼士」，把「君」分為「別君」「兼君」，進一步論證了「別非而兼是」的觀點。《墨子‧兼愛下》曰：「使其一士者執別，使其一士者執兼。是故別士之言曰：『吾豈能為吾友之身若為吾

〔註267〕孫詒讓：《墨子閒詁》，北京：中華書局，2001年，第103頁。
〔註268〕孫詒讓：《墨子閒詁》，北京：中華書局，2001年，第101頁。
〔註269〕梁啟超：《墨子學案》，上海：商務印書館，1923年，第18頁。
〔註270〕孫詒讓：《墨子閒詁》，北京：中華書局，2001年，第114頁。
〔註271〕孫詒讓：《墨子閒詁》，北京：中華書局，2001年，第115頁。

身，為吾友之親若為吾親。』是故退睹其友，饑即不食，寒即不衣，疾病不侍養，死喪不葬埋。別士之言若此，行若此。兼士之言不然，行亦不然，曰：『吾聞為高士於天下者，必為其友之身若為其身，為身［其］友之親若為其親，然後可以為高士於天下。』是故退睹其友，饑則食之，寒則衣之，疾病侍養之，死喪葬埋之。兼士之言若此，行若此。」〔註272〕又曰：「使其一君者執兼，使其一君者執別。是故別君之言曰：『吾惡能為吾萬民之身若為吾身，此泰非天下之情也。人之生乎地上之無幾何也，譬之猶駟馳而過隙也。』是故退睹其萬民，饑即不食，寒即不衣，疾病不侍養，死喪不葬埋。別君之言若此，行若此。兼君之言不然，行亦不然，曰：『吾聞為明君於天下者，必先萬民之身，後為其身，然後可以為明君於天下。』是故退睹其萬民，饑即食之，寒即衣之，疾病侍養之，死喪葬埋之。兼君之言若此，行若此。」〔註273〕

　　執「別」之人與執「兼」之人在言行上的表現迥然有別，「別士」稱不能像對待自己的身體那樣對待朋友的身體、不能像對待自己的親人那樣對待朋友的親人，於是，這樣對待朋友：飢餓不給他食物，寒冷不給他衣服，生病不侍養他，死亡不埋葬他。「兼士」稱要像對待自己的身體那樣對待朋友的身體、要像對待自己的親人那樣對待朋友的親人，於是，這樣對待朋友：飢餓給他食物，寒冷給他衣服，生病侍養他，死亡埋葬他。面對「別士」和「兼士」不同的言行，墨子發問：在這樣的戰亂年代，人死之後，要把妻兒老小整個家室託付給「別士」來照顧還是託付給「兼士」來照顧？墨子認為任何人都會毫不猶豫地選擇「兼士」。「別君」稱不能像對待自己的身體那樣對待萬民的身體，於是，這樣對待萬民：飢餓不給他們食物，寒冷不給他們衣服，生病不侍養他們，死亡不埋葬他們。「兼君」稱要先考慮萬民而後再考慮自己，於是，這樣對待萬民：飢餓給他們食物，寒冷給他們衣服，生病侍養他們，死亡埋葬他們。面對「別君」和「兼君」不同的言行，墨子發問：在當今瘟疫肆虐、朝不保夕的世道，萬民是選擇「別君」還是選擇「兼君」？墨子認為萬民會一致地選擇「兼君」。墨子認為「別非而兼是」，所以主張「兼以易別」。〔註274〕梁啟超先生認為「墨子最要緊一句話，是『兼以易別』」，〔註275〕有相當的道理。

〔註272〕　孫詒讓：《墨子閒詁》，北京：中華書局，2001年，第117頁。

〔註273〕　孫詒讓：《墨子閒詁》，北京：中華書局，2001年，第118～119頁。

〔註274〕　孫詒讓：《墨子閒詁》，北京：中華書局，2001年，第115頁。

〔註275〕　梁啟超：《墨子學案》，上海：商務印書館，1923年，第18頁。

（二）「以愛利為本，以萬民為義」

秦漢雜家講究愛利，主張愛民利民，《呂氏春秋‧精通》曰「聖人南面而立，以愛利民為心，號令未出而天下皆延頸舉踵矣」〔註276〕，《聽言》曰「愛利之為道大矣」〔註277〕，《離俗》曰「以愛利為本，以萬民為義」〔註278〕。《淮南子‧繆稱訓》曰：「善御者不忘其馬，善射者不忘其弩，善為人上者不忘其下。誠能愛而利之，天下可從也。弗愛弗利，親子叛父。」〔註279〕《淮南子‧本經訓》曰：「古者上求薄而民用給，君施其德，臣盡其忠，父行其慈，子竭其孝，各致其愛而無憾恨其間。夫三年之喪，非強而致之，聽樂不樂，食旨不甘，思慕之心未能絕也。」〔註280〕《淮南子‧主術訓》曰：「堯之有天下也，非貪萬民之富而安人主之位也，以為百姓力征，強凌弱，眾暴寡，於是堯乃身服節儉之行，而有相愛之仁，以和輯之。」〔註281〕

秦漢雜家綜合儒家之仁愛和墨家之兼愛。《淮南子‧泰族訓》曰：「故仁知，人材之美者也。所謂仁者，愛人也；所謂知者，知人也。愛人則無虐刑矣，知人則無亂政矣。治由文理，則無悖謬之事矣；刑不侵濫，則無暴虐之行矣。上無煩亂之治，下無怨望之心，則百殘除而中和作矣，此三代之所昌。故《書》曰：『能哲且惠，黎民懷之。何憂讙兜，何遷有苗。』智伯有五過人之材，而不免於身死人手者，不愛人也。齊王建有三過人之巧，而身虜於秦者，不知賢也。故仁莫大於愛人，知莫大於知人，二者不立，雖察慧捷巧，劬祿疾力，不免於亂也。」〔註282〕「仁者愛人」，是儒家代表孟子高舉的旗號，《淮南子》指出愛人、知人是上古三代昌盛的關鍵因素。智伯不知愛人，雖有「五過人之材」，卻「不免於身死人手」，主張「仁莫大於愛人」。又《呂氏春秋‧適威》曰：「古之君民者，仁義以治之，愛利以安之，忠信以導之，務除其災，思致其福。」〔註283〕儒、墨兩家皆講仁、義，而墨家又講愛利。據上所論，我們知道墨家之「兼」包括仁、義兩層意思，並且與儒家不同的

〔註276〕陳奇猷：《呂氏春秋新校釋》，上海：上海古籍出版社，2002年，第513頁。
〔註277〕陳奇猷：《呂氏春秋新校釋》，上海：上海古籍出版社，2002年，第703頁。
〔註278〕陳奇猷：《呂氏春秋新校釋》，上海：上海古籍出版社，2002年，第1243頁。
〔註279〕劉文典：《淮南鴻烈集解》，北京：中華書局，1989年，第342頁。
〔註280〕劉文典：《淮南鴻烈集解》，北京：中華書局，1989年，第266～267頁。
〔註281〕劉文典：《淮南鴻烈集解》，北京：中華書局，1989年，第290頁。
〔註282〕劉文典：《淮南鴻烈集解》，北京：中華書局，1989年，第698～699頁。
〔註283〕陳奇猷：《呂氏春秋新校釋》，上海：上海古籍出版社，2002年，第1290頁。

是墨家的「義」是指「利」，如《墨子‧經說下》所說「仁，仁愛也。義，利也」〔註284〕。

　　《淮南子‧主術訓》曰：「遍知萬物而不知人道，不可謂智。遍愛群生而不愛人類，不可謂仁。仁者，愛其類也；智者，不可惑也。仁者，雖在斷割之中，其所不忍之色可見也。智者，雖煩難之事，其不闇之效可見也。內恕反情，心之所欲，其不加諸人，由近知遠，由己知人，此仁智之所合而行也。」〔註285〕《呂氏春秋‧愛類》：「仁於他物，不仁於人，不得為仁；不仁於他物，獨仁於人，猶若為仁。仁也者，仁乎其類者也。故仁人之於民也，可以便之，無不行也。《神農之教》曰：『士有當年而不耕者，則天下或受其饑矣；女有當年而不績者，則天下或受其寒矣。』故身親耕，妻親績，所以見致民利也。」〔註286〕

　　「遍愛群生而不愛人類，不可謂仁」，「仁於他物，不仁於人，不得為仁；不仁於他物，獨仁於人，猶若為仁。」「仁者，愛其類也」，「仁也者，仁乎其類者也」，「愛類」說的就是愛其同類，自己是人，別人也是人，同是人類，愛自己的同類就是愛別人。這是一種消除了差別的愛，只要是自己的同類則愛之。這也是在強調一視同仁，愛其同類，愛全人類。

　　與孟子的「親親」「仁民」「愛物」講究差別的「仁」不同，這更接近於墨家的兼愛精神，《墨子‧兼愛中》曰：「兼相愛、交相利之法將奈何哉？子墨子言：視人之國若視其國，視人之家若視其家，視人之身若視其身。是故諸侯相愛則不野戰，家主相愛則不相篡，人與人相愛則不相賊，君臣相愛則惠忠，父子相愛則慈孝，兄弟相愛則和調。天下之人皆相愛，強不執弱，眾不劫寡，富不侮貧，貴不敖賤，詐不欺愚。凡天下禍篡怨恨可使毋起者，以相愛生也，是以仁者譽之。」〔註287〕墨家「兼愛」主張視人之國若視己國，視人之家若視己家，視人之身若視己身，即一視同仁，同等對待，毫無差別。

　　《呂氏春秋‧愛士》篇記載趙簡子殺白騾醫治胥渠之疾的做法，宣揚的正是「仁乎其類」之「仁」。《呂氏春秋‧愛士》曰：「趙簡子有兩白騾而甚愛之。陽城胥渠處廣門之官，夜款門而謁曰：『主君之臣胥渠有疾，醫教之

〔註284〕孫詒讓：《墨子閒詁》，北京：中華書局，2001年，第391頁。

〔註285〕劉文典：《淮南鴻烈集解》，北京：中華書局，1989年，第314頁。

〔註286〕陳奇猷：《呂氏春秋新校釋》，上海：上海古籍出版社，2002年，第1472～1473頁。

〔註287〕孫詒讓：《墨子閒詁》，北京：中華書局，2001年，第103頁。

曰：「得白騾之肝病則止，不得則死。』」謁者入通。董安于御於側，慍曰：『嘻！胥渠也，期吾君騾，請即刑焉。』簡子曰：『夫殺人以活畜，不亦不仁乎？殺畜以活人，不亦仁乎？』於是召庖人殺白騾，取肝以與陽城胥渠。處無幾何，趙興兵而攻翟。廣門之官，左七百人，右七百人，皆先登而獲甲首。」〔註288〕「夫殺人以活畜，不亦不仁乎？殺畜以活人，不亦仁乎？」牲畜非人之同類，殺人以活牲畜，是為不仁，殺牲畜以活人，才是仁。這正是對「仁於他物，不仁於人，不得為仁；不仁於他物，獨仁於人，猶若為仁」的極好闡釋。

　　秦漢雜家言愛利而並稱孔墨。《呂氏春秋·順說》曰：「惠盎曰：『夫無其志也，未有愛利之心也。臣有道於此，使天下丈夫女子莫不歡然皆欲愛利之，此其賢於勇有力也，居四纍之上。大王獨無意邪？』王曰：『此寡人之所欲得。』惠盎對曰：『孔、墨是也。孔丘、墨翟，無地為君，無官為長，天下丈夫女子莫不延頸舉踵而願安利之。今大王，萬乘之主也，誠有其志，則四境之內皆得其利矣，其賢於孔、墨也遠矣。』宋王無以應。」〔註289〕

　　《淮南子·道應訓》曰：「惠孟見宋康王，蹀足謦欬，疾言曰：『寡人所說者，勇有功也，不說為仁義者也。客將何以教寡人？』惠孟對曰：『臣有道於此，人雖勇，刺之不入；雖巧有力，擊之不中。大王獨無意邪？』宋王曰：『善！此寡人之所欲聞也。』惠孟曰：『夫刺之而不入，擊之而不中，此猶辱也。臣有道於此，使人雖有勇弗敢刺，雖有力不敢擊。夫不敢刺，不敢擊，非無其意也。臣有道於此，使人本無其意也。夫無其意，未有愛利之心也。臣有道於此，使天下丈夫女子莫不歡然皆欲愛利之心。此其賢於勇有力也，四纍之上也。大王獨無意邪？』宋王曰：『此寡人所欲得也。』惠孟對曰：『孔、墨是已。孔丘、墨翟，無地而為君，無官而為長，天下丈夫女子莫不延頸舉踵而願安利之者。今大王，萬乘之主也。誠有其志，則四境之內，皆得其得矣。此賢於孔、墨也遠矣！』宋王無以應。惠孟出，宋王謂左右曰：『辯矣，客之以說勝寡人也！』故《老子》曰：『勇於不敢則活。』由此觀之，大勇反為不勇耳。」〔註290〕孔子、墨翟之道，讓人與人之間充滿關愛，此勝勇力遠矣。

〔註288〕陳奇猷：《呂氏春秋新校釋》，上海：上海古籍出版社，2002年，第465頁。
〔註289〕陳奇猷：《呂氏春秋新校釋》，上海：上海古籍出版社，2002年，第913頁。
〔註290〕劉文典：《淮南鴻烈集解》，北京：中華書局，1989年，第385～387頁。

四、以法治國思想

（一）以法治國思想之發展

　　法家是先秦諸子中重要的一家。先秦法家分為齊法家和晉法家，張岱年先生指出：「多年以來，許多哲學史著作講述先秦法家思想，以商鞅、申不害、韓非子為代表人物，事實上這是片面的觀點。商、申、韓非，可稱為三晉法家（商鞅在秦國實行變法，但他本來自魏國）。在三晉法家之外，還有推崇管仲的齊國法家。實際上，古代常以『管、商』並稱。《韓非子・五蠹篇》說：『今境內之民皆言治，藏「商、管之法」者家有之。』宋明理學家多訾議『管、商功利之說』。《管子》是法家的大宗，這是歷史的事實。」〔註291〕張岱年先生所言甚是。先秦法家包括齊法家和晉法家，齊法家的代表作是《管子》《慎子》，晉法家的代表作則是《商君書》《韓非子》。

　　同為法家，齊法家和晉法家都表現出對「法」的強調，《史記・太史公自序》載司馬談概括曰：「法家不別親疏，不殊貴賤，一斷於法。」〔註292〕《漢書・藝文志》曰：「法家者流，蓋出於理官，信賞必罰，以輔禮制。《易》曰『先王以明罰飭法』，此其所長也。及刻者為之，則無教化，去仁愛，專任刑法而欲以致治，至於殘害至親，傷恩薄厚。」〔註293〕然而，齊法家和晉法家是不同的，如張岱年先生所說：「齊法家與三晉法家的主要不同之點，是立論比較全面，既強調法治，也肯定道德教育的必要性，避免了商、韓忽視文教的缺點。」〔註294〕

　　齊法家強調法治，而又不放棄禮教，《管子・形勢解》曰「法度者，萬民之儀表也。禮義者，尊卑之儀表也」〔註295〕，《侈靡》曰「故法而守常，尊禮而變俗」〔註296〕。「法」通過規範人們的行為來保證社會的穩定，「禮」通過確定人們的尊卑地位來維持社會的秩序。《管子》認為「禮」具有輔助「法」的作用，《權脩》曰「朝廷不肅，貴賤不明，長幼不分，度量不審，衣服無等，

〔註291〕張岱年：《管子新探序》，胡家聰《管子新探》，北京：中國社會科學出版社，1995年，第2頁。
〔註292〕司馬遷：《史記》，北京：中華書局，1959年，第3291頁。
〔註293〕班固：《漢書》，北京：中華書局，1962年，第1736頁。
〔註294〕張岱年：《管子新探序》，胡家聰《管子新探》，北京：中國社會科學出版社，1995年，第2頁。
〔註295〕黎翔鳳：《管子校注》，北京：中華書局，2004年，第1181頁。
〔註296〕黎翔鳳：《管子校注》，北京：中華書局，2004年，第661頁。

上下凌節，而求百姓之尊主政令，不可得也」，又曰「法者，將立朝庭者也。將立朝庭者，則爵服不可不貴也。爵服加於不義，則民賤其爵服；民賤其爵服，則人主不尊；人主不尊，則令不行矣」〔註297〕，也就是《形勢解》所說的「動有儀則令行，無儀則令不行」〔註298〕。

慎到是齊法家，其《慎子・威德》曰：「明君動事分功必由慧，定賞分財必由法，行德制中必由禮。」〔註299〕慎到不主張一味地施行嚴刑峻法，而是主張將「慧」「法」「禮」三者結合起來，是一種「中和」的治國理念，具有齊法家的特點。《慎子・君人》曰：「君人者，捨法而以身治，則誅賞予奪從君心出矣。然則受賞者雖當，望多無窮；受罰者雖當，望輕無已。君捨法而以心裁輕重，則同功殊賞、同罪殊罰矣，怨之所由生也。是以分馬者之用策，分田者之用鉤，非以鉤策為過於人智也，所以去私塞怨也。故曰大君任法而弗躬，則事斷於法矣。法之所加，各以其分，蒙其賞罰而無望於君也，是以怨不生而上下和矣。」〔註300〕慎到也指出要以法治國，如果君主捨棄「法」以身治國，把君心作為裁斷輕重的標準，就會出現「同功殊賞、同罪殊罰」的情況，就會帶來怨恨，原因是「君心」帶有很大的主觀性。君心帶著喜、怒、哀、樂等情感來裁決，因為沒有一個穩定不變的客觀標準來作為參照，自然會出現「同功殊賞、同罪殊罰」的情況；因為缺乏公平、公正，所以，民心會產生怨恨。「法」就是這樣一個評判是非對錯的客觀標準，是公平、公正的，所以，慎到主張君主「任法而弗躬」「事斷於法」。又《慎子・君臣》曰：「為人君者不多聽，據法倚數以觀得失。無法之言，不聽於耳；無法之勞，不圖於功；無勞之親，不任於官。官不私親，法不遺愛，上下無事，唯法所在。」〔註301〕慎到認為君主要「據法倚數以觀得失」，即把「法」作為行事的標準。「官不私親，法不遺愛，上下無事，唯法所在」說的就是司馬談所概括的「不別親疏，不殊貴賤，一斷於法」的法家精神。然而，慎到重視法治也不忽視禮治，《慎子・威德》曰「定賞分財必由法，

〔註297〕黎翔鳳：《管子校注》，北京：中華書局，2004 年，第 53、57 頁。

〔註298〕黎翔鳳：《管子校注》，北京：中華書局，2004 年，第 1181 頁。

〔註299〕慎到撰，錢熙祚校：《慎子》，《叢書集成初編》，上海：商務印書館，1939年，第 3 頁。

〔註300〕慎到撰，錢熙祚校：《慎子》，《叢書集成初編》，上海：商務印書館，1939年，第 7～8 頁。

〔註301〕慎到撰，錢熙祚校：《慎子》，《叢書集成初編》，上海：商務印書館，1939年，第 8 頁。

行德制中必由禮」，又曰「法制禮籍，所以立公義也」〔註302〕。

晉法家尤其強調法治，主張消除德治。關於《商君書》，我們贊同高亨先生的看法，高先生說：「我們考察此書的內容，都符合商鞅的思想實質，沒有重大的自相矛盾之處，可以說它是商鞅遺著和商鞅一派學者遺著的合編。我們根據它來研究商鞅的思想，沒有多大問題；根據它來研究晚周諸子法家中商鞅一派的思想更沒有問題。」〔註303〕《商君書·君臣》曰：「明主慎法制，言不中法者不聽也，行不中法者不高也，事不中法者不為也。言中法，則辯之；行中法，則高之；事中法，則為之。」〔註304〕商鞅指出賢明的君主不聽不中法之言，不高不中法之行，不為不中法之事，凡事以法為判斷標準。又《商君書·慎法》曰：「有明主忠臣產於今世而散領其國者，不可以須臾忘於法。破勝黨任，節去言談，任法而治矣。」〔註305〕商鞅認為明主忠臣治理國家每時每刻都不能離開法，只有任法才能治國。商鞅認為仁義道德不足以治天下，而只能亡天下，《商君書·去強》曰：「國有禮、有樂、有《詩》、有《書》、有善、有修、有孝、有弟、有廉、有辯，國有十者，上無使戰，必削至亡；國無十者，上有使戰，必興至王。」〔註306〕又《商君書·畫策》曰：「仁者能仁於人，而不能使人仁；義者能愛於人，而不能使人愛；是以知仁義之不足以治天下也。」〔註307〕韓非子強調法治，《韓非子·有度》曰：「當今之時，能去私曲就公法者，民安而國治；能去私行行公法者，則兵強而敵弱。」又曰：「明主使其群臣不遊意於法之外，不為惠於法之內，動無非法。」〔註308〕韓非子指出治國以「法」不以「德」，《韓非子·顯學》曰「威勢之可以禁暴，而德厚之不足以止亂」，「夫聖人之治國，不恃人之為吾善也，而用其不得為非也。恃人之為吾善也，境內不什數；用人不得為非，一國可使齊。為治者用眾而捨寡，故不務德而務法……不恃賞罰而恃自善之民，明主弗貴也。何則？國法不可失，而所治非一人也。

〔註302〕慎到撰，錢熙祚校：《慎子》，《叢書集成初編》，上海：商務印書館，1939年，第3頁。
〔註303〕高亨：《商鞅與商君書的批判》，《山東大學學報》1959年第3期。
〔註304〕蔣禮鴻：《商君書錐指》，北京：中華書局，1986年，第131頁。
〔註305〕蔣禮鴻：《商君書錐指》，北京：中華書局，1986年，第137頁。
〔註306〕蔣禮鴻：《商君書錐指》，北京：中華書局，1986年，第29～30頁。
〔註307〕蔣禮鴻：《商君書錐指》，北京：中華書局，1986年，第113頁。
〔註308〕王先慎：《韓非子集解》，北京：中華書局，1998年，第32、37頁。

故有術之君，不隨適然之善，而行必然之道。」〔註309〕

　　「勢」是法家重要的治國方略之一。法家的「勢」是指什麼？馮友蘭先生說：「法家認為君主必須有絕對的威權，這種威權法家叫做『勢』。」又說：「韓非指出，一個政權想推行它的法令，必須有專政的權力。這個威力就是『勢』。」〔註310〕法家把專政絕對的威懾力和權力稱為「勢」。

（二）以法治國

　　秦漢雜家認為「法治」很重要。《呂氏春秋·適音》曰「法立則天下服」〔註311〕，《呂氏春秋·處方》曰「法也者，眾之所同也，賢不肖之所以其力也」〔註312〕。《淮南子·繆稱訓》曰：「成國之道，工無偽事，農無遺力，士無隱行，官無失法。」〔註313〕無規矩不成方圓，治理天下無法則亂，立法有法可依，則天下有作為統一標準的準則，則無論賢愚都有了努力做事的準繩，則天下臣服。

　　《淮南子·主術訓》曰：「法者，天下之度量，而人主之準繩也。縣法者，法不法也；設賞者，賞當賞也。法定之後，中程者賞，缺繩者誅，尊貴者不輕其罰，而卑賤者不重其刑，犯法者雖賢必誅，中度者雖不肖必無罪，是故公道通而私道塞矣。古之置有司也，所以禁民，使不得自恣也。其立君也，所以制有司，使無專行也。法籍禮義者，所以禁君，使無擅斷也。人莫得自恣，則道勝，道勝則理達矣，故反於無為。無為者，非謂其凝滯而不動也，以其言莫從己出也。」〔註314〕《淮南子·主術訓》曰：「治國則不然，言事者必究於法，而為行者必治於官。上操其名以責其實，臣守其業以效其功，言不得過其實，行不得逾其法，群臣輻湊，莫敢專君。事不在法律中，而可以便國佐治，必參五行之。陰考以觀其歸，並用周聽以察其化，不偏一曲，不黨一事，是以中立而遍，運照海內，群臣公正，莫敢為邪，百官述職，務致其公跡也。」〔註315〕凡人皆有喜好憎惡，國君亦是如此。國君若以己之喜好憎惡來做決斷，

〔註309〕王先慎：《韓非子集解》，北京：中華書局，1998年，第461～462頁。
〔註310〕馮友蘭：《中國哲學史新編》（上），北京：人民出版社，1998年，第535、
　　　　753頁。
〔註311〕陳奇猷：《呂氏春秋新校釋》，上海：上海古籍出版社，2002年，第276頁。
〔註312〕陳奇猷：《呂氏春秋新校釋》，上海：上海古籍出版社，2002年，第1679頁。
〔註313〕劉文典：《淮南鴻烈集解》，北京：中華書局，1989年，第331頁。
〔註314〕劉文典：《淮南鴻烈集解》，北京：中華書局，1989年，第295頁。
〔註315〕劉文典：《淮南鴻烈集解》，北京：中華書局，1989年，第287～288頁。

則是非難分，善惡難斷，故治理天下需要「法」。法，是天下之度量，人主之準繩。有法可依、依法辦事，則天下方有公平、公正可言。法定之後，符合規程者受賞，違背準繩者當誅，尊貴者的懲罰不會減輕，卑賤者的刑罰不會加重，犯法之賢者必誅，守法之愚者必無罪，於是「公道通而私道塞」。

秦漢雜家也很重視「勢」。《呂氏春秋》有《慎勢》篇主張謹慎地對待「勢」。《慎勢》開篇曰：「失之乎數，求之乎信，疑。失之乎勢，求之乎國，危。吞舟之魚，陸處則不勝螻蟻。權鈞則不能相使，勢等則不能相併，治亂齊則不能相正，故小大、輕重、少多、治亂不可不察，此禍福之門也。」〔註316〕《淮南子‧主術訓》曰：「是故權勢者，人主之車輿也；大臣者，人主之駟馬也。體離車輿之安，而手失駟馬之心，而能不危者，古今未有也。是故輿馬不調，王良不足以取道；君臣不和，唐、虞不能以為治。執術而御之，則管、晏之智盡矣；明分以示之，則跖、蹻之奸止矣。」〔註317〕《淮南子‧主術訓》曰：「故法律度量者，人主之所以執下，釋之而不用，是猶無轡銜而馳也，群臣百姓反弄其上。是故有術則制人，無術則制於人。吞舟之魚，蕩而失水，則制於螻蟻，離其居也。猨狖失木，而擒於狐狸，非其處也。君人者釋所守而與臣下爭，則有司以無為持位，守職者以從君取容，是以人臣藏智而弗用，反以事轉任其上矣。」〔註318〕所謂虎落平陽被犬欺，失勢的鳳凰不如雞，吞舟之魚陸處則不勝螻蟻，足見「勢」很重要。君主亦是如此，君主失去了「勢」來治理國家是危險的，就好比處於陸地的吞舟之魚還不如螻蟻。權勢就好比君主之車輿，失去車輿的君主如何駕馭駟馬而輕鬆地到達遠方？權力均等就不能互相役使，勢力相等就不能互相兼併，治亂相同就不能互相匡正，所以，君主一定要佔有「勢」，並審察大小、輕重、多少、治亂等情況，掌握禍福之門。

又《呂氏春秋‧慎勢》曰：「湯其無郼，武其無岐，賢雖十全，不能成功。湯、武之賢，而猶藉知乎勢，又況不及湯、武者乎？故以大畜小吉，以小畜大滅，以重使輕從，以輕使重凶。自此觀之，夫欲定一世，安黔首之命，功名著乎盤盂，銘篆著乎壺鑒，其勢不厭尊，其實不厭多。多實尊勢，賢士制之，以遇亂世，王猶尚少。天下之民，窮矣苦矣。民之窮苦彌甚，王者之彌易。凡王

〔註316〕陳奇猷：《呂氏春秋新校釋》，上海：上海古籍出版社，2002 年，第 1119 頁。
〔註317〕劉文典：《淮南鴻烈集解》，北京：中華書局，1989 年，第 297 頁。
〔註318〕劉文典：《淮南鴻烈集解》，北京：中華書局，1989 年，第 299 頁。

也者，窮苦之救也。水用舟，陸用車，塗用輴，沙用鳩，山用樏，因其勢也。」
〔註319〕《淮南子·主術訓》曰：「權勢者，人主之車輿；爵祿者，人臣之轡銜
也。是故人主處權勢之要，而持爵祿之柄，審緩急之度，而適取予之節，是以
天下盡力而不倦。夫臣主之相與也，非有父子之厚，骨肉之親也，而竭力殊
死，不辭其軀者，何也？勢有使之然也。」〔註320〕如果湯沒有郼、武王沒有
岐，那麼他們即使再賢德也不可能成功。像湯、武這樣的賢人尚且需要借助
於「勢」，更何況那些不及湯、武之人？所以，君主一定要借助於「勢」。君主
掌握權勢之大柄，審度緩急之情勢，適當的控制爵祿的取予，則天下盡力而
不倦。君臣之間並非有父子之厚、骨肉之親，然而大臣卻能夠竭力殊死，不
惜為國為君捐軀，原因何在？臣主之相與，「勢有使之然也」。「以大畜小吉，
以小畜大滅，以重使輕從，以輕使重凶」，所以，君主一定要擁有「尊勢」。綜
合這二點，就是君主要擁有「尊勢」並「因其勢」。

　　《呂氏春秋·慎勢》曰：「位尊者其教受，威立者其奸止，此畜人之道也。
故以萬乘令乎千乘易，以千乘令乎一家易，以一家令乎一人易。嘗識及此，
雖堯、舜不能。諸侯不欲臣於人，而不得已，其勢不便，則奚以易臣？權輕
重，審大小，多建封，所以便其勢也。王也者，勢也；王也者，勢無敵也。勢
有敵則王者廢矣。有知小之愈於大、少之賢於多者，則知無敵矣。知無敵則
似類嫌疑之道遠矣。故先王之法，立天子不使諸侯疑焉，立諸侯不使大夫疑
焉，立適子不使庶孽疑焉。疑生爭，爭生亂。是故諸侯失位則天下亂，大夫無
等則朝廷亂，妻妾不分則家室亂，適孽無別則宗族亂。慎子曰：『今一兔走，
百人逐之。非一兔足為百人分也，由未定。由未定，堯且屈力，而況眾人乎？
積兔滿市，行者不顧。非不欲兔也，分已定矣。分已定，人雖鄙不爭。故治天
下及國，在乎定分而已矣。』」〔註321〕《淮南子·主術訓》曰：「故有道之主，
滅想去意，清虛以待，不伐之言，不奪之事，循名責實，使有司，任而弗詔，
責而弗教，以不知為道，以奈何為寶。如此，則百官之事各有所守矣。攝權勢
之柄，其於化民易矣。」〔註322〕「王也者，勢也；王也者，勢無敵也」。位
尊、威立就可以令行禁止，這是畜人之道。「以萬乘令乎千乘易，以千乘令乎

〔註319〕陳奇猷：《呂氏春秋新校釋》，上海：上海古籍出版社，2002年，第1120頁。
〔註320〕劉文典：《淮南鴻烈集解》，北京：中華書局，1989年，第289頁。
〔註321〕陳奇猷：《呂氏春秋新校釋》，上海：上海古籍出版社，2002年，第1120～
　　　　1121頁。
〔註322〕劉文典：《淮南鴻烈集解》，北京：中華書局，1989年，第301頁。

一家易，以一家令乎一人易」，這依然是在強調君主擁有絕對權威的重要。君主怎樣來增強自己之勢呢？權衡輕重，審視大小，多立諸侯，「所以便其勢也」。

雖然「勢」十分重要，但是擁有「勢」並非治國之首義。《淮南子‧原道訓》曰：「夫有天下者，豈必攝權持勢，操生殺之柄而以行其號令邪？吾所謂有天下者，非謂此也，自得而已。」〔註323〕有天下者，並不在於攝權持勢，操生殺之柄，「自得而已」。

《淮南子‧脩務訓》曰：「段干木辭祿而處家，魏文侯過其閭而軾之。其僕曰：『君何為軾？』文侯曰：『段干木在是，以軾。』其僕曰：『段干木布衣之士，君軾其閭，不已甚乎？』文侯曰：『段干木不趨勢利，懷君子之道，隱處窮巷，聲施千里，寡人敢勿軾乎？段干木光於德，寡人光於勢；段干木富於義，寡人富於財。勢不若德尊，財不若義高。干木雖以己易寡人不為，吾日悠悠慚於影，子何以輕之哉！』」〔註324〕魏文侯與段干木相比，魏文侯光於勢、富於財，段干木光於德、富於義，雖然如此，但是魏文侯過段干木之閭而軾之，因為魏文侯懂得「勢不若德尊，財不若義高」的道理。故魏文侯終成一代明君。

（三）因時變法

晉法家認為治國不能墨守成法，要因時變法。《史記‧商君列傳》記載商鞅在秦國主持變法之時就主張「治世不一道，便國不法古」〔註325〕。又《商君書‧六法》曰：「先王當時而立法，度務而制事。法宜其時，則治。事適其務，故有功。然則法有時而治。事有當而功。今時移而法不變，務易而事以古，是法與時詭，而事與務易也。故法立而亂益，務為而事廢。故聖王之治國也，不法古，不循今，當時而立功，在難而能免。今民能變俗矣，而法不易；國形更勢矣，而務以古。夫法者，民之治也；務者，事之用也。國失法則危，事失用則不成。故法不當時而務不適用而不危者，未之有也。」〔註326〕《商君書》認為君王要「當時而立法」，時代發生變化，「法」也要隨之變化。如果「時移而法不變」，那麼「法與時詭」，不但不能治理國家，反而會危害國家。《韓非子‧心度》曰：「治民無常，唯法為治。法與時轉則治，治與世宜則有

〔註323〕劉文典：《淮南鴻烈集解》，北京：中華書局，1989年，第36頁。
〔註324〕劉文典：《淮南鴻烈集解》，北京：中華書局，1989年，第637頁。
〔註325〕司馬遷：《史記》，北京：中華書局，1959年，第2229頁。
〔註326〕蔣禮鴻：《商君書錐指》，北京：中華書局，1986年，第147～148頁。

功。故民樸而禁之以名則治，世知維之以刑則從。時移而治不易者亂，能治
眾而禁不變者削。故聖人之治民治，法與時移而禁與能變。」〔註327〕韓非也
主張因時變法，指出「法與時轉則治」。然而，韓非又認為法不能很頻繁地變
動，要保持相對的穩定性。《韓非子‧解老》曰：「凡法令更則利害易，利害易
則民務變，民務變謂之變業。故以理觀之，事大眾而數搖之則少成功，藏大
器而數徙之則多敗傷，烹小鮮而數撓之則賊其宰，治大國而數變法則民苦之。
是以有道之君貴虛靜而重變法。」〔註328〕法發生變化，民眾的行為也就隨之
而變化。法屢變，民眾無所適從，法的可信度就會降低，法的權威也就隨之
喪失。法要變但不能屢變，變是為了消除過去時代的束縛，不屢變是為了維
護法的穩定性，所以，變法要辯證地來看待。

雖然齊法家沒有晉法家的變法主張強烈鮮明，但是，齊法家也有變法思
想。《慎子》逸文曰：「治國無其法則亂，守法而不變則衰。有法而行私，謂之
不法。以力役法者，百姓也；以死守法者，有司也；以道變法者，君長也。」
〔註329〕慎到指出「守法而不變則衰」，即主張要因時變法。《管子》也主張
法令應因時而變化，《管子‧四時》曰：「令有時，無時則必視順天之所以來。」
〔註330〕又《管子‧侈靡》曰：「法制度量，王者典器也。執故義道，畏變也。
天地若夫神之動，化變者也。天地之極也，能與化起而王用，則不可以道山
也。」〔註331〕

秦漢雜家主張因時變法。《呂氏春秋‧察今》曰：「治國無法則亂，守法
而弗變則悖，悖亂不可以持國。世易時移，變法宜矣。譬之若良醫，病萬變，
藥亦萬變。病變而藥不變，向之壽民，今為殤子矣。故凡舉事必循法以動，變
法者因時而化。若此論則無過務矣。夫不敢議法者，眾庶也；以死守〔法〕
者，有司也；因時變法者，賢主也。是故有天下七十一聖，其法皆不同，非務
相反也，時勢異也。故曰良劍期乎斷，不期乎鏌鋣；良馬期乎千里，不期乎
驥驁。」〔註332〕《淮南子‧齊俗訓》曰：「故當舜之時，有苗不服，於是舜修

〔註327〕王先慎：《韓非子集解》，北京：中華書局，1998年，第475頁。
〔註328〕王先慎：《韓非子集解》，北京：中華書局，1998年，第141～142頁。
〔註329〕慎到撰，錢熙祚校：《慎子》，《叢書集成初編》，上海：商務印書館，1939年，
　　　　第12頁。
〔註330〕黎翔鳳：《管子校注》，北京：中華書局，2004年，第837頁。
〔註331〕黎翔鳳：《管子校注》，北京：中華書局，2004年，第728頁。
〔註332〕陳奇猷：《呂氏春秋新校釋》，上海：上海古籍出版社，2002年，第945頁。

政偃兵，執干戚而舞之。禹之時，天下大雨，禹令民聚土積薪，擇丘陵而處之。武王伐紂，載尸而行，海內未定，故不為三年之喪始。禹遭洪水之患，陂塘之事，故朝死而暮葬。此皆聖人之所以應時耦變，見形而施宜者也。今之修干戚而笑钁插；知三年非一日，是從牛非馬，以徵笑羽也。以此應化，無以異於彈一弦而會《棘下》。夫以一世之變，欲以耦化應時，譬猶冬被葛而夏被裘。夫一儀不可以百發，一衣不可以出歲。儀必應乎高下，衣必適乎寒暑。是故世異則事變，時移則俗易。故聖人論世而立法，隨時而舉事。尚古之王，封於泰山，禪於梁父，七十餘聖，法度不同，非務相反也，時世異也。是故不法其已成之法，而法其所以為法。所以為法者，與化推移者也。夫能與化推移為人者，至貴在焉樂。故狐梁之歌可隨也，其所以歌者不可為也；聖人之法可觀也，其所以做法不可原也；辯士言可聽也，其所以言不可形也。淳均之劍不可愛也，而歐治之巧可貴也。今夫王喬、赤誦子，吹嘔呼吸，吐故內新，遺形去智，抱素反真，以遊玄眇，上通雲天。今欲學其道，不得其養氣處神，而放其一吐一吸，時詘時伸，其不能乘雲升假亦明矣。五帝三王，輕天下，細萬物，齊死生，同變化，抱大聖之心，以鏡萬物之情，上與神明為友，下與造化為人。今欲學其道，不得其清明玄聖，而守其法籍憲令，不能為治亦明矣。故曰：『得十利劍，不若得歐治之巧；得百走馬，不若得伯樂之數。』」〔註333〕

　　治國沒有法度就會陷入混亂，有法而不因時變化就會出現悖謬。良醫治病對症下藥，病症發生變化，藥方也要隨之變化，否則，藥不對症，不但不能治病，反而會害死人。因時變法就像良醫治病一樣，時代發生變化，法度也要隨之變化，否則，不但不能治國，反而會亂國。古代賢君舜、禹、周武王不擬古法，皆能根據現實情況而隨之變化來處理問題，即所謂「世異則事變，時移則俗易」。法不可擬古，故聖人論世而立法，隨時而舉事，古代聖王眾多，而法度各不相同。他們的各不相同，不是為了故意不同，而是因為時代與世事都不相同。故不法其已成之法，而法其所以為法，所以為法者，與化推移者也。君主是主持變法之人，天下七十一聖之法個個不同，並不是因為他們要務必與眾不同，而是因為他們所面對的時勢不同，即所謂「世易時移，變法宜矣」。

　　《淮南子・泛論訓》曰：「古之制，婚禮不稱主人，舜不告而娶，非禮也。

〔註333〕劉文典：《淮南鴻烈集解》，北京：中華書局，1989 年，第 359～362 頁。

立子以長，文王捨伯邑考而用武王，非制也。禮三十而娶，文王十五而生武王，非法也。夏后氏殯於阼階之上，殷人殯於兩楹之間，周人殯於西階之上，此禮之不同者也。有虞氏用瓦棺，夏后氏墍周，殷從用槨，周人牆置翣，此葬之不同者也。夏后氏祭於暗，殷人祭於陽，周人祭於日出以朝，此祭之不同者也。堯《大章》、舜《九韶》，禹《大夏》，湯《大濩》，周《武象》，此樂之不同者也。故五帝異道而德覆天下，三王殊事而名施後世，此皆因時變而制禮樂者。譬猶師曠之施瑟柱也，所推移上下者無寸尺之度，而靡不中音。故通於禮樂之情者能作音，有本主於中，而以知榘彟之所周者也。魯昭公有慈母而愛之，死為之練冠，故有慈母之服。陽侯殺蓼侯而竊其夫人，故大饗廢夫人之禮。先王之制，不宜則廢之；末世之事，善則著之；是故禮樂未始有常也。故聖人制禮樂，而不制於禮樂。治國有常，而利民為本。政教有經，而令行為上。苟利於民，不必法古。苟周於事，不必循舊。夫夏、商之衰也，不變法而亡。三代之起也，不相襲而王。故聖人法與時變，禮與俗化，衣服器械各便其用，制度法令各因其宜。故變古未可非，而循俗未足多也。」〔註334〕《淮南子·齊俗訓》曰：「義者，循理而行宜也；禮者，體情制文者也。義者宜也，禮者體也。昔有扈氏為義而亡，知義而不知宜也；魯治禮而削，知禮而不知體也。有虞氏之祀，其社用土，祀中霤，葬成畝，其樂《咸池》、《承雲》、《九韶》，其服尚黃。夏后氏其社用松，祀戶，葬牆置翣，其樂《夏籥》、《九成》、《六佾》、《六列》、《六英》，其服尚青。殷人之禮，其社用石，祀門，葬樹松，其樂《大濩》、《晨露》，其服尚白。周人之禮，其社用栗，祀灶，葬樹柏，其樂《大武》、《三象》、《棘下》，其服尚赤。禮樂相詭，服制相反，然而皆不失親疏之恩，上下之倫。今握一君之法籍，以非傳代之俗，譬由膠柱而調瑟也。故明主制禮義而為衣，分節行而為帶。衣足以覆形，從典墳，虛循撓，便身體，適行步，不務於奇麗之容，隅眥之削。帶足以結紐收衽，束牢連固，不訽於為文句疏短之襟。故制禮義，行至德，而不拘於儒墨。」〔註335〕

　　舜不告而娶，不合禮法；文王捨伯邑考而用武王，不合制度；文王十五而生武王，不合法度。五帝三王有禮之不同者、葬之不同者、祭之不同者、樂之不同者，雖禮樂相詭，服制相反，但皆不失親疏之恩、上下之倫，德覆天下而名施後世，此無他，「皆因時變而制禮樂者」。禮樂無常，隨時變化，

〔註334〕劉文典：《淮南鴻烈集解》，北京：中華書局，1989年，第424～427頁。
〔註335〕劉文典：《淮南鴻烈集解》，北京：中華書局，1989年，第357～358頁。

先王之制，不宜則廢，末世之事，善則著之。聖人制禮樂而不制於禮樂，行事之原則要以利民為本，「苟利於民，不必法古」，「制禮義，行至德，而不拘於儒墨」。

《淮南子‧泛論訓》曰：「夫神農、伏羲不施賞罰而民不為非，然而立政者不能廢法而治民。舜執干戚而服有苗，然而征伐者不能釋甲兵而制強暴。由此觀之，法度者，所以論民俗而節緩急也；器械者，因時變而宜適也。夫聖人做法而萬物制焉，賢者立禮而不肖者拘焉。制法之民，不可與遠舉；拘禮之人，不可使應變。耳不知清濁之分者，不可令調音；心不知治亂之源者，不可令制法。必有獨聞之耳，獨見之明，然後能擅道而行矣。夫殷變夏，周變殷，春秋變周，三代之禮不同，何古之從！大人作而弟子循。知法治所由生，則應時而變；不知法治之源，雖循古，終亂。今世之法籍與時變，禮義與俗易，為學者循先襲業，據籍守舊教，以為非此不治，易猶持方枘而周員鑿也，欲得宜適致固焉，則難矣。」〔註336〕

五、「治國太上養化，其次正法」

《呂氏春秋‧上德》曰：

> 為天下及國，莫如以德，莫如行義。以德以義，不賞而民勸，不罰而邪止，此神農、黃帝之政也。以德以義，則四海之大，江河之水，不能亢矣；太華之高，會稽之險，不能障矣；闔廬之教，孫、吳之兵，不能當矣。故古之王者，德回乎天地，澹乎四海，東西南北，極日月之所燭，天覆地載，愛惡不臧，虛素以公，小民皆之其之敵而不知其所以然，此之謂順天；教變容改俗而莫得其所受之，此之謂順情。故古之人，身隱而功著，形息而名彰，說通而化奮，利行乎天下而民不識，豈必以嚴罰厚賞哉？嚴罰厚賞，此衰世之政也〔註337〕。

《淮南子‧泰族訓》曰：

> 有道以統之，法雖少，足以化矣；無道以行之，法雖眾，足以亂矣。治身，太上養神，其次養形；治國，太上養化，其次正法。

〔註336〕劉文典：《淮南鴻烈集解》，北京：中華書局，1989年，第431～432頁。
〔註337〕陳奇猷：《呂氏春秋新校釋》，上海：上海古籍出版社，2002年，第1264～1265頁。

神清志平，百節皆寧，養性之本也；肥肌膚，充腸腹，供嗜欲，養生之末也。民交讓爭處卑，委利爭受寡，力事爭就勞，日化上遷善，而不知其所以然，此治之上也。利賞而勸善，畏刑而不為非，法令正於上而百姓服於下，此事治之末也。〔註338〕

秦漢雜家認為治國處於第一位的是德治，治理天下和國家首選德、義，以德以義，不用厚賞而民眾爭為善，不用嚴罰而邪亂自消亡，這是「神農、黃帝之政」。德治的力量無比強大，不是高山、大河、嚴教、雄兵所能抵抗的。與德治比起來，法治所用的嚴罰厚賞只不過是「衰世之政」罷了。

治國太上養化，其次正法，即德治第一位，法治第二位，《呂氏春秋·用民》曰：「凡用民，太上以義，其次以賞罰。」〔註339〕《呂氏春秋·愛士》曰：「人主其胡可以無務行德愛人乎？行德愛人則民親其上，民親其上則皆樂為其君死矣。」〔註340〕《淮南子·主術訓》曰：「古聖王至精形於內，而好憎忘於外，出言以副情，發號以明旨，陳之以禮樂，風之以歌謠，業貫萬世而不壅，橫局四方而不窮，禽獸昆蟲與之陶化，又況於執法施令乎？故太上神化，其次使不得為非，其次賞賢而罰暴。」〔註341〕《淮南子·泰族訓》曰：「治之所以為本者，仁義也；所以為末者，法度也。」〔註342〕《淮南子·泰族訓》曰：「中考乎人德，以制禮樂，行仁義之道，以治人倫而除暴亂之禍。」〔註343〕依靠禮樂仁義來消除暴亂之禍。

德治為根本，若無此根本，法治則不能起到應有的作用。《淮南子·原道訓》曰：「是故不道之道，莽乎大哉！夫能理三苗，朝羽民，徙裸國，納肅慎，未發號施令而移風易俗者，其唯心行者乎！法度刑罰，何足以致之也？」〔註344〕《淮南子·泰族訓》曰：「民無廉恥，不可治也；非修禮義，廉恥不立。民不知禮義，法弗能正也；非崇善廢醜，不向禮義。無法不可以為治也，不知禮義不可以行法。法能殺不孝者，而不能使人為孔、曾之行；法能刑竊盜者，而不能使人為伯夷之廉。孔子弟子七十，養徒三千人，皆入孝出悌，言為文

〔註338〕劉文典：《淮南鴻烈集解》，北京：中華書局，1989年，第679頁。

〔註339〕陳奇猷：《呂氏春秋新校釋》，上海：上海古籍出版社，2002年，第1279頁。

〔註340〕陳奇猷：《呂氏春秋新校釋》，上海：上海古籍出版社，2002年，第464頁。

〔註341〕劉文典：《淮南鴻烈集解》，北京：中華書局，1989年，第276頁。

〔註342〕劉文典：《淮南鴻烈集解》，北京：中華書局，1989年，第691頁。

〔註343〕劉文典：《淮南鴻烈集解》，北京：中華書局，1989年，第671頁。

〔註344〕劉文典：《淮南鴻烈集解》，北京：中華書局，1989年，第23～24頁。

章，行為儀表，教之所成也。墨子服役者百八十人，皆可使赴火蹈刃，死不還踵，化之所致也。」〔註345〕百姓不修禮義，不知廉恥，則嚴刑峻法不可能真正地發揮好其作用。法能殺不孝之人，而不能使人人皆行孔曾之孝；法能刑竊盜之人，而不能使人人皆為伯夷之廉。孔子弟子七十，養徒三千人，皆入孝出悌，言為文章，行為儀表，教之所成也；墨子服役者百八十人，皆可使赴火蹈刃，死不還踵，化之所致也。

德治為主，法治為輔。《淮南子・泰族訓》曰：「故仁義者，治之本也，今不知事修其本，而務治其末，是釋其根而灌其枝也。且法之生也，以輔仁義，今重法而棄義，是貴其冠履而忘其頭足也。故仁義者，為厚基者也，不益其厚而張其廣者毀，不廣其基而增其高者覆。趙政不增其德而累其高，故滅；智伯不行仁義而務廣地，故亡其國。」〔註346〕《淮南子・原道訓》曰：「夫峭法刻誅者，非霸王之業也。」〔註347〕仁義者，為治之本；法之生，以輔仁義。

法治如何輔助德治？《呂氏春秋・用民》曰：「凡用民，太上以義，其次以賞罰。其義則不足死，賞罰則不足去就，若是而能用其民者，古今無有。民無常用也，無常不用也，唯得其道為可。」〔註348〕「用民，太上以義，其次以賞罰」，《呂氏春秋》認為用民首先要以德義，以德治民，但是，同時也不放棄法治，輔之以賞罰。德義與賞罰二者相輔相成，如果德義不足以令民眾效死，那麼賞罰就不足以令民眾去惡就善。用民之道在於首以德治並輔之以賞罰。賞罰如果得當，則民眾就會盡其力為主所用，如《呂氏春秋・當賞》所云：「人臣亦無道知主，人臣以賞罰爵祿之所加知主。主之賞罰爵祿之所加者宜，則親疏遠近賢不肖皆盡其力而以為用矣。」〔註349〕

《淮南子・人間訓》曰：「或有罪而可賞也，或有功而可罪也。西門豹治鄴，稟無積粟，府無儲錢，庫無甲兵，官無計會，人數言其過於文侯。文侯身行其縣，果若人言。文侯曰：『翟璜任子治鄴，而大亂。子能道則可，不能，將加誅於子。』西門豹曰：『臣聞：王主富民，霸主富武，亡國富庫。今王欲為霸王者也，臣故蓄積於民。君以為不然，臣請升城鼓之，甲兵粟米可立具也。』於是乃升城而鼓之。一鼓，民被甲括矢，操兵弩而出。再鼓，負輦粟而

〔註345〕劉文典：《淮南鴻烈集解》，北京：中華書局，1989年，第681頁。
〔註346〕劉文典：《淮南鴻烈集解》，北京：中華書局，1989年，第692頁。
〔註347〕劉文典：《淮南鴻烈集解》，北京：中華書局，1989年，第15頁。
〔註348〕陳奇猷：《呂氏春秋新校釋》，上海：上海古籍出版社，2002年，第1279頁。
〔註349〕陳奇猷：《呂氏春秋新校釋》，上海：上海古籍出版社，2002年，第1619頁。

至。文侯曰：『罷之。』西門豹曰：『與民約信，非一日之積也。一舉而欺之，後不可復用也。燕常侵魏八城，臣請北擊之，以復侵地。』遂舉兵擊燕，復地而後反。此有罪而可賞者也。解扁為東封，上計而入三倍，有司請賞之。文侯曰：『吾土地非益廣也，人民非益眾也，入何以三倍？』對曰：『以冬伐木而積之，於春浮之河而鬻之。』文侯曰：『民春以力耕，暑以強耘，秋以收斂。冬間無事，以伐林而積之，負輦而浮之河，是用民不得休息也。民以敝矣，雖有三倍之入，將焉用之？』此有功而可罪者也。」〔註350〕

或有罪而可賞者，或有功而可罪者。何時當賞？何時當罰？需要君主認真對待，謹慎處理。如何賞罰？賞罰，乃國之利器，不可以示人。《淮南子・道應訓》曰：「昔者，司城子罕相宋，謂宋君曰：『夫國家之安危，百姓之治亂，在君行賞罰。夫爵賞賜予，民之所好也，君自行之。殺戮刑罰，民之所怨也，臣請當之。』宋君曰：『善！寡人當其美，子受其怨，寡人自知不為諸侯笑矣。』國人皆知殺戮之專，制在子罕也，大臣親之，百姓畏之。居不至期年，子罕遂卻宋君而專其政。故《老子》曰：『魚不可脫於淵，國之利器不可以示人。』」〔註351〕

《呂氏春秋・用民》曰：「民之用也有故，得其故，民無所不用。用民有紀有綱，壹引其紀，萬目皆起，壹引其綱，萬目皆張。為民紀綱者何也？欲也惡也。何欲何惡？欲榮利，惡辱害。辱害所以為罰充也，榮利所以為賞實也。賞罰皆有充實，則民無不用矣。」〔註352〕《淮南子・泛論訓》曰：「故聖人因民之所喜而勸善，因民之所惡而禁奸，故賞一人而天下譽之，罰一人而天下畏之。故至賞不費，至刑不濫。孔子誅少正卯而魯國之邪塞，子產誅鄧析而鄭國之奸禁，以近喻遠，以小知大也。故聖人守約而治廣者，此之謂也。」〔註353〕又《淮南子・泛論訓》曰：「古之善賞者，費少而勸眾；善罰者，刑省而奸禁；善予者，用約而為德；善取者，入多而無怨。趙襄子圍於晉陽，罷圍而賞有功者五人，高赫為賞首。左右曰：『晉陽之難，赫無大功，今為賞首，何也？』襄子曰：『晉陽之圍，寡人社稷危，國家殆，群臣無不有驕侮之心，唯赫不失君臣之禮。』故賞一人，而天下為忠之臣者莫不終忠於其君。此賞

〔註350〕劉文典：《淮南鴻烈集解》，北京：中華書局，1989年，第605～606頁。
〔註351〕劉文典：《淮南鴻烈集解》，北京：中華書局，1989年，第391～392頁。
〔註352〕陳奇猷：《呂氏春秋新校釋》，上海：上海古籍出版社，2002年，第1279～1280頁。
〔註353〕劉文典：《淮南鴻烈集解》，北京：中華書局，1989年，第454～455頁。

少而勸善者眾也。」〔註354〕人生而有欲望，欲榮利，惡辱害是人之天性，是合乎情理之事。順應民眾的欲、惡之心來賞罰，因民之喜而勸善，因民之所惡而禁奸，賞罰自然易於施行。民眾的欲、惡之心是用民之紀綱，也是賞罰得以施行的心理依據。能依據百姓這樣的心理來賞罰，故「善賞者，費少而勸眾；善罰者，刑省而奸禁」。

《呂氏春秋・當賞》曰：「凡賞非以愛之也，罰非以惡之也，用觀歸也。所歸善，雖惡之賞；所歸不善，雖愛之罰；此先王之所以治亂安危也。」〔註355〕《淮南子・繆稱訓》曰：「明主之賞罰，非以為己也，以為國也。適於己而無功於國者，不施賞焉；逆於己便於國者，不加罰焉。故楚莊謂共雍曰：『有德者受吾爵祿，有功者受吾田宅，是二者，女無一焉，吾無以與女。』可謂不逾於理乎！其謝之也，猶未之莫與。」〔註356〕賞罰的準則不能以個人的愛惡，而是要看事情的最終結果，如果結果對國家是好的，雖然厭惡此人必賞之；如果結果對國家是壞的，雖然喜愛此人必罰之。

又《呂氏春秋・義賞》曰：「賞罰之柄，此上之所以使也。其所以加者義；則忠信親愛之道彰。久彰而愈長，民之安之若性，此之謂教成。教成則雖有厚賞嚴威弗能禁。故善教者，不以賞罰而教成，教成而賞罰弗能禁。用賞罰不當亦然。」〔註357〕賞罰是君上治理民眾所使用的工具，如果賞罰符合德義，那麼忠信親愛之道就會得到彰顯，久之，民眾就會形成忠信親愛之性，則教成。在此，《呂氏春秋》主張賞罰要符合德義。

《淮南子・主術訓》曰：「是故明主之治，國有誅者而主無怒焉，朝有賞者而君無與焉。誅者不怨君，罪之所當也，賞者不德上，功之所致也。民知誅賞之來，皆在於身也。故務功修業，不受贛於君。是故朝廷蕪而無跡，田野辟而無草，故太上下知有之。」〔註358〕

秦漢雜家雖然以賞罰來輔助德治，但是又反對濫施淫威、反對嚴刑厚賞而主張「適威」。《呂氏春秋・適威》曰：「亂國之使其民，不論人之性，不反人之情，煩為教而過不識，數為令而非不從，巨為危而罪不敢，重為任而罰不勝。民進則欲其賞，退則畏其罪。知其能力之不足也，則以為繼矣。以為繼

〔註354〕劉文典：《淮南鴻烈集解》，北京：中華書局，1989年，第453頁。
〔註355〕陳奇猷：《呂氏春秋新校釋》，上海：上海古籍出版社，2002年，第1620頁。
〔註356〕劉文典：《淮南鴻烈集解》，北京：中華書局，1989年，第335頁。
〔註357〕陳奇猷：《呂氏春秋新校釋》，上海：上海古籍出版社，2002年，第786頁。
〔註358〕劉文典：《淮南鴻烈集解》，北京：中華書局，1989年，第282頁。

知，則上又從而罪之，是以罪召罪，上下之相讎也，由是起矣。故禮煩則不莊，業煩則無功，令苛則不聽，禁多則不行。」〔註359〕亂國之主不審民之性情，頻繁地頒布教令而怪罪民眾之不識、不從，製造巨大的危難而罪責民眾不敢赴難而死，加重民眾的負擔而懲罰民眾不能勝任，這些都是統治者在濫施淫威。濫施淫威的後果十分嚴重，民眾進則欲賞，退則畏罪，弄虛作假，以罪召罪，最終導致上下成為仇敵，走向滅亡。「令苛則不聽，禁多則不行」，嚴刑峻法，民眾不聽、不行，所以，《呂氏春秋》主張「適威」。

又《呂氏春秋·用民》曰：「不得其道，而徒多其威。威愈多，民愈不用。亡國之主，多以多威使其民矣。故威不可無有，而不足專恃。譬之若鹽之於味，凡鹽之用，有所託也，不適則敗託而不可食。威亦然，必有所託，然後可行。惡乎託？託於愛利。愛利之心諭，威乃可行。威太甚則愛利之心息，愛利之心息而徒疾行威，身必咎矣，此殷、夏之所以絕也。」〔註360〕用民之時，不得其道而濫施淫威，只能適得其反。《呂氏春秋》對「威」的態度是「威不可無有，而不足專恃」，認為「威」有所託，然後才可以實行。「威」何所託？託於「愛利」。「愛利」，即是施行德治，「威」要輔助德治方才可行，德治為根本，嚴威為輔助。所以，《呂氏春秋》認為嚴罰厚賞是「衰世之政」「上世之若客」，如《上德》所云「故古之人，身隱而功著，形息而名彰，說通而化奮，利行乎天下而民不識，豈必以嚴罰厚賞哉？嚴罰厚賞，此衰世之政也」〔註361〕，「嚴罰厚賞，不足以致此。今世之言治，多以嚴罰厚賞，此上世之若客也」〔註362〕。

〔註359〕陳奇猷：《呂氏春秋新校釋》，上海：上海古籍出版社，2002年，第1290～1291頁。

〔註360〕陳奇猷：《呂氏春秋新校釋》，上海：上海古籍出版社，2002年，第1280～1281頁。

〔註361〕陳奇猷：《呂氏春秋新校釋》，上海：上海古籍出版社，2002年，第1264～1265頁。

〔註362〕陳奇猷：《呂氏春秋新校釋》，上海：上海古籍出版社，2002年，第1266頁。

結　語

　　秦漢雜家治國思想體系是圍繞「君」「臣」「民」而設計的。「賢人政治」思想針對的是「君」「臣」，因為「君」「臣」是「治國主體」，擁有賢君、賢臣是治理好國家的前提保證。「君無為而臣有為」思想針對的是「君」「臣」的分職，賢君、賢臣也得講究分工協作才能把國家治理好。「德治輔以法治」思想針對的是如何治「民」的問題，「治民」是「治國」的核心，「德治輔以法治」是「治民」的好政策。

　　秦漢雜家治國思想體系對「治國之道」的探討緊緊抓住了君、臣、民三類人。秦漢雜家治國思想體系就是通過探尋君臣性質（「賢人政治」）、君臣關係（「君無為而臣有為」）、君臣與民的關係（「德治輔以法治」）建構起來的。治理國家主要牽涉三類人：君、臣、民。賢君、賢臣是治理好國家的根本保證，合理的君臣分工是治理國家高效率的有力保證，完善的「治民」政策則是維持國家長治久安的根本保證。秦漢雜家治國思想體系很好地提供了這三個「保證」：「賢人政治」，保證了「君」為賢君、「臣」為賢臣；「君無為而臣有為」，保證了高效率的君臣分工；「德治輔以法治」，保證了國家的長治久安。可以說秦漢雜家的治國思想體系是合理的、完整的。

　　「治國之道」就是「治國主體」執行「治國方略」來治理國家的理論。秦漢雜家主張實行的「賢人政治」保證了「君」為賢君、「臣」為賢臣，即保證了優秀的「治國主體」。秦漢雜家的「治國方略」以產生宇宙萬物的「道」為最終依據、「上揆之天，下驗之地，中審之人」、貫通天、地、人，理論上講這樣的「治國方略」是完善的。秦漢雜家的「治國方略」重點抓住君與臣的關係、君臣與民的關係，可以說這抓住了治理國家最重要的兩組關係。總起來說，秦漢雜家治國思想體系所探討的「治國之道」是優秀的「治國主體」執行優秀的「治國方略」來治理國家。如此說來，這樣的「治國之道」是優秀的，這樣的治國思想體系也是優秀的，是合理完善的。

參考文獻

1. 張琦翔：《秦漢雜家學術》，金華，金華印書局，1948 年。
2. 管宗昌：《秦漢雜家研究——以〈呂氏春秋〉〈淮南子〉為中心》，北京，人民出版社，2021 年。
3. 張雙棣、張萬彬、殷國光、陳濤：《呂氏春秋譯注》，長春，吉林文史出版社，1993 年。
4. 陳奇猷：《呂氏春秋新校釋》，上海，上海古籍出版社，2002 年。
5. 許維遹：《呂氏春秋集釋》，北京，中華書局，2009 年。
6. 俞林波：《元刊呂氏春秋校訂》，南京，鳳凰出版社，2016 年。
7. 田鳳臺：《呂氏春秋探微》，臺北，學生書局，1986 年。
8. 牟鍾鑒：《〈呂氏春秋〉與〈淮南子〉思想研究》，濟南，齊魯書社，1987 年。
9. 劉元彥：《〈呂氏春秋〉：兼容並蓄的雜家》，北京，生活‧讀書‧新知三聯書店，2008 年。
10. 劉文典：《淮南鴻烈集解》，北京，中華書局，1989 年。
11. 劉康德：《淮南子直解》，上海，復旦大學出版社，2001 年。
12. 張雙棣：《淮南子校釋》，北京，北京大學出版社，2013 年。
13. 陳廣忠：《淮南子譯注》，上海，上海古籍出版社，2017 年。
14. 孔穎達：《周易正義》，《十三經注疏》，北京，中華書局，1980 年。
15. 孔穎達：《尚書正義》，《十三經注疏》，北京，中華書局，1980 年。
16. 孔穎達：《毛詩正義》，《十三經注疏》，北京，中華書局，1980 年。

17. 賈公彥：《周禮注疏》，《十三經注疏》，北京，中華書局，1980 年。

18. 孔穎達：《禮記正義》，《十三經注疏》，北京，中華書局，1980 年。

19. 孔穎達：《春秋左傳正義》，《十三經注疏》，北京，中華書局，1980 年。

20. 徐彥：《春秋公羊傳注疏》，《十三經注疏》，北京，中華書局，1980 年。

21. 楊士勳：《春秋穀梁傳注疏》，《十三經注疏》，北京，中華書局，1980 年。

22. 邢昺：《論語注疏》，《十三經注疏》，北京，中華書局，1980 年。

23. 邢昺：《孝經注疏》，《十三經注疏》，北京，中華書局，1980 年。

24. 邢昺：《爾雅注疏》，《十三經注疏》，北京，中華書局，1980 年。

25. 孫奭：《孟子注疏》，《十三經注疏》，北京，中華書局，1980 年。

26. 朱熹：《四書章句集注》，北京，中華書局，1983 年。

27. 王聘珍：《大戴禮記解詁》，北京，中華書局，1983 年。

28. 孫詒讓：《周禮正義》，北京，中華書局，1987 年。

29. 司馬遷：《史記》，北京，中華書局，1959 年。

30. 班固：《漢書》，北京，中華書局，1962 年。

31. 徐元誥：《國語集解》，北京，中華書局，2002 年。

32. 范祥雍：《戰國策箋證》，上海，上海古籍出版社，2006 年。

33. 諸祖耿：《戰國策集注匯考》，南京，鳳凰出版社，2008 年。

34. 魏徵等：《群書治要》，《叢書集成初編》，上海，商務印書館，1936 年。

35. 徐堅等：《初學記》，北京，中華書局，1962 年。

36. 永瑢等：《四庫全書總目》，北京，中華書局，1965 年。

37. 余嘉錫：《四庫提要辯證》，北京，中華書局，1980 年。

38. 羅根澤主編：《古史辨》第四冊，上海，上海古籍出版社，1982 年。

39. 顧頡剛主編：《古史辨》第五冊，上海，上海古籍出版社，1982 年。

40. 裘錫圭：《古代文史研究新探》，南京，江蘇古籍出版社，1992 年。

41. 黃懷信：《〈逸周書〉源流考辨》，西安，西北大學出版社，1992 年。

42. 黃懷信：《逸周書校補注譯》，西安，西北大學出版社，1996 年。

43. 袁珂：《山海經全譯》，貴陽，貴州人民出版社，1991 年。

44. 余英時：《士與中國文化》，上海，上海人民出版社，2003 年。

45.〔美〕艾蘭著，孫心菲、周言譯：《世襲與禪讓：古代中國的王朝更替傳
   說》，北京，北京大學出版社，2002 年。

46. 馬承源主編：《上海博物館藏戰國楚竹書（二）》，上海，上海古籍出版社，2002 年。

47. 李零：《郭店楚簡校讀記》（增訂本），北京，中國人民大學出版社，2007 年。

48. 高明：《帛書老子校注》，北京，中華書局，1996 年。

49. 黎翔鳳：《管子校注》，北京，中華書局，2004 年。

50. 楊丙安：《十一家注孫子校理》，北京，中華書局，1999 年。

51. 孫詒讓：《墨子閒詁》，北京，中華書局，2001 年。

52. 陳鼓應：《莊子今注今譯》，北京，中華書局，1983 年。

53. 劉仲平：《司馬法今注今譯》，臺北，臺灣商務印書館，1977 年。

54. 徐培根：《太公六韜今注今譯》，臺北，臺灣商務印書館，1977 年。

55. 傅紹傑：《吳子今注今譯》，臺北，臺灣商務印書館，1978 年。

56. 陳鼓應：《黃帝四經今注今譯：馬王堆漢墓出土帛書》，北京，商務印書館，2007 年。

57. 楊伯峻：《列子集釋》，北京，中華書局，1979 年。

58. 吳則虞：《晏子春秋集釋》，北京，中華書局，1982 年。

59. 慎到撰，錢熙祚校：《慎子》，《叢書集成初編》，上海，商務印書館，1939 年。

60. 高流水、林恒森：《慎子、尹文子、公孫龍子全譯》，貴陽，貴州人民出版社，1996 年。

61. 郭慶藩：《莊子集釋》，北京，中華書局，1961 年。

62. 尸佼著，汪繼培輯：《尸子》，上海，上海古籍出版社，1989 年。

63. 章詩同：《荀子簡注》，上海，上海人民出版社，1974 年。

64. 王先謙：《荀子集解》，北京，中華書局，1988 年。

65. 王琯：《公孫龍子懸解》，北京，中華書局，1992 年。

66. 蔣禮鴻：《商君書錐指》，北京，中華書局，1986 年。

67. 王先慎：《韓非子集解》，北京，中華書局，1998 年。

68. 黃暉：《論衡校釋》，北京，中華書局，1990 年。

69. 向宗魯：《說苑校證》，北京，中華書局，1987 年。

70. 王利器：《鹽鐵論校注》，北京，中華書局，1992。

71. 王念孫：《讀書雜志》，北京，北京市中國書店，1985 年。

72. 梁啟超：《墨子學案》，上海，商務印書館，1923 年。

73. 呂思勉：《先秦學術概論》，上海，中國大百科全書出版社，1985 年。

74. 許抗生：《先秦名家研究》，長沙，湖南人民出版社，1986 年。

75. 余明光：《黃帝四經與黃老思想》，哈爾濱，黑龍江人民出版社，1989 年。

76. 方授楚：《墨學源流》，北京、上海，中華書局、上海書店，1989 年。

77. 張秉楠：《稷下鈎沉》，上海，上海古籍出版社，1991 年。

78. 陳鼓應主編：《道家文化研究》第 1 輯，上海，上海古籍出版社，1992
年。

79. 陳鼓應主編：《道家文化研究》第 2 輯，上海，上海古籍出版社，1992
年。

80. 陳鼓應主編：《道家文化研究》第 4 輯，上海，上海古籍出版社，1994
年。

81. 陳鼓應主編：《道家文化研究》第 6 輯，上海，上海古籍出版社，1995
年。

82. 龐樸：《公孫龍子研究》，北京，中華書局，1979 年。

83. 胡家聰：《管子新探》，北京，中國社會科學出版社，1995 年。

84. 郭沫若：《十批判書》，北京，東方出版社，1996 年。

85. 白奚：《稷下學研究：中國古代的思想自由與百家爭鳴》，北京，生活·
讀書·新知三聯書店，1998 年。

86. 胡家聰：《稷下爭鳴與黃老新學》，北京，中國社會科學出版社，1998 年。

87. 馮友蘭：《中國哲學史新編》（上），北京，人民出版社，1998 年。

88. 任繼愈：《墨子與墨家》（增訂版），北京，商務印書館，1998 年。

89. 梁啟超：《論中國學術思想變遷之大勢》，上海，上海古籍出版社，2001
年。

90. 熊鐵基：《秦漢新道家》，上海，上海人民出版社，2001 年。

91. 李純一：《先秦音樂史》（修訂版），北京，人民音樂出版社，2005 年。

92. 鄭傑文：《中國墨學通史》，北京，人民出版社，2006 年。

93. 解文超：《先秦兵書研究》，上海，上海古籍出版社，2007 年。

94. 錢穆：《先秦諸子繫年》，北京，商務印書館，2015 年。

95. 蕭統編選：《文選》，北京，中華書局，1977 年。

96. 洪興祖：《楚辭補注》，北京，中華書局，1983 年。

97. 王運熙、顧易生主編：《中國文學批評史新編》，上海，復旦大學出版社，
2007 年。

後　記

　　歲月殘酷無情，重塑了我們的軀體，將筆直挺拔雕刻成佝僂彎曲，將紅潤潔白薰染成暗黃黲黑，將豐滿圓潤榨乾成枯萎褶皺，將緊致順滑磨礪成鬆弛粗糙。子在川上曰：「逝者如斯夫，不捨晝夜。」（《論語・子罕》）孔子描寫了時光一直流逝的永恆，表達了難以留住歲月的無奈。時間川流不息、奔流不止給人類帶來生命終將逝去、功名易被掩埋的焦慮，子曰：「君子疾沒世而名不稱焉。」（《論語・衛靈公》）屈原曰：「老冉冉其將至兮，恐修名之不立。」（《離騷》）

　　有焦慮則思緩解之法、改變之途、抗爭之道。星辰流轉，寒來暑往，雖流走了歲月，但也沉澱了心性，磨練了意志，成熟了心智。無情歲月易摧殘軀體容顏，有意奮鬥可鑄就精神靈魂。時間雖難以更改，但並非不可對抗。以奮鬥對抗歲月，是古來有志之士所行之道。史書記載，魯襄公二十四年，春，穆叔如晉，范宣子逆之，問焉，曰：「古人有言曰『死而不朽』，何謂也？」穆叔未對。宣子曰：「昔匄之祖，自虞以上為陶唐氏，在夏為御龍氏，在商為豕韋氏，在周為唐杜氏，晉主夏盟為范氏，其是之謂乎！」穆叔曰：「以豹所聞，此之謂世祿，非不朽也。魯有先大夫曰臧文仲，既沒，其言立，其是之謂乎！豹聞之：『大上有立德，其次有立功，其次有立言。』雖久不廢，此之謂三不朽。若夫保姓受氏，以守宗祊，世不絕祀，無國無之。祿之大者，不可謂不朽。」（《左傳・襄公二十四年》）人來世上，當有追求。追求目標之大小則決定對抗歲月之成敗。范宣子所舉家族之榮耀是為一家的興旺發達，追求目標狹小自私，這樣的「世祿」即使再大，層次也太低，不足以謂「不朽」。只有大公無私地把為天下人類謀取福利、創造價值作為追求目標的立德、立功、

－193－

立言才是不朽。為天下、為人類創造價值、謀取福利的人也終將創造歷史，載入史策，在時間的長河中閃閃發光，永得流傳。

就「立言」來說，「立言」是對人類個體生存與人類命運發展等問題的思考。司馬遷曰：「古者富貴而名摩滅，不可勝記，唯俶儻非常之人稱焉。蓋西伯拘而演《周易》；仲尼厄而作《春秋》；屈原放逐，乃賦《離騷》；左丘失明，厥有《國語》；孫子臏腳，《兵法》修列；不韋遷蜀，世傳《呂覽》；韓非囚秦，《說難》《孤憤》。」（《報任安書》）太史公告誡世人：追求一己之富貴，姓名極易磨滅；思索天下之發展，功名廣受稱讚；思考人類之福利，文章永得流傳。司馬遷以史為鑒，心如明鏡，看得透徹，雖受盡屈辱，至死不渝，終生以「立言不朽」為目標，留下皇皇巨著《史記》在時間的長河中璀璨奪目，為人傳頌。

立言何以能不朽？曹丕曰：「蓋文章經國之大業，不朽之盛事。年壽有時而盡，榮樂止乎其身，二者必至之常期，未若文章之無窮。是以古之作者，寄身於翰墨，見意於篇籍，不假良史之辭，不託飛馳之勢，而聲自傳於後。」（《典論·論文》）承載著真知灼見的錦繡華章、原理公式可以流傳至無窮，可以融入時間，成為時間的一部分，可以有效地對抗時間，故立言可不朽。而凡夫俗子所津津樂道、孜孜追求的年齡、長壽、榮華、富貴、享樂、歡愉皆會隨著肉體的枯死而終止，皆會被歲月無情地摧殘、銷毀、埋沒、湮滅，皆不可與時間對抗。

故古來有志之士皆通過追求立德、立功、立言的不朽來對抗時間。古人已矣，其書仍存。讀古人之書，可知古人之志。吾讀古人之書，與古人交心，知其讀書之勤奮，曉其鑽研之艱辛，見其生活之苦貧，識其留名之憂憤，愛其見解之精深，惜其著述之堅韌，不知不覺間，亦欲學其淡泊名利之坦然、固守真理之剛毅、傳承文化之自覺、承擔責任之踴躍。「橫渠四句」曰：「為天地立心，為生民立命，為往聖繼絕學，為萬世開太平。」讀古人之書，常見其有橫渠此心，不覺令人心潮蕩漾，敬佩不已，感慨良多，頗受激勵。吾雖不能至，但心嚮往之。

吾鄉先賢南華真人莊子曰：「吾生也有涯，而知也無涯。以有涯隨無涯，殆已。已而為知者，殆而已矣。」（《莊子·內篇·養生主》）讀莊子此語，不禁感歎真知之難求，自然之偉大，個人之渺小，吾不過浩瀚宇宙之中一粒塵埃，虛無縹緲，惘然不已。

　　然吾雖平庸卑微，但仍不自棄，還要腳踏實地，繼續奮鬥，砥礪前行，
對抗時間，抗爭歲月！

2021 辛丑牛年孟秋

俞林波記於莊子故里曹州南華